全国重点院校人力资源和社会保障专业核心课程系列教材

人员测评理论与方法

RENYUAN CEPING LILUN YU FANGFA

（第四版）

萧鸣政 编著

中国劳动社会保障出版社

图书在版编目(CIP)数据

人员测评理论与方法/萧鸣政编著. -- 4 版. -- 北京：中国劳动社会保障出版社，2021

全国重点院校人力资源和社会保障专业核心课程系列教材

ISBN 978-7-5167-4838-1

Ⅰ.①人… Ⅱ.①萧… Ⅲ.①人员测评-高等学校-教材 Ⅳ.①C962

中国版本图书馆 CIP 数据核字(2020)第 261199 号

中国劳动社会保障出版社出版发行

(北京市惠新东街 1 号　邮政编码：100029)

*

保定市中画美凯印刷有限公司印刷装订　　新华书店经销

787 毫米×1092 毫米　16 开本　19 印张　340 千字
2021 年 1 月第 4 版　2024 年 1 月第 2 次印刷

定价：56.00 元

营销中心电话：400-606-6496
出版社网址：http://www.class.com.cn

版权专有　　侵权必究

如有印装差错，请与本社联系调换：(010) 81211666
我社将与版权执法机关配合，大力打击盗印、销售和使用盗版图书活动，敬请广大读者协助举报，经查实将给予举报者奖励。

举报电话：(010) 64954652

作者简介

萧（肖）鸣政，北京大学A1岗教授，我国工作分析、人力资源开发学以及人才素质（品德）测评、职业资格考评、职业技能鉴定等人事评价学科领域研究的开拓者与奠基人。

现任北京大学政府管理学院教授、博士生导师，北京大学人力资源开发与管理研究中心主任，中国人才研究会副会长，中国人力资源开发研究会人才测评专业委员会会长，中共中央组织部特邀专家与人力资源社会保障部咨询委员会专家。担任过中央电视台《百家讲坛》"品德与人力资源开发"专题讲座人，《国家中长期人才发展规划纲要（2010—2020）》人才评价战略专题研究课题组组长。

发表了《现代人员素质测评》等多部著作，其中《品德测评的理论与方法》等三部著作先后获得教育部颁发的优秀研究成果一、二、三等奖。

内 容 简 介

本教材自 1997 年编著以来，先后四次修订，使得教学的内容越来越贴近基础，更加实用。目前的教材内容，划分为三大部分，突出"三基"特点，即分别体现了人员素质测评的基本理论、基本方法与基本应用。其中第一章与每章的开头部分，主要是关于人员素质测评的基础理论内容；第二章至第六章，主要是关于人员素质测评标准设计、基本测评方法技术方面的内容；第七章至第九章，主要是关于人员素质测评工作的实施、质量检验与分析报告等基本应用方面的内容。本教材特别适用于人力资源管理专业的"人员素质测评"或者"人才测评与选拔"等核心课程与管理学专业的选修课程教学。

第四版前言

人员素质测评，一般是通过简历分析、笔试（包括心理测验）、面试与评价中心技术等手段，把组织外部的人员转化为组织内部人力，把在较低职位上的人才选拔到较高职位上工作。它既是人力资源开发与管理的基础，又是人力资源开发与管理的重要内容；它可以服务于整个组织的人力资源开发与管理过程，应用在组织管理的方方面面。只有建立一种有效的人员素质测评新机制，才能高效地评价与选拔人才、合理地配置人员、正确地引导与开发人力资源。

本书共九章，分别阐述了人员素质测评是什么、人员素质测评测什么与人员素质测评如何实施等基本问题。

本书的第四版修订，尽力保持了第三版的优点与特色，并且汲取了相关教材与最新研究成果的精华，突出了"人员素质测评"课程教学的基础性、完整性与实用性。我们这次修订的原则是降低了理论性、突出了操作性、保持了原创性。这次修订的主要特色有以下四点。

1. 突出专业素质培养，提升教学适用性，降低了理论性。

对第三版进行瘦身，主要把一些缺乏实用性的理论内容进行了删除和精写。具体地说，分别删除了第三版第一章第五节的"历史发展"、第二章的"基本理论"、第四章第五节的"兴趣、态度与价值观测评"、第五章第五节的"亟待解决的几个问题"、第七章的第三节"绩效考评"和第四节"物理测试"。

2. 适当增加新时代人才评价思想与文件精神、新发表的研究成果、大数据人才评价等新内容。

修订后的内容，对每一章的小结、复习思考题、案例与讨论、阅读文献与习题，均进行了更新补充。尤其是全部更新了每章的案例与讨论；有针对性地更新了参考文献，更新度达到 90%。

3. 大量补充习题，提升教学的操作性。

修订后的内容，对每一章的习题，均进行了更新。尤其对于每章的习题，进行了大量的补充，进一步提升了教学的操作性。

4. 采用现代技术，提高关联阅读。

将附录设置为扫码方式获取电子版内容，方便进行查阅与核对，减少成书厚度。

本书的特点是力求兼顾人员素质测评的基础理论、方法技术与实际应用三个方面，既注重通过系统的理论教学培养学生的专业素养，又有较多的方法技术介绍，强调量化分析与应用操作，是一本经过多年实践探索的注重基本理论、基本方法与基本应用的教材。

感谢熊景洋同学帮助我初步收集与编辑了本书各章的相关案例。由于水平有限，书中不当之处，谨请广大读者批评指正！

萧鸣政

2020 年 10 月 6 日于北京大学

第三版前言

人员素质测评,既是人力资源开发与管理的基础,又是人力资源开发与管理的重要内容,它可以贯穿在整个人力资源开发与管理工作中,应用在组织管理与工作的方方面面,具有广阔的发展前景。

全书共十章,分为四个部分。第一部分为理论篇,包括第一章和第二章的内容,主要阐述人员素质测评的基本概念、类型、功用、历史与发展、测评理论;第二部分为标准篇,包括第三章的内容,主要阐述人员素质测评的内容及其标准化过程与测评标准的设计;第三部分为测评方法篇,包括第四章至第八章的内容,具体阐述各种素质测评方法,包括心理测验、面试、评价中心技术、其他相关的测评方法与组织实施的方法;第四部分为分析报告篇,包括第九章与第十章的内容,主要阐述素质测评结果的质量分析与报告。《人员测评理论与方法》课程可以简称为"人员测评",40课时的授课内容,可以选择第一、三、四、六、七、九等六章的内容教学;60课时的授课内容,可以选择第一、三、四、五、六、七、八、十等八章的内容教学。

本书的第三版修订,尽力保持了第一版与第二版的优点与特色,并且吸收了相关教材与著作的精华。考虑到"人员测评"课程教学的基础性、完整性与重要性,我们这次修订的原则是增加操作性,保持原创性。可改可不改的尽量不改,该改要改的一定修改。第三版的修订增加了"教学目标与方法建议"部分内容,增加了"建议阅读文献"部分内容,增加了"习题"及"习题答案"部分内容,还对原书中的具体框架、内容表述,以及案例进行了修改。

本书的特点是力求兼顾人员素质测评的基础理论、方法技术与实际应用三个方面,既注重通过系统的理论教学培养学生的专业素养,又有较多的方法技术介绍，强调量化分析与应用操作，是一本经过多年实践探索并注重基本理论、基本知识与基本能力培养的教材。

参与本书修改工作的还有郭晟豪、杨舟、宁晶、魏钰明、唐依芳菲、李君然、孟怡然、罗浩月、褚亮、王卓、周宏露等。尤其是郭晟豪同学协助我进行了人员协调与统稿的初步工作。中国劳动社会保障出版社对于本书的出版给予了大力帮助与支持，在此一并表示感谢。由于水平有限，书中不当之处，敬请广大读者批评指正！

萧鸣政

2015 年 1 月 15 日

目 录
Contents

第一章 导论 /1

【教学目标与方法建议】/1

第一节 基本概念 /2

第二节 主要测评类型 /8

第三节 主要功用 /16

第四节 与相关学科领域的关系 /22

【本章小结】/24

【复习思考题】/25

【案例与讨论】/25

【建议阅读文献】/26

【习题】/26

第二章 测评标准体系的建构 /31

【教学目标与方法建议】/31

第一节 测评标准体系建构的基本依据 /31

第二节 测评标准体系建构的基本原则 /36

第三节 测评标准体系建构的基本方法 /39

第四节 测评标准体系建构的步骤 /49

第五节 测评标准体系建构的案例 /58

【本章小结】/69

【复习思考题】/70

【案例与讨论】/70

【建议阅读文献】/71

【习题】/71

第三章　心理测验及其应用 /75

【教学目标与方法建议】/75

第一节　心理测验概述 /75

第二节　知识测评方法 /78

第三节　技能测评方法 /96

第四节　品德测评方法 /99

【本章小结】/104

【复习思考题】/105

【案例与讨论】/105

【建议阅读文献】/106

【习题】/107

第四章　面试及其应用 /111

【教学目标与方法建议】/111

第一节　概述 /112

第二节　理论基础 /117

第三节　方法技巧 /127

第四节　面试设计与实施 /139

【本章小结】/153

【复习思考题】/154

【案例与讨论】/154

【建议阅读文献】/157

【习题】/157

第五章　评价中心技术 /161

【教学目标与方法建议】/161

第一节　概述 /161

第二节　主要形式 /166

第三节　设计与应用 /174

【本章小结】/181

【复习思考题】/181

【案例与讨论】/182

【建议阅读文献】/183

【习题】/183

第六章　其他测评方法 /187

【教学目标与方法建议】/187

第一节　书面信息的分析 /187

第二节　操作能力测试 /193

【本章小结】/197

【复习思考题】/197

【案例与讨论】/197

【建议阅读文献】/198

【习题】/199

第七章　人员测评的组织与实施 /202

【教学目标与方法建议】/202

第一节　测评主体与客体 /202

第二节　测评的流程与步骤 /205

第三节　测评实施的基本原则 /212

第四节　测评方案的可行性设计与分析 /215

第五节　测评方法选择应注意的问题 /219

第六节　测评中的心理干扰及对策 /225

【本章小结】/229

【复习思考题】/230

【案例与讨论】/230

【建议阅读文献】/231

【习题】/232

第八章　测评质量检测 /236

【教学目标与方法建议】/236

第一节 效度 /236

第二节 信度 /244

第三节 项目分析 /249

第四节 其他指标的检测 /256

【本章小结】/260

【复习思考题】/260

【案例与讨论】/261

【建议阅读文献】/262

【习题】/262

第九章 测评结果的分析与报告 /266

【教学目标与方法建议】/266

第一节 数据综合 /266

第二节 内容分析 /268

第三节 结果报告 /274

【本章小结】/277

【复习思考题】/278

【案例与讨论】/278

【建议阅读文献】/280

【习题】/280

习题参考答案 /283

主要参考文献 /290

第一章 导 论

>> 教学目标与方法建议

通过本章教学,应该掌握三点内容。

1. 正确理解素质与绩效、素质测评与绩效考评等基本概念,理解人员素质测评的内涵以及和绩效考评的区别与联系。

2. 了解人员素质测评外延的两种形式——类型和功用。重点掌握选拔性测评、配置性测评、开发性测评、诊断性测评、考核性测评等测评方式的特点和操作原则;能综合运用人员素质测评的几种基本方法,并理解人员素质测评的主要功用。

3. 了解人员素质测评与其他学科的联系。

人员测评在整个人力资源管理学科体系中处于基础地位。掌握人员测评的基本理论与方法,已成为现代人力资源开发与管理从业人员不可缺少的基本功。在导论中,我们首先说明人员测评的基本概念、主要测评类型、主要功用及与其他学科的关系。

教学方法建议:导论是全书的基础,建议在课堂讲授时着重阐明基础概念、介绍基本方法,学生在学习时也应注重对基础概念和基本方法的理解与运用。

第一节 基本概念

人员测评从广义上来说，是对社会成员的测评，既包括对儿童、学生、军人、工人、农民、公务员等所有公民的测评，也包括对举止相貌、身体状况、智慧才能、品德素质等与人有关的所有因素的测评。而从狭义上来说，人员测评主要是对在职人员素质的测评与绩效的考评。

在人力资源管理过程中，人员的价值与意义在于他所具备的身体素质、智能素质、品德素质及其在工作中所取得的绩效。劳动人事管理的重点与关键是对职员所具有的各种素质（包括外显的与潜在的）的开发与利用，使人适其事、事宜其人，努力提高工作绩效。人员测评在人力资源管理领域中，主要是指人员素质的测评及其工作绩效的考评。

考虑到素质测评与绩效考评密切相关，互为表里，都通过对同一个对象——行为的测评来实现，而且在具体的技术与方法上基本相同，因此本书主要就人员素质测评的内容从理论与方法上进行解释。确切地说，人员测评的狭义解释就是人员素质测评；换句话说，人员素质测评是人员测评的内核。

一、素质

在现代社会中，"素质"一词比比皆是。素质教育、民族素质、企业素质、个人素质、身体素质、心理素质等应有尽有。然而当我们深究一下什么是素质时，却又比较模糊。我们在这里探讨的是人员素质测评与工作绩效考评，素质是测评的基本对象，对象不清楚，我们又何以进行测评呢？因此必须先对"素质"这一名词作一番探讨，然后从测评学的角度加以界定。

（一）素质的概念

何谓素质？不同学科、不同学者从不同的角度有不同的解释。

"素"古时候写作"槊"，意为生帛，后引申为"白""无色""原""本""真"等，也指构成事物的基本成分或带根本性的物质。

"质"字意为"独立于人的意识的客观存在""底子""物质的本体"和"禀性"。

"素"与"质"联合为"素质"一词，《现代汉语词典》解释为"事物本来的性质"。

"素质"一词，多见于心理学。心理学把"素质"解释为人先天的解剖生理特点，主要是感觉器官和神经系统方面的特点。素质是人心理发展的生理条件，但不能决定人的心理内容与发展水平。显然，心理学是把"素质"的解释限于遗传素质。这种解释放在人员素质测评中是不够的。人的素质,"不是人的胡子、血液、抽象的肉体的本性,而是人的社会特质"①,"实际上,它是一切社会关系的总和"②。

参照上述有关解释和人员素质测评本身的特点,我们把素质限制在个体范围内,指个体完成一定活动(工作)与任务所具备的基本条件和基本特点,是行为的基础与根本因素,包括生理素质与心理素质两个方面。

素质是个体完成任务、形成绩效及继续发展的前提。任何一个有成就、有发展的个体,都离不开他优良的素质。观察发现,世界上较为著名的企业家与政治家都有喜欢冒险、乐观自信、健谈开朗、心雄志壮等个性素质。素质对行为与发展的基础作用还表现在,直觉情感型的人更容易成为出色的诗人、音乐家与剧作家,而富有理性思维的人更容易成为数学家与科学家。

然而,素质只是日后发展与事业成功的一种可能性、一种静态条件。事业成功、发展顺利还需动态条件的保证,也就是素质功能发挥的过程及其制约因素的影响。因此,素质与绩效、素质与发展互为表里,素质是绩效与发展的内在条件,而绩效与发展是素质的外在表现。

(二)素质的特征

由上述素质概念的分析不难看出,素质的第一个特征便是它的原有基础作用性。它对个体的行为发展与事业成功仅是必要条件,而非充分条件。换句话说,在现代企事业管理与人力资源的配置开发中,我们不能不提出素质要求,但有了一定的素质也并不保证它是"万能"的,这也说明了素质开发的必要性。

素质的第二个特征是它的稳定性。素质是高度统一的个体行为与特定系统中稳定的结构因素。这种稳定的结构因素并不只存在于一时一事中,而是体现于个体活动的全部时空中。素质表现为一个人某种具有经常性的和一贯性的特点。在个体活动的全部时间与空间中,素质的表现在时间上虽然偶有间断但总体上却是持续的,素质的表现在空间上虽然有时相异但总体上却是一致的。素质表现的这种持续性与一致性可总括为素质的稳定性。

素质的第三个特征就是它的可塑性。个体的素质是在遗传、环境与个体能动性三个因素共同作用下形成和发展的,并非天生不变,因而具有一定的可塑性。不健全的素质可以健全起来,成熟的素质也许会退化萎缩,缺乏的素质可以通过实践和学习获

---

① 马克思,恩格斯. 马克思恩格斯全集(第1卷)[M]. 中共中央马恩列斯著作编译局,译. 北京:人民出版社,1956:27.

② 马克思,恩格斯. 马克思恩格斯全集(第3卷)[M]. 中共中央马恩列斯著作编译局,译. 北京:人民出版社,1960:5.

得不同程度的补偿，一般性的素质可以训练成为特长素质。

素质的第四个特征是它的内在性。素质虽然是个体之上的一种客观实在，但它却是看不见、摸不着、说不清的，具有隐蔽性和抽象性。

素质的第五个特征是它的表出性。素质虽然是内在的与隐蔽的，但它总会通过一定的形式表现出来。行为方式、工作绩效与行为结果（包括工作产品在内）是素质表现的主要媒介与途径。个体的内在素质与外在的行为方式、行为产品与工作绩效构成一个耗散结构系统，内外具有统一性。就个别素质与个别行为来说，不一定具有一一对应的关系，但就总体来说，特定个体的特定素质会以特定的形式表现，而特定的表现形式也反映特定个体的特定素质，所谓"人心不同各如其面"说的就是这个道理。个体素质的表出性，体现为素质表现的实在性与具体性。个体的每种素质一般都表现在具体而实在的行为方式、行为产品与工作绩效之中。

素质的第六个特征是它的差异性。个体间的素质是存在差异的，这种差异表现在每个人的行为方式、行为产品与工作绩效之中。有人活泼好动，有人沉静安详；有人快言快语，有人木讷寡言；有人思维敏捷，有人反应迟钝；一般人只能分辨两三种颜色的色度，而专门从事颜色染织的工人能分辨几百种不同的色度；容貌有美丑，体质有强弱；能力有大小，品德有好坏。无论是同一个体的各种素质的比较，还是不同个体的同一素质的比较，均可谓"横看成岭侧成峰，远近高低各不同"。

素质的第七个特征是它的综合性。同一个体的各种素质、同一素质的各种成分作为高度统一的有机体存在于个体之中，它们相互联系、难分难割，统一作用于行为方式、行为产品与工作绩效中。素质的综合性还表现于素质对行为辐射的共同性、普遍性与全时空性。因此对任何一个人与任何一种素质的测评都不应该凭一时一事下断言，而应该依据所有的行为表现进行综合评判。

素质的第八个特征是它的可分解性。素质对个体行为辐射的综合性与全时空性并不排斥认识上对它的可分解性。任何个体的素质都不是单一的，它是一个复杂的系统，要想在特定时空下同时把握所有的素质，不仅十分困难而且是不可能的。我们可以先从素质的表现媒介逐一地去认识单个的素质，然后再去把握整体的素质。

素质的第九个特征是它的层次性与相对性。每个人的素质具有不同的结构层次，有核心素质、基本素质与生成素质等不同的层次区分。核心素质是基本素质的基础，基本素质是生成素质的基础。

此外，在素质结构中，素质是与水平相区别的。素质的优劣表现为水平的高低，但水平绝不是素质。然而，这又不是绝对的。基本能力水平相对于实际能力来说，也是一种素质，因为基本能力水平的高低，直接决定了实际能力的强弱。

（三）素质的构成

素质的构成，在这里是指素质结构的基本划分，包括基本成分、因素与层次。不同的学科与不同的学者对素质的构成有不同的划分。本书把个体素质分为身体素质与心理素质两大类。身体素质是个体的体质、体力和精力的总和，良好的身体素质是其他一切素质发展的生理基础。心理素质包括文化素质、品德素质、智能素质等，心理素质是个体发展与事业成功的关键因素。美国著名心理学家特尔曼曾对 800 名成年男性进行绩效测评与心理测验，发现其中成就最大的 20% 与成就最小的 20% 两组人之间最明显的差别是他们在心理素质上的差异。成就最大组在兴趣、谨慎、自信、开拓进取、不屈不挠和坚持性方面明显高于成就最小组。因此，心理素质测评应该成为测评的重点。这里简单介绍三种心理素质。

心理素质中的文化素质包括文化的广度与深度以及工作生活的经验，即学校教育程度、自我学习程度和社会化程度。品德素质包括政治品质、思想品质、道德品质等。智能素质包括知识、智力、技能与才能。技能是指技术水平与操作经验，而才能是指专长，指在兴趣、天赋上所形成的高水平的能力。素质构成体系如图 1-1 所示。

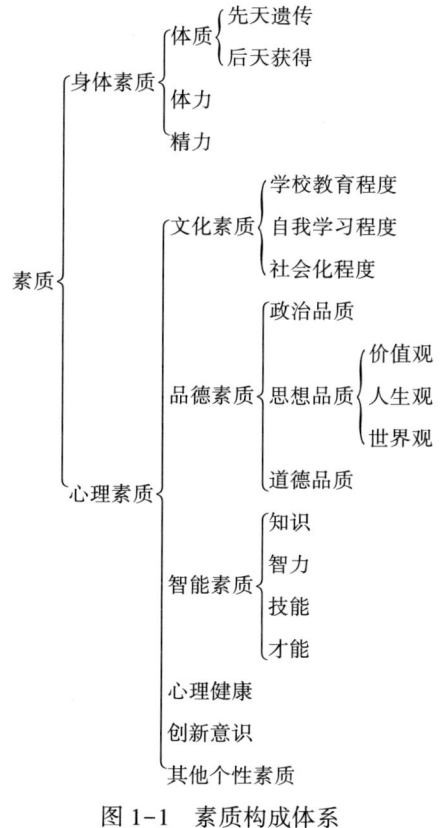

图 1-1　素质构成体系

也有人把个体素质划分为德、识、才、学、体五要素。唐代史学家刘知几提出"史有三长"，即才、学、识。宋代司马光也提出德才兼备论，毛泽东提出要德、智、体全面发展。故人们把它们综合为"德、才、学、识、体"或"德、智、体"几种素质。

二、绩效

绩效，在这里是指主体在一定时间与条件下完成某一任务所取得的业绩、成效、效果、效率和效益。其表现的形式多种多样，一般来说，主要体现在以下三个方面。

一是工作效率，包括时间、财物、信息、人力及其相互结合利用的效率。

二是工作任务完成的质与量，包括工作（学习）中取得的质量与数量。

三是工作效益，包括工作（学习）中所取得的经济效益、社会效益与时间效益。

主体的工作绩效，是其自身各项素质在具体时空条件下的综合反映，是素质与工作对象、工作条件等相关因素相互作用的结果。因此，绩效随着时间、空间、工作任务及工作条件（环境）等相关因素的变化而不同。据美国组织行为学专家研究发现，员工们每周工作5天，往往是周一上午与周五下午的工作绩效较低，而周二至周四绩效较高。同一天中每个人上下午工作的绩效也不尽相同，有些是上午优于下午，而有些则是下午优于上午。因此，工作绩效的考评必须多角度、多方位、多层次、多时空进行，注重综合考评。绩效的变化性与完成性并存，实在性与潜在性并存，功用性与价值性并存，客观性与主观性并存。

三、素质测评与绩效考评

（一）素质测评

素质测评是指测评主体采用科学方法，收集被测评者在主要活动领域中的表征信息，针对某一素质测评目标系作出量值或价值判断的过程；或者直接从表征信息中引发与推断某些素质特性的过程。

例如，企业招聘录用人员，一般是采用情况登记、面试甚至试用等测评技术，收集应聘人员的行为事实，然后针对岗位所需要的素质做有或无、多与少、高与低、优与劣以及录用与否等一系列的综合判断。

素质测评由两部分组成：一是测评主体采用科学方法收集被测评者在主要活动领域中的（行为事实）表征信息；二是采用科学方法针对某一素质测评目标系作出量值与价值判断，或者直接从表征信息中引发与推断某些素质特性。显然，前一部分主要是"测"的工作,而后一部分主要是"评"的工作。对定义分解如下。

"测"包括测评者的耳闻、目睹、体察、访问与调查等,但又不同于一般意义下的耳闻、目睹、体察、访问与调查,它是以认识与评判被测评者的某些素质为目的,以科学的测量、评价工具为手段的特定活动。"测"可以是测验、测试、探测与观测。"评"包括评论、评价、评定,更多的是针对一定测评目标系的质、量、值的品评,但也包括直接对被测评者素质的分析与评论。

"科学方法"是指被实践证明为准确、全面和方便的测量手段及评价方法,也包括一切可用的调查方法与研究方法,如直接调查、问卷调查、抽样统计、比较分类、因果关系分析、因素分析、典型分析、理论分析、黑箱分析、移植分析、仿真分析、工作分析、强度测定、疲劳测定、定员定额、效益测量等。

"主要活动领域",一般是指个人生活与工作的主要场所。对于企业员工来说,他们的主要活动领域是企业工作场所、家庭、邻里和亲友(包括伙伴和朋友)群,这些地方组成了素质特征信息的密集域。

"素质测评目标系"是指有内在联系的一系列素质测评目标。由于同一种行为事实具有多种性质或价值,还由于素质是特征信息集合体,具有多维性,任何单方面的判断与衡量都难以真实地把握其实质,因此,人的素质是由一系列素质测评目标组成的具有多向结构的坐标系来确定的。

"引发"与"推断"是指测评者的"归纳""概括"或"抽象",是一种能动的思维活动,是一种"升华",这种活动既是主观的又是客观的。"引发"与"推断"不是测评者任意地引发,而是要根据所收集的特征信息来引发与推断,它是对客观特征信息的概括,而不是凭主观想象的概括。然而,这种"引发"与"推断"又是一种主观能动性的体现与发挥,不是对现有行为事实或特征信息的简单综和,它既以现实的行为事实为基础,又超出了现有的行为事实;它把现实行为与某种理论结构相联系,并把现实的行为事实看作理论结构的例证。

"测评主体"既是指个体,又是指集体;既可以是他人,也可以是自我;既可以是上级,也可以是同级,还可以是下级。

素质测评虽然离不开素质的测量与评价,但并不是素质测量与素质评价的机械相加,而是指一种建立在对素质特征信息"测"与"量"基础上的分析判断。在测评过程中,测评者通过"测"与"量"的活动获得所要搜集的被测评者素质特征信息,然后将它们与确定为标准的东西进行比较认识。这里的认识不是仅凭测评主体的感性经验,而是积极地借助于一定的测量评价工具把最终的比较与判断建立在客观的行为事实与特征信息的搜集、测量与分析上,并且把分析判断的结果进行定性或定量的转化与解释，由此反映被测评者素质的客观情况。数量化只是素质测评过程中采取的一种基本手段。素质测评要力求以尽可能少的人力、物力花费获得尽可能准确而全面的素质测评信息，公正、客观、准确、迅速地鉴别人员素质，为人力资源开发与人事决策提供依据。

素质测评虽然以一个个的行为事实为依据，但并非仅凭单个的行为就作出评价，而是要在综合大量行为事实群的基础上进行整体测评。素质主体的能动性虽然可以使其外显行为与内在素质存在不一致的现象，但是大范围、多方位的整体行为分析可以帮助我们把握素质的高低。局部范围内行为事实与素质高低不一致的偶然现象，并不能否定素质测评整体把握的必然性。此外，素质测评与心理测评、教学测评有所不同，心理测评包括心理过程中任何心理现象的测评，教育测评则侧重于教学能力与教学成就的测评。

（二）绩效考评

素质测评主要是对主体工作前条件的分析与确定，而绩效考评主要是对主体工作后结果的分析与审定。具体地说，绩效考评是指考评主体对个体或组织活动成果及其价值的考查与评定。

这里的"活动"既是指以创造经济价值为目的的生产劳动与管理工作，也包括以开发人力资源为目的的教育与培训，如个体自我发展的学习与提高；"成果"是指活动结束时所取得的结果，包括显性与隐性两种形式，如效率、投入与产出相比的效果；其中的"价值"，包括经济价值、社会价值以及再生发展价值。

素质测评与绩效考评是相辅相成的。素质测评为绩效考评提供了起点与背景，而绩效考评为素质测评提供了实证与补充。素质测评主要是对人与条件的测评，以任职资格要求为标准，而绩效考评主要是对事与结果的考查，以职责任务要求为标准；素质测评是为人与事的配置提供科学依据，而绩效考评是对配置的优劣进行科学的检查。

第二节 主要测评类型

第一节通过概念解释揭示了素质测评的内涵。这一节我们将通过类型描述来揭示人员素质测评的外延。

人员素质测评的类型按不同的标准有不同的划分。按测评标准划分，有无目标测评、常模参照性测评与效标参照性测评。述职、小结等写实性测评属于无目标测评。晋升测评一般属于常模参照性测评，人员录用与招聘也多属于这种测评。飞行员录用与人事考核则主要属于效标参照性测评。

按测评范围来分，可分为单项测评与综合测评。企业诊断与人员培训过程中的测评一般是单项测评；而人员选拔与绩效考评中的测评大多数是综合测评。

按照测评技术与手段划分，有定性测评、定量测评以及包括模糊综合测评在内的中性测评；按测评主体来划分，有自我测评、他人测评、个人测评、群体测评、上级测评、同级测评与下级测评；按测评时间划分，有日常测评、期中测评、期末测评以及定期测评与不定期测评；按测评结果划分，有分数测评、评语测评、等级测评以及符号测评；按测评目的与用途划分，有选拔性测评、诊断性测评、配置性测评、鉴定性测评与开发性测评。

此外，还可以按测评活动分为动态测评与静态测评；按测评客体分为领导干部测评、管理人员测评、工人测评等。下面介绍按目的与用途划分的几种测评。

一、选拔性测评

选拔性测评是一种以选拔优秀人员为目的的素质测评，这是人力资源管理活动中经常要进行的一种素质测评。许多待遇优厚、工作舒适的职位，常常有众多的求职者。尽管我们采取一定的形式筛除了许多不合格的求职者，但最后仍然有不少可供我们选择的合格者，此时我们需要实施选拔性的素质测评。选拔性测评的操作流程如图1-2所示。

（一）选拔性测评的特点

第一，整个测评特别强调测评的区分功用。选拔优秀求职者实际上是一种"高个之中选高个"或"矮个之中拔高个"的相对性测评，特别需要把最优秀的求职者与一般性的合格者区别开来，便于雇主录用。

第二，测评标准的刚性最强。选拔性测评的目的既然是把最优秀的求职者与一般性的合格者区别开来，那么人们对它的要求自然就非常严格、非常精确。因此，测评的标准无论合理不合理，一旦确定绝不允许有丝毫变动，否则所选拔出的"优秀者"就难以取信于人。

第三，测评过程特别强调客观性。选拔性测评方法的改革过程实际上就是使测评过程不断客观化的过程，这种客观化的明显标志是对测评方法的数量化与计算机化的追求。

第四，测评指标具有选择性。一般来说，其他测评类型的指标都从素质测评目标的分解中直接制定，是测评标准的具体体现；而选拔性测评类型的指标允许具有一定

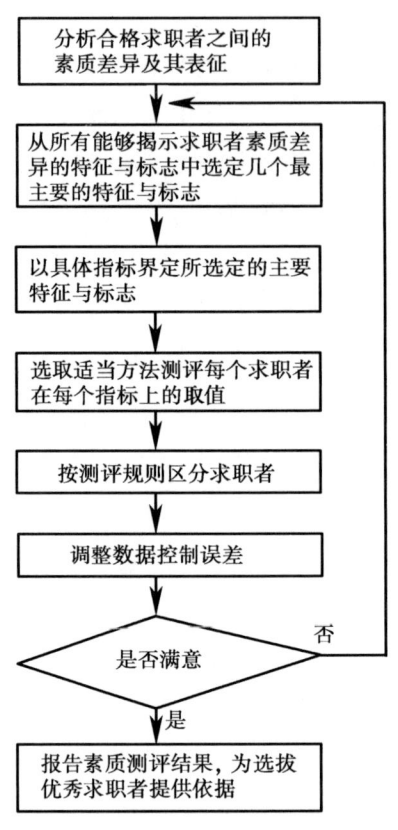

图1-2 选拔性测评操作流程

的选择性,以客观、便于操作与相关性为前提,甚至可以是一些从表面上来看与测评标准"风马牛不相及"的指标。

第五,选拔性测评的结果或是分数或是等级,这一点较之其他测评类型特别明显。评语式的测评结果无助于区分功用的发挥。

(二)选拔性测评的原则

选拔性测评操作与运用的基本原则是公平性、公正性、差异性、准确性与可比性。

公平性原则,即要求整个素质测评过程对于每名被测评者来说相对平等,不是对某些人特别有利而对其他人不利。这是保证选拔性测评结果被公众接受的前提之一。

公正性原则,即整个素质测评过程对于每名被测评者来说要求都是一致的,不是对某些人特别严格而对另一些人却很随便,测评者必须按统一的标准要求进行客观的测评。这是保证人们承认选拔结果有效的前提。

差异性原则,即要求素质测评既要以差异为依据,又要能够反映被测评者素质的真实差异。这是保证选拔结果正确性的前提。

准确性原则，即要求素质测评对被测评者素质差异的反映要尽可能精确，在允许误差范围之内。这是保证人们对素质测评选拔结果信任的前提。

可比性原则，即要求对被测评者素质测评的结果具有纵向的可比性。一般要求采取量化形式，不但可比，而且还可以与其他测评结果相加。这是保证选拔结果最后在选拔人员过程中发挥实际作用的前提。

二、配置性测评

配置性测评是人力资源管理中常见的另一种素质测评，它以人力资源合理配置为目的。现代企业的人力资源管理要以"人"为中心，使人力资源进入最佳发挥状态。人力资源进入最佳发挥状态的前提是人事相匹，人适其事、事得其人，人尽其才、才尽其用。实践表明，每种工作职位对其任职者都有一种基本要求，当任职者现有的素质符合职位要求时，个体的人力资源就能主动发挥作用，创造出高水平的绩效。否则，个体的人力资源就处于被动状态，低能低效，甚至费尽九牛二虎之力也无济于事。因此，在人力资源配置中我们经常需要运用配置性测评。

配置性测评操作流程如图1-3所示。

配置性测评与其他类型的素质测评相比，具有针对性、客观性、严格性、准备性等特点。

配置性测评的针对性特点体现在整个测评的中心与目的上。配置性测评的目的是以所配置的（工作）职位要求为依据，寻找合适的被配置者，整个测评活动都是围绕这一目的进行的。适用于甲职位的配置性测评不一定适用于乙职位的配置。换句话说，针对甲职位的配置性测评结果不能直接运用到乙职位的人员配置上，除非甲乙两种职位要求相同。

配置性测评的客观性特点体现在测评的标准上。其他类型的测评标准虚一点、实一点还可接受，但是配置性测评的标准却必须是实实在在的，必须以职位的客观要求为标准，不能随意制定。

配置性测评的严格性既体现在测评的标准上，又体现在测评活动的组织与实施中。有些工作，例如，飞行员的驾驶工作，绝不能因为一时找不到合格的人员就降低标准要求，但也不是标准越高越好。为了保证人力资源配置的切合性，不但对测评标准要求严格，而且对测评方法、测评实施及整个测评过程都要求十分严格，否则保证不了测评结果的准确性及人力资源配置的效果。

配置性测评的准备性主要体现在人力资源管理过程的开端性上。依配置性测评

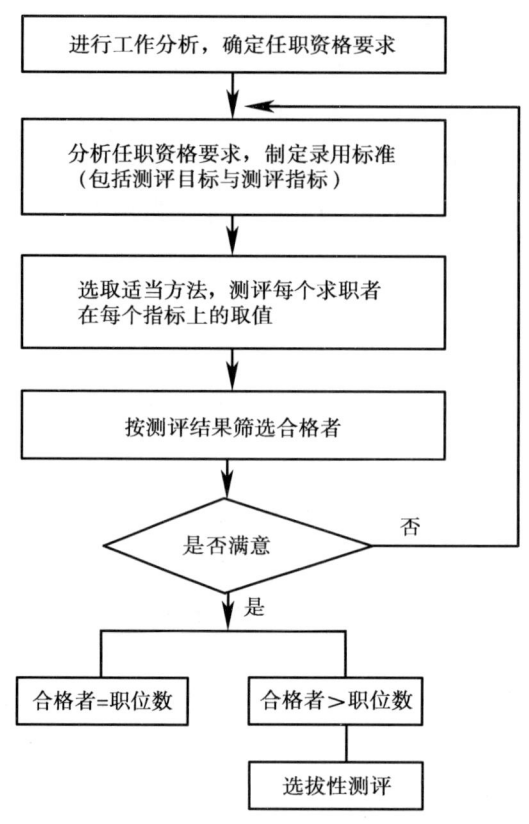

图1-3 配置性测评操作流程

结果所做的人力资源配置,只是保证工作效率、工作效果的一种必要条件,是一种可能性,是一种准备。随着工作要求与人员素质的变化,配置应该有所改变,不能"一配定终身"。

三、开发性测评

开发性测评是以开发人员素质为目的的测评。人的素质具有可塑性与潜在性。从当前现状来看,有些人也许并不具备某方面的素质,但他可能具有发展这方面素质的潜力。如何发现这些人呢?显然有必要实施开发性测评。此外,人力资源的开发应该具有针对性,在每个企事业组织中,存在不同类型的人力资源。有的人专注于技术运用,有的人热心于技术革新,有的人擅长于技术传播。这些人实际具备了不同的资源形态,应该对他们分别采取不同的策略,以最大限度地发挥他们的作用。对"运用型"的人,应把他们培养成为"生产冠军";对"革新型"的人,应让他们有机会接触更多的技术资料,并以宽容的态度对待他们的失败,鼓励他们创新;对"传播型"的人,应让他们横向发展，允许职位轮换流动。要明确人力资源的不同形态，就必须实施开发性测评。

开发性测评也可以称为勘探性测评，主要是为人力资源开发提供科学性与可行性依据。开发性测评操作流程如图1-4所示。

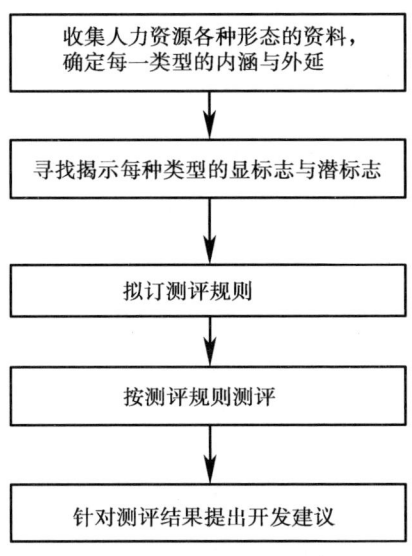

图1-4 开发性测评操作流程

与其他测评类型相比，开发性测评具有勘探性、配合性、促进性等特点。

勘探性是指开发性测评对人力资源带有调查性，主要是了解总体素质结构中哪些是优势素质，哪些是短缺素质，哪些是显性素质，哪些是潜在素质，哪种素质有开发价值等。

配合性是指开发性素质测评一般是与素质开发相配合而进行的，是为开发服务的。

促进性是指开发性素质测评的主要目的不在于评定哪种素质好、哪种素质不好，哪种素质有、哪种素质无，而在于通过测评激励与促进各种素质的和谐发展与进一步提高。

四、诊断性测评

诊断性测评是以服务于了解素质现状或素质开发中的问题为目的的素质测评。在企业管理中，我们常常遇到这样或那样的问题，需要从人员素质测评方面查找原因，这就需要实施诊断性测评。诊断性测评操作流程如图1-5所示。

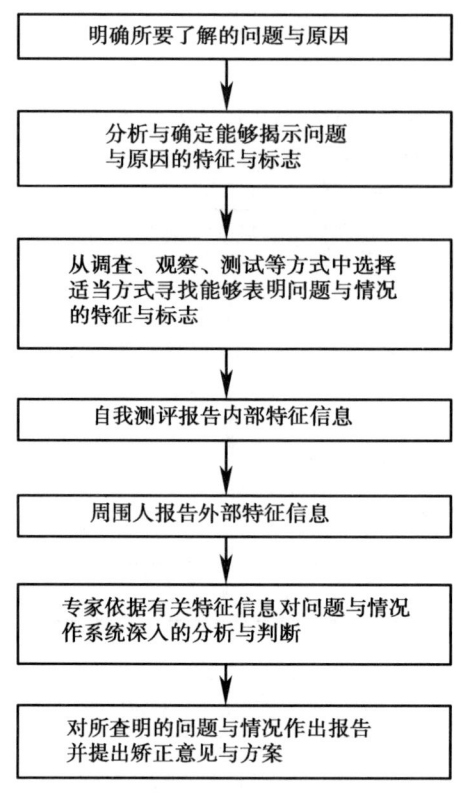

图 1-5 诊断性测评操作流程

诊断性测评与其他测评类型相比主要特点有四个。

第一，测评内容或者十分精细，或者全面广泛。诊断性测评的目的如果是查找问题的原因，测评时就要像医生问病情一样不放过任何细节，测评内容要十分精细与深入；如果是了解现状，测评的内容就应十分广泛。

第二，诊断性测评的过程是寻根究底。一般是由现象观察出发，层层深入分析，步步综合，直至找到答案。

第三，测评结果不公开。其他各种类型的素质测评结果一般都向众人公开，而诊断性测评的结果只供内部掌握与参考。

第四，测评具有较强的系统性。诊断性测评要求从表面特征与标志观察搜寻入手，继而深入分析问题与原因，诊断"症状"，由此提出矫正对策方案。前面各种类型的素质测评无此要求。

五、考核性测评

考核性测评，又称鉴定性测评，是以鉴定与验证某种（些）素质是否具备或者具备程度大小为目的的素质测评。考核性测评经常穿插在选拔性测评与配置性测评之中。考核性测评操作流程如图 1-6 所示。

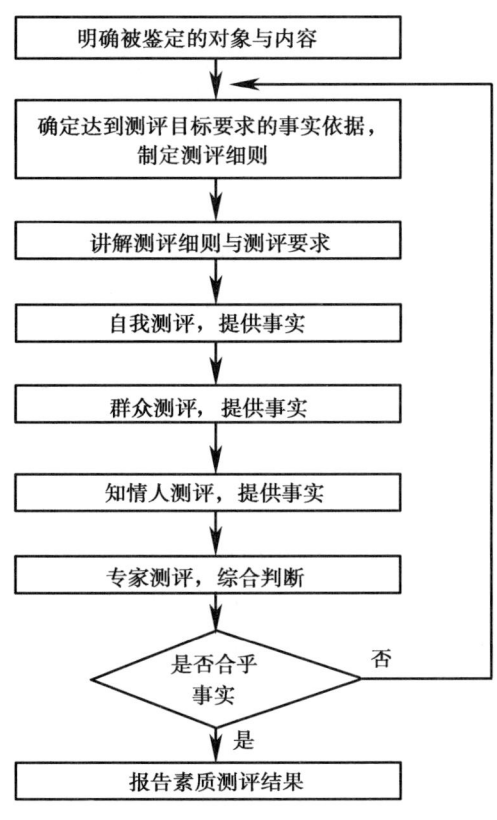

图 1-6 考核性测评操作流程

（一）特点

第一，测评结果主要是给想了解求职者素质结构与水平的人或雇主提供测评结果和证明，是对求职者素质结构与水平的鉴定。

第二，考核性测评侧重于求职者现有素质的价值与功用，比较注重素质的现有差异，而不是素质发展的原有基础或者发展过程的差异。

第三，具有概括性的特点。考核性测评的范围比较广泛，涉及素质表现的各个方面，是一种总结性的测评，而其他类型测评更明显的特点则是具体性。

第四，要求测评结果具有较高的信度与效度。也就是说，考核性测评较之其他类型更要求所做的评定结论有据可查，而且要充分全面，要求所做的评定结论能够验证，结果一致。

（二）操作与运用原则

1. 全面性原则

考核性素质测评的范围要尽可能遍及纵向时间的跨度与横向空间的场所，要尽可能遍及素质形成的全过程以及素质结构中的所有因素。这样才能突出考核性测评的概括性特征。

2. 充足性原则

这一原则要求所做的每一个评价结论都要有充足的依据，是事实本身的反映而不是事实的主观推论。这种充足性应体现在测评依据与测评信息的搜集与确定上。

3. 可信性原则

这一原则要求测评的结果既令本人信服又令他人信服，即要求素质测评的方法科学、客观，指标具体可验。

4. 权威性或公众性原则

权威性，即要求测评者是有一定影响力的权威人士或专家。公众性，即要求在测评者本人并非权威人士的前提下，多让一些有代表性的群众参加。权威性从质上保证了测评结果的有效性，而公众性则从量上保证了测评结果的有效性。

上述五种测评类型的划分是相对的，实际上它们往往是交织在一起的，运用时，既要综合发挥，又要有所侧重。

第三节 主要功用

功用即素质测评的功能与作用。素质测评的功能与素质测评的作用是不相同的两个概念。功能是素质测评活动本身固有的一种稳定机制，是一种相对独立的东西；而作用则是素质测评活动外在影响的一种具体表现，它会受到各种偶然因素的影响。同样的功能，有的情况下正向发挥表现功能的属性，而在另外的情况下却可能反向发挥，起反作用。功能是作用的内在根据，而环境因素则是作用产生的外在条件。作用是素质测评活动中功能与环境因素相结合而产生的实际效用。作用、功能与素质测评活动是连为一体的。相对素质测评活动来说，功能是潜在的机制，而作用是外在的效应。

一、评定

人员素质测评活动中最为显著的特征就是把被测评者的特征行为与某种标准进行比较，以确定其素质构成与成熟水平。用来比较的标准有两种形式，一种是存在于测评对象之外的客观要求，如任职资格标准；另一种是存在于测评对象之中的"常模"标准，例如，在干部选拔测评中，常常需要在"高个之中拔高个"，前一个"高个"便成了选拔测评中的"准常模"。无论采用哪种标准，通过比较（直接或间接），任何人的素质都被确定在一个相应的位置上，以表明素质结构的优劣及水平的高低。如果素质测评缺乏评定功能，那么素质测评就纯属一般的调查与了解。

首先，素质测评评定功能的正向发挥在人力资源管理上表现为促进与形成作用。社会心理学研究发现，自我测评、群体测评与期望测评是衡量一个人素质高低的三个重要参数。自我测评与群体测评使一个人对他人、对自己的行为有了标准，一个人的行为基本上是按照这个标准进行调整与安排的。这种调整的需要好像是在无意识中产生的，个体仿佛会自动调整自己的行为去适应所确认的素质测评标准，以提高自己在这些标准中的测评分值。

马克思曾经说过，人来到这个世间没有带着镜子，他总是习惯于拿社会群体当作镜子来照，在他掌握了这种社会知觉的方法之后，他便把镜子挪到了自我的内部。因此，通过他人测评、自我测评与群体测评，每个人都能够认识到：自己的优势素质是什么、短缺素质是什么、亟待改进的素质是什么，社会与工作需要的是什么素质、不需要的是什么素质，什么是良好的素质、什么是低劣的素质。由此会产生与激发改善自身素质、加强自我修养的愿望与行为。

素质测评中既有对良好素质的肯定，又有对低劣素质的认识；既有热情的希望与鼓励，又有真诚的批评与悔改。因此，素质测评可以把人力资源管理者的开发期望与被测评者的自我修养有机地结合起来，促进个体素质的进一步提高。

其次，素质测评的评定功能还表现出激励与强化的作用。每个人都有自我尊重与超越上进的愿望，希望自己在测评中取得好成绩、好结果。获得肯定性评价的行为将会趋于高频率出现，而获得否定性评价的行为会趋于低频率出现。素质测评是促使个体素质的培养与修养行为向着社会所要求的方向发展的强化手段。它是从外部激发个体的内部动机，使其处于积极向上的紧张心态，从而产生动力、压力与活力，激励他们素质开发（培养与修养）的行为更加自觉、更加积极，接受并维护社会的测评标准，促进与提高肯定性的素质水平。

最后，评定功能的正向发挥还表现出导向作用。测评实践表明，测评过程中哪种素质的权重或分值大，哪种素质就备受人们重视；哪种素质的权重小，哪种素质就会被人们轻视；哪种素质不测评，人们就会逐渐忽视它。这种现象在鉴定性、选拔性测评中表现尤为明显。因此，在人力资源开发中应注意正面发挥素质测评的导向作用。

二、诊断反馈

素质测评活动的另一个特征是它搜集素质特征信息的广泛性与科学性。任何素质测评都必须广泛而系统地搜集各种素质特征信息,在充分占有材料的基础上作出分析。因此,无论是在搜集素质特征信息的过程中,还是在作出评价的时候,测评者都要涉及素质形成、人力资源管理与开发的方方面面,有些问题甚至要深入根源才能有结果。这样,经过测评,测评者对人力资源管理的全过程,对人力资源开发的效率与效果就会有全面而细致的了解。加上测评是根据统一的标准按一定的方法来进行的,因此,对效果好、素质高、决定因素在哪里,素质差、效果不好、问题在哪里,均一目了然。测评者把所有这些信息予以整理记录,转达给测评主体或第三者,就是反馈。它可以让测评者或第三者了解与掌握人力资源开发的不足与问题所在,了解与掌握人力资源开发的进程及素质形成的情况。

首先,诊断反馈功能的正向发挥有咨询的作用。一般来说,进行素质测评之后,对于诸如以下问题:人力资源管理的目标制定得是否科学合理?人力资源的配置是否合理?素质开发的方式选择是否得当?诊断反馈功能均能作出有根据的回答。

其次,诊断反馈功能对人力资源开发方案、开发工作的计划与改进,起着重要的决策参考作用。在素质测评过程中,由于测评者曾系统而全面地掌握了素质形成的过程,找到了一些素质问题的原因所在,明确了每名被测评者素质的优劣,因此能有的放矢地在众多的开发方案与开发工作计划中选择一个最为有效的方案,能抓住素质形成与发展的关键点进行优化开发。

最后,诊断反馈功能的正向发挥表现为调节与控制。从控制论的角度来看,素质培养与开发实际上也是一个调节与优化个体思想行为发展的过程。然而这种调节与优化的作用在相当程度上要由素质测评来实现。

三、预测

素质测评,尤其是心理素质测评,是在对素质现在及过去大量表现行为全面了解与概括(或综和)的基础上,判断素质表征行为运动群的特征和倾向。换句话说,我们并不是根据单个的特征行为测评素质,而是根据大量的特征行为测评素质,这些大量的特征行为对素质的揭示具有一定的必然性,因此,人们可以依据素质表征行为发展的历史轨迹及其趋向对被测评者的素质发展进行某种预测。这种预测的有效性取决于素质特征的稳定程度。

预测功能的正向发挥表现为选拔作用。素质测评的评定功能单独发挥作用时仅表现为激励作用，然而当它与预测功能结合时，就表现为选拔作用了。

素质在数量与质量上的差异是区别不同素质结构与水平差异的重要依据。测评的预测功能使素质测评的结果具有一定的后效性。换句话说，个体素质的差异具有一定的延续性，这样我们就可以根据各个被测评者目前的素质差异了解他将来的发展差异。

四、其他功用

（一）有助于资源配置的科学化

人与事如何实现科学合理的配置，这是人力资源管理与组织管理长期以来急需解决的一个重要问题。传统的人事配置主要依靠配置者的经验分析与主观判断，结果往往是事不合人、人不称事、人事两误；有些人甚至把因事配人作为送人情、拉关系、走后门和打击报复的手段；任人唯亲、任人唯权、任人唯利、任人唯钱、任人唯"礼"，谁送"礼"重，好工作就给谁，甚至小材大用、专才偏用、歪才正用、埋才不用、大材小用等。通过素质测评，实现人与事的科学配置，有助于消除这些人事配置中的弊端，有助于人尽其才、才尽其用。依据素质测评结果，实现自动化与公开化的人事配置，有助于杜绝人事配置中的不正之风。

（二）有助于人力资源开发

传统的人事管理对人力资源基本上是一种物化式的"仓库管理"，管理人员把每位员工物化为"档案袋"，当作"物质"，像记录设备的型号、性能、价格等资料那样建立个人档案，"活"的人力资源管理变成了"死"的档案保管。人与人之间的差别只看得到性别、年龄、职务、工种上的区别，看不出素质上的差异，往往造成人才的积压与埋没，造成人力资源的巨大浪费。借助素质测评，不但能发现优秀之才与奇缺之才，而且还能明确各人所长、各人所短，使之用人所长、避人之短、取长补短、优化组合，并通过培训扬长避短、开发潜能。

（三）有助于人力资源的优化管理

人力资源管理包括编制定员、人员招聘录用、人员分配与培训、绩效考评与劳动报酬等工作。素质测评不但能为人力资源管理的各个环节提供科学依据，而且能把人力资源的配置与调控由静态改为动态。通过素质测评及时提供人力资源变化信息，明确人员配置的现状及其科学化程度，在规划人力资源管理工作的近期与远期发展上，就能纵观全局、明确方向，区分实现人事配置管理科学化的次序，制定切实可行的战略与措施，确定最佳方案，协调各个方面的关系，形成"合力"，减少"内耗"。

人员素质测评在人力资源管理中的优化作用具体表现在以下五个方面。

1. 人员素质测评与招聘选拔

根据组织所要求的人力资源规格、规模、质量来招聘人或进行内部选拔，将其安置到预先规定的岗位从事所要求的工作，以实现期望的绩效。在这个过程中，考察应聘者是否满足岗位需要是最关键的环节，人员素质测评扮演着最重要的角色。[1]

在传统的招聘过程中，招聘人往往只是查看履历表、申请表，面试中提一些简单的非结构化的问题以便作出判断。这样的过程缺乏科学的依据，并没有根据岗位要求对应聘者进行客观的评价，对不同应聘者之间的评价也不具有可比性，同时也给"任人唯亲"等做法提供了机会，使组织蒙受损失。人员素质测评在对招聘岗位进行深入分析之后，可对应聘者的能力、个性进行深入了解，对与招聘岗位之间的匹配程度作出评价，并提出将来的使用和调配建议，这样不仅大大提高了招聘的成功率，还使日后对其管理变得有据可循。通常在科学的招聘选拔中，会运用到心理测验、面试、评价中心等测评方法。

在领导干部选拔的过程中，人员素质测评可以通过一系列手段，不但了解人的现有能力素质，还能了解发展潜力，可以大大提高选拔干部的成功率。[2] 对于领导班子建设，可以通过团队分析，考察领导班子里的每一个人具有什么样的管理角色特征，目前所承担的工作是否与自身的管理角色特征相匹配，以及这些人的管理风格与方式是否协调，从而形成明确的判断和认识，支持选拔工作的顺利进行。

2. 人员素质测评与培训

人员素质测评是执行培训的基础。培训的需求主要来自以下两种情况：由于人力资源供应市场的限制，招聘进来的人不一定完全符合组织本身对人力资源的需要；或者由于组织自身发展，原有人力资源已不再适应组织目标的要求，需考核现有人力资源状况，针对人力资源现状与组织目标要求之间的差距组织培训，以满足组织要求。

人员素质测评可以保证培训的针对性和有效性。例如，有一些企业并没有做培训需求诊断和计划的意识，当它们意识到应该在培训中予以投入时，也只是同意一些个人的培训申请，或者在培训市场搜寻一些信息来完成任务。但更恰当的方法应当是对企业人力资源的现状进行诊断评价，然后根据员工的条件和企业的发展需要指定双方收益都最大的方案。这样，个人得到开发，组织得到人力资源的提升，进而是绩效的

---

[1] 王垒. 实用人事测量 [M]. 北京：经济科学出版社，1999：127.
[2] 赵深徽. 员工素质测评 [M]. 深圳：海天出版社，2003：78.

提升，使企业的投资得到最大的效用，皆大欢喜。①

3. 人员素质测评与绩效考评

广义地说，绩效考评也是一种人员测评，同样是对员工行为的考察。它通过对员工的现实工作行为及结果进行测量和评价，达到提高绩效的目的。它和人员素质测评的直接联系主要来自三个方面：第一方面，人员素质测评的结果可以作为绩效考评的参照，帮助制定标准和反馈调整；第二方面，绩效考评的结果可以作为检验人员素质测评效度的重要效标；第三方面，两者使用很多共同或相似的技术。事实上，人员素质测评注重测量和预测，而绩效考评注重检查和反馈，两者如同左手和右手，都是保证员工的工作行为符合组织战略目标的人力资源管理手段。

4. 人员素质测评与员工激励

员工的激励因素主要来源于工作的成就感和自身价值的实现，这离不开不断地提高自我。人员素质测评是将被测评人员的特征行为与某种标准进行比较，以确定其素质的构成与水平的过程。任何人的素质都被确定在一个相应的位置上，以表明素质结构的优劣与水平的高低。每个被测评者都有自我尊重与上进的愿望，希望自己在测评中取得好的结果。人员素质测评是促使个体素质的培养与修养行为向着社会所需求的方向发展的强化手段，是从外部激发个体的内部动机，使该个体保持积极向上的激活心态，从而产生动力、压力与活力，激发他们自觉进行个人素质的开发，不断提高自身能力水平。因此，人员素质测评具有激励效用。

5. 人员素质测评与职业发展

一个人适合什么类型的职业，在他尝试之前往往没有把握。因此，在考虑个人的职业发展时，对自己的正确认识是前提。然而，每个人对自我的认识并不完全。每一个人都是通过他人对自己的评价或通过自己与他人的比较来认识自己的。一个人能否正确地认识自己，涉及自己的认识能力与他人对自己的认识能力，还涉及自己潜能的表现是否充分。事实上，每个人都有大量的潜力尚未被开发。而人员素质测评是通过一定的技术设计，使人对自己的认识科学化和标准化，通过创设一定的情境让一个人的潜能得到充分展现，达到自我了解、自我设计、自我开发的目的，从而考虑更适合自己的职业发展道路。②

---

① 王垒. 实用人事测量 [M]. 北京：经济科学出版社，1999：129.
② 谌新民，刘善敏. 人员测评技巧 [M]. 广州：广东经济出版社，2002：22.

第四节　与相关学科领域的关系

人员素质测评具有综合性、应用性、多学科交叉的特点，融合性很强。在人力资源管理范畴之外，和人员素质测评关系较为紧密的学科有哲学、社会学、行为科学、统计学、数学、教育测评、心理测量学等。在人力资源管理范畴以内，人员素质测评作为基本环节和重要手段，它和诸多研究领域有着紧密的联系，包括选聘、培训、绩效考评、员工激励和职业发展。

一、人员素质测评与哲学的关系

马克思主义哲学是辩证唯物主义与历史唯物主义哲学，是研究自然、社会和人类思维一般规律的科学，它既是理论化、系统化的世界观，又是观察问题、分析问题和处理问题的方法论，那么，它就一定也是人员素质测评研究的方法论。我们必须用马克思主义哲学观点作为指导，用唯物与辩证的观点来探讨人员素质测评中的基本问题，从而避免视野狭窄，陷入具体方法中，偏离了科学的原理和规律。例如，有很多国外知名的心理测验试题都是在 20 世纪 50 年代以前编写的，此后试题一直没有进行大幅度修改，而另外一些测验试题则来自最近的研究。我们在借鉴和运用时既要从发展变化的观点看到两者的时效性，也要从存在的差异性上认识我国国情，进行判断和取舍。

二、人员素质测评与社会学的关系

社会学是研究社会制度和社会活动一般规律的科学，它研究的问题相当广泛，包括社会组织、社会结构、社会团体、社会功能的发展变化，以及人类社会生活中的住宅问题、人口问题、家庭问题、犯罪问题等。对这些问题的研究有助于我们对人员素质测评的理解和分析。一方面，人员素质测评本身就是一种社会活动，例如，测评主体与测评客体之间会互相影响、互相干扰，尽管采用了标准化方法加以避免，但这种影响是无法消除的，只能用社会学的观点加以认识；另一方面，社会学的研究能帮助我们认识测评对象的差异性，也为试题编制提供了素材。

三、人员素质测评与行为科学的关系

行为科学是研究人类行为及其规律的一门科学，对人员素质测评有重要的借鉴作用，因为人员素质测评就是建立在对人的行为研究的基础上的。在人员素质测评研究中常遇到一些问题：通过什么手段来引发人的潜在行为并用以测评人的行为？在众多

的行为中应选择什么样的行为作为测评对象？应该测评行为的哪些要素？被测评者的行为会受到哪些因素的影响？这些问题都可以借助行为科学的有关研究与成果来解决。

四、人员素质测评与统计学的关系

统计学是一门收集、整理和分析统计数据的方法科学，其目的是探索数据的内在数量规律性，以达到对客观事物的科学认识。统计学作为社会科学研究的科学工具，渗透到人员素质测评的各个环节，从建构测评标准体系、选取试测样本、施测计分到测量结果的处理和评定都需要收集大量数据加以整理和分析。计算机的应用和普及大大推动了统计学的发展，也推动了统计手段在人员素质测评研究中的运用，增强了人员素质测评的科学性。

五、人员素质测评与数学的关系

数学研究存在于人类社会与自然界中一切事物的数量形式与空间形式之中，人员素质测评则是在对人类行为数量形式与空间形式认识的基础上，借助那些能够准确科学地反映人类行为质与量差别的数量形式与空间形式来进行测评的，这就要求人员素质测评者具有一定的数学基础，要善于运用适当的数学思想、数学方法、数学手段来改善目前人员素质测评中的不足。然而，我们又要注意到人员素质测评除了要对人员素质进行量的分析外，更主要的还要进行质的分析，要善于通过量的分析来把握质的区别。数量化只是人员素质测评的一种手段或方式，而不是目的，对此要有一个全面的认识。

六、人员素质测评与教育测评的关系

人员素质测评与教育测评有很多相通之处。目前我国人员素质测评所采用的手段大都是纸笔测验，和教育测评的考试非常相似。教育测评的有关研究方法及研究成果对人员素质测评有直接的指导作用。然而，教育测评的基本内容主要针对的是智育测评，大多数理论方法也都建立在智育测评的基础上。而人员素质测评的目标是达到人适其事、人尽其才，考察的对象涉及和工作相关的各种素质，包括文化素质、品德素质、智能素质、人格特点以及身体素质。显然，两者在测评对象上存在很大差异，人员素质测评的对象比智育测评的对象复杂得多，因此，在引用与借鉴有关教育测评的研究方法与成果时要有所分析。

七、人员素质测评与心理测量学的关系

心理测量学是对人的心理进行测量，从而研究人的心理产生及其发展规律的科学。

而人员素质测评着重于测量人的心理因素，在实施过程中要涉及测评者及被测评者的心理活动、心理实质。同时，心理测量学中有关智力、人格的测评与人员素质测评有交叉之处，其中的许多方法与研究成果都可以被直接引用。因此，心理测量学及其研究成果对人员素质测评研究有非常重要的帮助。然而，人员素质测评的对象不仅仅在于行为的心理和人格方面，其测评的范围广泛得多。人员素质测评为人力资源管理实践服务，主要关注个体在工作领域中的行为表现。心理测验的应用领域更广泛，还包括临床、教育、心理咨询等各个方面。

八、人员素质测评与人力资源管理学的关系

人员素质测评属于人力资源管理学范畴。人力资源管理学是由人类学、心理学、社会学、管理学、行为科学等多学科组成的学科群，主要研究人力资源的组织、管理和开发，其中人员素质的测量与评定是人力资源管理过程的基本环节和人力资源管理与开发的重要手段。对于一个现代组织而言，人力资源管理主要是指在合理制订人力资源计划的基础上，运用相关手段和方法，实现组织岗位与员工的合理匹配，并通过一系列管理手段，充分调动员工的工作积极性，以保证组织目标的实现。

要真正做到岗位与员工的合理匹配，必须对这两个方面的要素进行全面彻底的了解。对于岗位的了解可以通过工作分析方法，而对于员工的把握则通过人员素质测评。诊断式的人员素质测评可以告诉人们组织的整体人力资源状况和水平，从而使组织在充分认清自我的基础上制定人力资源规划。

本章小结

人员测评又称人员素质测评，有广义和狭义之分。本章从狭义的角度系统地阐述了人员素质测评的基本概念、类型、功能与作用及其与其他学科的关系，从而使我们对人员素质测评有了一个较为全面的认识。

首先，从素质、素质的特征、素质的构成以及绩效等基本概念入手，揭示了人员素质测评的内涵以及与绩效考评的区别与联系。素质测评是指采用科学的方法，收集被测评者在主要活动领域中的表征信息，针对某一素质测评目标系作出量值或价值判断的过程；或是直接从表征信息中引发与推断某些素质特性的过程。需要强调的是，人员测评既要以现实的行为事实为基础，又要超出通过科学方法所得到的行为事实，它需要把这些行为事实与某种理论结构联系起来。因此我们认为人员测评是一种既主观又客观的活动。而绩效考评是对个体或组织活动成果及其价值的考

察与评定。人员素质测评与绩效考评是一个事前与事后的考察过程,前者为后者提供了起点与背景,而后者为前者提供了实证与补充,两者相辅相成。

其次,通过类型和功用这两种形式揭示了人员素质测评的外延。人员素质测评按不同的标准有不同的划分,本章介绍了按目的与用途划分的几种测评:选拔性测评、配置性测评、开发性测评、诊断性测评、考核性测评,主要是介绍了这几种类型的特点及其在操作过程中需要注意的原则,同时强调这些划分只是相对的,只是侧重有所不同,运用时要综合发挥。人员素质测评的功用主要表现在以下几个方面。

1. 评定:促进素质的形成,激励与强化素质,导向作用。
2. 诊断反馈:咨询作用,决策参考作用,调节与控制作用。
3. 预测:选拔作用。
4. 其他:有助于人力资源的科学配置,有助于人力资源开发,有助于人力资源的优化管理。

最后,概括地介绍了人员素质测评与哲学、社会学、行为科学、统计学、数学、教育测评、心理测量学、人力资源管理学的关系。

复习思考题

1. 简述素质与绩效、素质测评与绩效考评之间的关系。
2. 试述人员测评对人力资源管理与开发的基础性作用。
3. 人员素质测评有哪些类型?各有什么特点?试从这种分类中找出相关的分类维度并进行比较。
4. 人员素质测评应以哪些学科为基础?为什么?

案例与讨论

A 公司的招聘与选拔

A 公司要招聘两名技术主管和一名大区经理,故外聘一家咨询公司进行专业的人才素质测评。

咨询公司先进行深入的调查,确立了特定职位选人标准,据此选择并开发测评工具。其方法包括纸笔测验、无领导小组讨论、结构化面谈。

历时两天后,咨询公司提交了最终的选拔评价报告,评价出 11 个人的差距、优势和不足,并针对大区经理和技术主管两个岗位进行选择性排序,对其中的 3 个人提出推荐意见。

看过评价和推荐报告,A 公司的领导班子认为评价非常科学并有说服力,还附有对应聘者的开发方案,故欣然采纳了咨询公司的建议。

(资料来源:本案例来自百度文库,有小部分改动。https://wenku.baidu.com/view/ef37626bd4bbfd0a79563c1ec5da50e2534dd1cb.html。)

讨论

1. 案例中的人员测评可以归属为哪几种类型?
2. 结合案例讨论人员测评对人力资源管理工作的意义。

建议阅读文献

1. 肖鸣政,等. 测评人才素质致力人才开发 [J]. 中国人力资源开发,1998 (3):4-6.
2. 王通讯. 人才素质测评的历史、原理与方法 [J]. 中国人才,2009 (1):49-53.
3. 杨东涛,朱武生. 人才测评在人力资源管理中的运用研究 [J]. 南京社会科学,2003 (5):56-61.
4. 吴冬梅. 西方职业测评理论综述 [J]. 当代财经,2007 (12):125-128.
5. 萧鸣政. 现代人员素质测评 [M]. 北京:北京语言学院出版社,1995 (5):29-92.
6. 萧鸣政,等. 新时代人才评价机制建设与实施 [J]. 前线,2018 (10):64-67.

习题

一、单选题

1. 下述哪一项不是素质的特性?(　　)
   A. 稳定性　　　B. 差异性　　　C. 发展性　　　D. 可分解性
2. 该操作流程图对应哪一种测评?(　　)

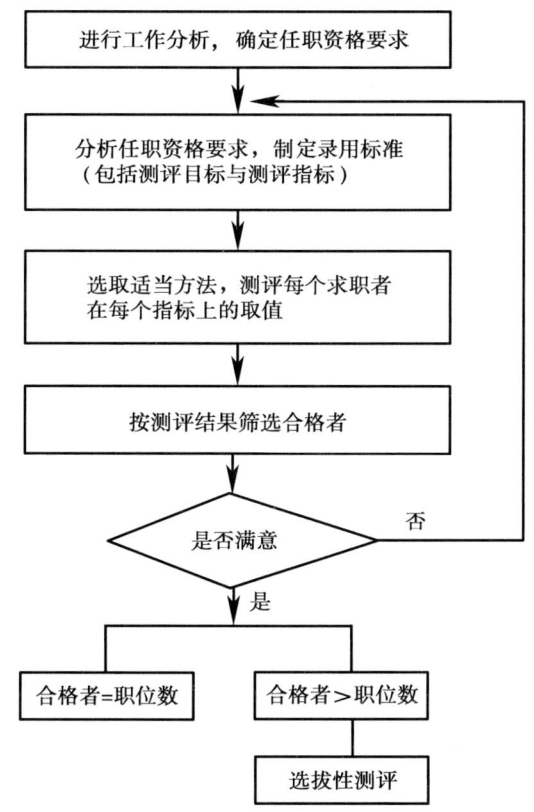

   A. 选拔性测评　　B. 配置性测评　　C. 开发性测评　　D. 诊断性测评
3. 开发性测评的目的是（　　）。
   A. 开发人员能力　　　　　　B. 开发人员品德
   C. 开发人员素质　　　　　　D. 开发人员经济价值
4. 选拔性测评的结果是（　　）。
   A. 评语　　　　　　　　　　B. 系统的测评报告
   C. 评语和分数　　　　　　　D. 分数或等级
5. 以下哪项不是考核性测评的特点？（　　）
   A. 测评结果主要是对求职者素质结构与水平的鉴定
   B. 考核性测评侧重于测试素质发展的原有基础或者发展过程的差异
   C. 具有概括性的特点
   D. 要求测评结果具有较高的信度与效度
6. 人员素质测评活动中最为显著的特征是（　　）。
   A. 把被测评者的特征行为与某种标准进行比较
   B. 强调面试结构化

C. 要求有高信度与高效度测评结果

D. 系统化的测评结果

7. 素质测评的重点是（　　）。

　　A. 身体素质　　B. 体力素质　　C. 心理素质　　D. 体质素质

8. 素质虽然是个体之上的一种客观实在，但它却是看不见、摸不着、说不清的，具有隐蔽性和抽象性。上述这一句话描述的是素质的哪一特性？（　　）

　　A. 差异性　　B. 内在性　　C. 表出性　　D. 综合性

9. 定性测评、定量测评以及包括模糊综合测评在内的中性测评，是按照哪一标准划分的？（　　）

　　A. 测评范围　　　　　　　B. 测评时间

　　C. 测评目的与用途　　　　D. 测评技术与手段

10. 以下哪一项不是选拔性测评的原则？（　　）

　　A. 客观性　　B. 公平性　　C. 准确性　　D. 公正性

11. 配置性测评的准备性主要体现在（　　）。

　　A. 测评标准　　　　　　　B. 测评活动的组织与实施中

　　C. 人力资源管理过程的开端性　　D. 整个测评的中心与目的

12. 哪一类测评的结果是不公开的？（　　）

　　A. 配置性测评　　B. 开发性测评　　C. 诊断性测评　　D. 选拔性测评

13. 以下哪一项不是考核性测评的原则？（　　）

　　A. 全面性　　B. 概括性　　C. 充足性　　D. 公众性

二、多选题

1. 下述哪些是绩效的体现方面？（　　）

　　A. 工作效率　　　　　　　B. 工作完成的质与量

　　C. 工作效益　　　　　　　D. 工作满意度

2. 下述哪些是诊断性测评的特点？（　　）

　　A. 如果测评目的是查找问题的原因，测评内容要十分精细与深入；如果是了解现状，测评的内容就十分广泛

　　B. 测评的过程不必寻根究底

　　C. 测评结果公开

　　D. 测评具有较强的系统性

3. 运用考核性测评要遵循哪些原则？（　　）

　　A. 全面性　　　　　　　　B. 充足性

C. 可信性 D. 权威性或公众性

4. 对于企业而言，素质测评的功能与作用包括（   ）。

   A. 直接为企业创造利润

   B. 有助于企业资源的合理配置

   C. 有助于企业人力资源开发

   D. 预测

5. 选拔性测评操作与运用的基本原则包括（   ）。

   A. 公平性　　　B. 公正性　　　C. 公开性　　　D. 差异性

   E. 准确性　　　F. 可比性

6. 人员素质测评在人力资源管理中的优化作用具体表现在哪些方面？（   ）

   A. 招聘选拔　　B. 战略管理　　C. 培训　　　　D. 员工激励

7. 与人员素质测评关系较为紧密的学科有（   ）。

   A. 哲学　　　　B. 社会学　　　C. 行为科学　　D. 统计学

   E. 数学　　　　F. 教育测评　　G. 心理测量学　H. 人力资源管理学

8. 与其他测评相比，开发性测评有哪些特点？（   ）

   A. 勘探性　　　B. 配合性　　　C. 发展性　　　D. 促进性

9. 配置性测评的严格性体现在（   ）。

   A. 测评对象的选择　　　　　　B. 测评的标准

   C. 测评活动的组织与实施　　　D. 人力资源管理过程的开端性

10. 素质测评的组成部分包括（   ）。

    A. 测评主体采用科学的方法收集被测评者在主要活动领域中的（行为事实）表征信息

    B. 设计科学的调查问卷

    C. 采用科学的方法针对某一素质测评目标系作出量值与价值判断，或者直接从表征信息中引发与推断某些素质特性

    D. 科学地分析所取得的数据与资料

11. 关于素质，以下哪些说法是正确的？（   ）

    A. 素质是个体完成任务、形成绩效及继续发展的前提

    B. 素质包括生理素质与心理素质两个部分

    C. 素质是日后发展与事业成功的全部条件

    D. 素质是行为的基础与根本因素

12. 以下选项中哪些是素质测评评定功能的正向发挥作用？（   ）

A. 促进与形成作用 B. 咨询作用
C. 导向作用 D. 激励与强化作用

13. 人员素质测评与绩效考评的联系有哪些？（　　）

A. 人员素质测评的结果可以作为绩效考评的参照帮助制定标准和反馈调整

B. 绩效考评的结果可以作为检验人员素质测评效度的重要效标

C. 两者都注重测量和预测

D. 两者使用很多共同和相似的技术

三、判断题

1. 身体素质不属于个体素质。　　　　　　　　　　　　　　　　　　　（　　）

2. 素质测评主要是对主体工作前条件的分析与确定，而绩效考评主要是对主体工作后结果的分析。　　　　　　　　　　　　　　　　　　　　　　　　（　　）

3. 素质测评，尤其是心理素质测评，并不是根据单个的特征行为测评素质，而是根据大量的特征行为测评素质。　　　　　　　　　　　　　　　　　　（　　）

4. 考核性测评是那种以服务于了解素质现状或素质开发中的问题为目的的素质测评。　　　　　　　　　　　　　　　　　　　　　　　　　　　　　　（　　）

5. 对于一个现代型组织而言，人力资源管理主要是指，在合理制订人力资源计划的基础上，运用相关手段和方法，实现组织岗位与员工的合理匹配，并通过一系列管理手段，充分调动员工的工作积极性，以保证组织目标的实现。　　　　（　　）

6. 开发性测评是独立的测评过程。　　　　　　　　　　　　　　　　　（　　）

第二章
测评标准体系的建构

>> **教学目标与方法建议**

通过本章教学,应该掌握以下四点内容。
1. 人员素质测评标准体系建构的基本依据和基本原则。
2. 人员素质测评标准体系建构的方法及其步骤。
3. 了解人员素质测评标准体系建构的经典应用案例。
4. 了解人员素质测评标准体系建构的思想与发展趋势。

人员素质测评标准体系的建构是素质测评中极为关键的部分。在本章中,主要介绍标准体系建构的基础、原则、方法、步骤,并在第五节介绍一些标准体系建构的实例。

教学方法建议:鉴于本章的内容比较多,且选择案例较多,建议在课堂讲授过程中适当选择,进行适当的案例分析教学。

第一节 测评标准体系建构的基本依据

建构测评标准体系要解决两个基本问题:一是对需要测评人员的素质要素进行分解,这是标准体系的横向结构;二是将每一个要素用规范化的行为特征或表征进行描述与规定,这是标准体系的纵向结构。这两个基本问题是相互交叉的,对要素的层层分解同时也是从测评内容细分到测评目标、项目、指标的过程；这两个问题又是有区别的，前者注重测评要素的完备性、明确性和独立性等，后者注重测评要素的针对性、表达简练性和可操作性等。

形成测评指标体系之后再根据测评目标设计合理的标度和计量方法。测评标准体系的基本模型如图2-1所示。

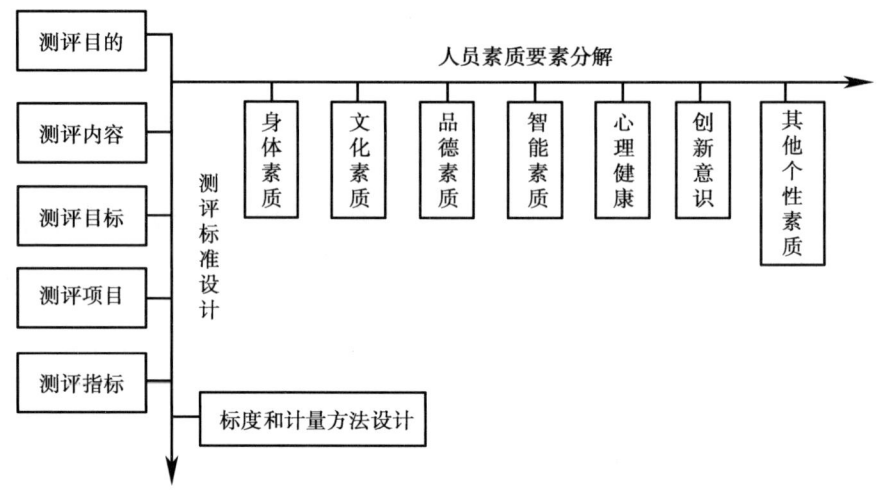

图 2-1 测评标准体系基本模型

一、测评标准体系的纵向结构

人员素质测评标准体系是一个群体概念。在素质测评标准体系中，一般在素质测评目的下规定测评内容，在测评内容下设置测评目标，在测评目标下设测评项目，在测评项目下设测评指标。素质测评项目、测评指标与测评目标之间的区别是，素质测评目标具有实在独立的意义，它是素质测评内容的抽象性概括；素质测评项目是对素质测评目标的具体规定；素质测评指标则是对素质测评项目的具体分解。

素质测评标准体系对素质测评对象的数量与质量的测评起着"标尺"作用，素质的特征只有通过测评标准体系，或者把它投影到测评标准体系中，才能表现它的相对水平与内在价值。素质测评标准体系及其分数等级、评语在素质测评过程中充当一种价值等价物的作用，它一般由标准、标度和标记三个要素组成。

标准是指测评标准体系的内在规定性，常常表现为各种素质规范化行为特征或表征的描述与规定。标度是指对标准的外在形式的划分，常常表现为对素质行为特征或表现的范围、强度和频率的规定。标记是指对应于不同标度（范围、强度和频率）的符号表示，通常用字母（A、B、C等），汉字（甲、乙、丙等）或数字（1、2、3等）来表示，它可以出现在标准体系中，也可以直接说明标准。标记没有独立意义，只有当它们与相应强度或频率的标度相联系时才有意义。以"感召力"这个指标为例，其测评标准、标度和标记如表2-1的感召力测评指标设计范例。

表2-1　　　　　　　　　　　　感召力测评指标设计范例

测评指标	测评标准	测评标度和标记
感召力	1. 擅长说服，善于赢得支持 2. 能调整表情以吸引听众 3. 能运用间接影响等复杂手段以造声势兴舆论，努力赢得他人支持 4. 能策划引人注目的事件以说明问题的要点	A. 精通　B. 善于　C. 尚可　D. 一般　E. 很差 A. 精通　B. 善于　C. 尚可　D. 一般　E. 很差 A. 精通　B. 善于　C. 尚可　D. 一般　E. 很差 A. 精通　B. 善于　C. 尚可　D. 一般　E. 很差

资料来源：唐宁玉. 人事测评理论与方法［M］. 大连：东北财经大学出版社，2002：52.

二、测评标准体系的横向结构

人员的素质是由多种要素耦合而成的。对于人员素质的结构体系，人们在研究和实践中提出了很多模式，在本章第五节介绍了个性理论设计指标模式、德能勤绩指标模式、智能结构指标模式、美国和日本企业人员测评指标模式、公共管理人员测评指标模式，此外还有大量没有介绍的和新产生的模式。这些人员素质结构体系模式具有不同的理论基础和侧重点，但总体来说，都包括身体素质、文化素质、品德素质、智能素质、心理健康、创新意识以及其他个性素质。

（一）身体素质

身体素质是指个体的体质、体力和精力的总和。体质即基本健康状况，很大程度上来自遗传因素。体力和精力决定了个人能进行多少体力和脑力活动而不疲倦，它们主要来自后天的获得，是身体锻炼的成果。良好的身体素质是其他一切素质发展与事业成功的生理基础。

（二）文化素质

文化素质是指个体获得文化教育的广度与深度以及工作生活的经验，包括学校教育程度、自我学习程度、社会化水平等方面。从20世纪80年代"科教兴国"战略的提出开始，我国一直把文化素质作为衡量劳动者素质的最重要内容，尤其是其中的学校教育程度，又称文凭，仍然是鉴别筛选人才的重要尺度。文化素质是一项重要的素质，从学校教育和自学中获得的文化知识对形成正确的道德观念、提高智能水平、提高工作效率和获得健康的人格具有关键作用。然而，片面地重视文化素质而忽视其他素质也是不可取的，文化教育并不能保证其他素质的完善发展。

（三）品德素质

品德素质在内容上主要包括政治品质、思想品质、道德品质。政治品质是指个体的政治立场和政治思想水平。在社会发展迅速，各种新现象、新思潮层出不穷的今天，政治品质需要得到重视。保证劳动者的政治觉悟水平是我国保持稳定、开展社会主义建设、实现可持续发展的基础，政治品质的提高也能促进劳动者个人的成功。

思想品质包括价值观、人生观和世界观三个方面的要素，其内涵是个体的内心观念。世界观是对涉及整个世界一般问题的看法。劳动者具有什么样的世界观对其形成自己的人生观和价值观有很大的影响。人生观是人们对人生所持的态度，是一种对人生的价值判断。积极向上的人生观使人充满活力，悲观厌世的人生态度则令人痛苦。引导劳动者保持积极的人生态度，是提高劳动者品德素质的一项重要内容。价值观是主体以自身需要为尺度对客体意义的认识。具体地讲，劳动者的个人价值系统体现为劳动者的世界观、效率观、人才观、职业道德观、竞争观等，对价值观的评价往往是以时代发展的需要作为判断标准的，因此，观念与社会发展需要的符合程度，观念的更新程度与更新机制是衡量劳动者品德素质发展的标志。

道德品质是指人的行为符合社会规范的程度，主要从个体的实际行动来认识。内心的思想和外在的行动可能是不一致的。个体可能从学校教育和自我学习中认识到积极和高尚的思想，但社会的现实情况让他不能付诸实践，没有作出符合道德的行为；也可能有的人的行为是符合道德规范的，内心却并不真正认同其理念，而是另有所图。因此，对劳动者品德素质的考察应该从思想和行为两个层面来进行，才能作出准确的评价。

这里的品德素质，在心理形式上与人格素质相近。人格素质系统中各种要素之间是相互影响、相互制约的，从而形成一种人格力量。品德素质一般不能直接作用于外界，而只能影响其他素质的发挥，或通过其他素质影响外界。根据美国心理学家雷蒙德·卡特尔（Raymond Cattell）的研究，在实际生活中，个体的品德素质的心理形式大致表现为16种行为特征，即乐群性、聪慧性、稳定性、恃强性、兴奋性、有恒性、敢为性、敏感性、怀疑性、幻想性、世故性、忧虑性、实验性、激进性、自律性、紧张性。每种品德素质特征都相对应产生一定的行为特点。

（四）智能素质

智能素质是广义的智力概念，包括知识、智力、技能与才能。知识是通过教育、自学和日常积累得到的对各种事实的了解；智力是人在活动过程中对观察、表象、记忆、想象和思维的综合运动功能；技能是技术水平与操作经验；而才能是指专长，是在兴趣、天赋上所形成的高水平的能力，包括创新能力。许多心理学家的研究和教育学家的实践证明，智能素质是可以通过后天培养得到提高的。

（五）心理健康

心理健康越来越被认为是一项重要的心理素质，对人们的工作成就和生活质量具有巨大影响。它是衡量一个人身心发展的综合素质指标，在21世纪及未来社会的人员素质测评中居于重要地位。它表现在对自我的接纳、对别人的同情、对现实的知觉、对人际关系的处理等方面。心理学家对于心理健康的划分大体分为两类，即心理异常和心理超常。低于正常水平的称为心理异常，按照严重程度大体划分为神经症、心理障碍、精神病（严重心理疾病）；而高于正常心理健康水平的称为心理超常，许多学者对此进行过专门研究，如马斯洛在他的"自我实现"模式中归纳出心理超常者的13种表现，包括良好的现实知觉，对自然、他人和自己的接纳，愉快体验常有，曾经有过顶峰体验等。整个人群心理健康水平的分布是连续的，每一种水平都很难与别的水平截然分开，处于极高或极低水平的人数都十分稀少，大多数人处于平均水平。许多心理医生相信，仅仅没有神经症和心理疾病是不够的，人们应该努力追求健康的个性，达到高水平的心理健康。

（六）创新意识

创新意识是一种宝贵的心理素质，是指人们能够基于自己的知识、智能和价值观提出新的设想并加以实行的能力。创新不是空想，新的设想需要具有可行性，并进行实践；创新也不是冒进，需要有充分的思考，确实能够创造价值，而不是无视客观规律的胡乱尝试。创新意识使人们乐于发展自己，充分发挥自己的能力，取得事业成就，为社会创造价值。然而，如果创新能力被用于谋取私利、违法乱纪，也不是真正的创新意识，而是诡谲狡诈。因此，创新意识是由文化素质、智能素质、品德素质和其他个性素质综合促成的。传统上创造力往往被归在智能素质内，然而，越来越多的素质模型开始把创新意识作为一类专门的心理素质。

（七）其他个性素质

其他个性素质包括气质、需要与动机、兴趣、情绪与情感、态度、习惯、意志等要素，是指个体活动的倾向性和惯常活动方式的心理素质特征的总和。

建构一个测评标准体系，就是要从具体的管理目的出发，寻找、筛选出关键的素质，并设计出相应的项目、指标和计量方法，对看不见摸不着的抽象的人员素质进行分析分解，编制出一系列可以用于度量的指标体系。进行指标体系设计时，并不需要把本节介绍的所有类型的素质全部考虑进去，应该根据测评的实际需要，进行适当的选择。

第二节　测评标准体系建构的基本原则

在进行测评标准体系的建构时，为了保证未来大规模测评的可靠性与有效性，达到客观、准确、可行的要求，这就需要遵守一些原则。这些原则可以作为评价测评标准体系质量的指标。

一、针对性原则

根据人员素质测评的目的、对象、情境的不同，应当设计不同类型的指标体系和不同复杂程度的计量方法。

在对不同类别被测评者进行测评时，测评指标体系中的各项指标应有所不同，要根据各类人员的具体特点进行指标设计。对于不同类型的人员进行测评其指标是不同的，即使有些指标相同，但其内容或者权重设置也是不一样的。如果测评的对象是科技人员，其测评指标除应具备的基本要素之外，还应具备一些特殊要素，如设计能力、实际操作能力等；如果是管理人员，其特殊指标应包括决策能力、组织能力等。

二、完备性原则

完备性是指处于同一个标准体系中的各种标准相互配合，在总体上能够全面地反映工作岗位所需具备的素质及功能的主要特征，使整个测评对象包含在评价标准体系内容之中。在获得被测评者素质结构完备信息的基础上，以尽可能少的指标个数来充分体现测评的目的。例如，反映被测评者综合分析能力的具体指标可以多种多样，其中严密性、精确性、理解力和逻辑性四个指标组成的指标体系就能满足指标设计中的完备性原则，既做到使指标的个数尽可能少，又能很好地反映被测评者的综合分析能力。

三、简练性原则

测评指标的设计应尽量简单，只要能达到既定目的并获得所需要的功能信息就行。换言之，就是要把一切不必要的以及不能反映素质测评特点的指标删除。冗杂烦琐的要素往往掺杂相互重叠的成分，如不筛掉，不仅费力费时，难以被采纳和掌握，而且会使测评结果信息重叠，降低测评的有效性。此外，简单、精练的测评指标体系易于测评者掌握和使用，减少测评工作的工作量，提高测评工作的工作效率。应该注意，在考虑简练性原则时，要兼顾完备性和明确性原则，避免漏掉某些因素或者采用综合性太强的指标。

四、明确性原则

测评指标应该分解成最小的单位，尽量避免出现综合性太强的指标。此外，指标应该有明确的界定，选用那些不会让操作者产生误解的词语，以免由于模棱两可而造成测评目的和测评结果不一致，无法得到被测评者的真实信息。例如，工作量指标，就会使人产生两种理解，即工作质量和工作数量。无论是从哪一个角度进行描述，都不能完整地表达被测评者的实际情况，使测评结果出现较大的偏差。因此，通常要用工作质量和工作数量这两个指标来加以区分，以满足指标定义唯一性的原则。

五、独立性原则

评价标准在同一层次上应该相互独立，没有交叉。同一层级上的 A 指标与 B 指标不能存在重叠和因果关系，即 $A \cap B = 0$。

六、可操作性原则

设立的标准应该可以辨别、比较和测评，也就是说评价标准所展示的标志是可以直接观察计算或能通过一定的方法辨别、把握和计量的。因此，在设计评价标准时，要充分考虑可操作性，评价标准的措辞应当通俗易懂，尽量避免或少用专业用语，表达要简明扼要，减少因文字理解问题给测评结果造成的差异和失误。测评标准的内容和形式应当尽量简化、突出重点。

七、合理量化原则

在为每个指标确定测评标度时,如果能用数量化的形式表示就尽可能用数量化表示。尽可能采用客观性的数据与结果,其目的是使每个要素的评判都易于操作和客观化,尽量避免主观评判标准的不一致。对于主观性测评指标,为了便于被掌握和运用统一的判分标准,通常为每一个测评指标设计定量的等级判断的参照标准,称为标度。以"事业心"测评指标为例,见表2-2示例。

表 2-2　　　　　　　　"事业心"测评指标的五级标度

测评等级	体现"事业心"的行为描述	评分隶属度活动幅度
A	工作学习热情时高时低,缺乏进取精神	0.1~0.3
B	在别人带动下能激起工作学习热情,但不能持久	0.4~0.5
C	有一定的工作学习热情,有提高自己业务水平和科学文化知识的愿望和行动	0.6~0.7
D	有一定的进取心,工作热情高,肯钻研,舍得下苦功	0.8~0.9
E	无论是在顺境或逆境下,始终保持明确的奋斗目标和旺盛的工作学习热情,刻苦钻研,积极进取,有开拓精神	1.0

资料来源:萧鸣政. 现代人员素质测评[M]. 北京:北京语言学院出版社,1995:127.

在设置标度时要注意三个方面。[①]

第一,每个指标的标度设计应该截取一个合理的区间。即确定从最低水平到最高水平之间的范围,以保证各种水平的个体都能在此区间内找到自己适合的位置。

第二,用于体现细微差别的计量单位必须粗细适中。过粗,测评者容易判断,但难以体现细小的个体差异;过细,可以体现细小的个体差异,但测评者又会难以判断。在前面"事业心"的例子中,赋分采用的是 10 分制,也可以根据需要进一步细化评分。

第三,各评分等级之间的差距应该保持相同,这样才能使各种测评分数具备相加或相减的资格。

当既没有客观性的数据与结果,又没有可参考的量化标准的测评指标时,则要求测评者在调查研究的基础上进行定性分析,然后根据自己以往的经验和当前的实际来确定被测评者在该指标上的等级水平,并给以相应的分数。在这种情况下应该借助模

---

① 吴谅谅. 心理学在现代人事管理中的应用[M]. 北京:华夏出版社,2002:110.

糊数学的方法对多名测评者的评分进行计量,使测评结果客观化。

第三节　测评标准体系建构的基本方法

测评标准体系的建构包括两步,第一步是测评标准体系的建构,第二步是量化、赋分、标度制定、常模建构等标准化程序。其中的关键在于建构测评标准体系,就是确立素质测评的目标、内容并把它转化为可操作标准的过程,本节主要介绍建构测评标准体系的基本方法。

一、工作分析法

素质测评的进行并非主观与盲目的,它往往是为一定工作职位挑选合适的人员,因此素质测评的内容采取工作分析法来确定是比较合适的。素质测评测什么并非由测评者主观臆断,而必须依据具体工作职位的客观要求确定任职者具备哪些基本素质,确定哪些素质是必不可少的,哪些素质是最重要的,哪些素质是不需要的,哪些素质是无关紧要的。这是本节介绍的各种方法的共同目标,而工作分析法是指通过实施工作分析或采用工作分析技术来获取所需信息的方法。

工作分析是指采用科学的方法收集工作信息,并通过分析与综合所收集的工作信息找出主要工作因素,为工作评价与人员录用等提供依据的管理活动。

工作分析法在实际操作中有两种方式:通过查阅已有的职位说明书及任职资格搜寻所需要的测评要素;为制定素质测评目标进行工作分析。

然而素质测评标准体系制定中所进行的工作分析并不一定要求最后形成职位说明与职位规范,它既不需要阐述各个职位的具体工作性质与内容,也不需要详细分析过程和具体行为。它最为关键的是分析从事某一职位工作的人需要具备哪些素质条件,其所履行的职责与完成的工作任务应以什么指标来评价。同时提出这些素质条件与评价指标中哪些更为重要,哪些相对不那么重要。具体应用程序如下所述。

第一,根据素质测评目的与需要,确定需要进行调查的职位范围,制定调查的提纲与计划。

第二,采用一定方法广泛收集有关某一职位任职者主要素质条件与绩效指标的素材。

第三,通过一些方法(定性)筛选形成内容全面的素质调查表。

第四,在更大的范围内进行调查,要求被调查者对调查表上的内容进行评价与补充,并对调查结果进行统计分析(定量),形成职位素质测评标准体系。

第五，对所制定的素质测评标准体系进行试测或专家咨询并修改。

对于具有不同特点的被分析职位，工作分析的方法有许多种，现实中往往是两种以上方法的结合使用。这些方法包括以下几种。

（一）观察法

由有经验的人通过直接观察的方法，记录被观察者某一时期的工作内容、原因和方法而不干扰其工作。它通常是一种隐蔽性的观察。为了提高观察的效度，所有重要的工作内容都要记录下来，而且应选择几个对象在不同的时间内进行观察。不同的工作者会表现出不同的行为方式，平衡后有助于消除工作行为方式上的偏见；对同一工作者不同时间下的观察也有助于消除工作情境与时间上的偏差。

一般来说，观察法适用于短时间（几分钟到几小时）的生理性工作特征的调查分析，而不适用于长时间（几星期到几个月）的心理性工作特征的调查分析。一般要求以标准格式记录观察结果。

（二）工作日志法

工作日志法是由工作者按标准格式及时详细记录自己在工作中的行为与感受，其基本依据是从事某一工作的人才对其工作任务要求最清楚。

这种方法可能因偏见存在某种误差或者可能遗漏了一些不经常出现的重要工作内容，这就需要进行必要的检查，可以由工作者的上级主管来矫正。这种方法对于高水平与复杂工作的分析特别经济有效。

（三）主管人员分析法

主管人员分析法是由主管人员通过日常的管理权力来记录所管理人员的工作活动、任务、职责。因为主管人员对这些工作有相当深刻的了解，许多主管人员以前也曾干过这些工作，所以他们有双重的理解。因此，主管人员往往对职位所要求的工作技能的鉴别与确定非常内行。但有的主管人员的分析中也许存在一些偏见，尤其是那些只干过其中某部分工作而了解不全面的人，往往偏重于他所干过的那部分工作。这种偏差系数用工作者自我记录法就可以得到有效消除。

（四）访谈法

访谈法既适用于短时间生理性工作特征的调查与分析，又适用于长时间的心理工作特征的调查与分析，但访谈者必须细心准备访谈计划。

访谈法一般适用于那些分析者不可能实际去做或直接观察有困难的工作，如飞行员、建筑师的工作。对于这些工作的分析可采取访谈法，以了解他们所做的工作内容和方法，由此获得资料信息。

访谈法的记录也应采取标准形式，这样便于归纳与比较，并限制在与工作有关的范围内。

（五）关键事例法

关键事例法是一种通过对实际工作中特别有效或无效的工作者行为的简短描述来调查与分析工作的一种方式。关键事例累积到一定程度后，按照它们所描述的工作内容进行归纳分类，最后就会对实际工作的要求有一个非常清楚的了解。

关键事例的收集可能来自主管、员工本人或两方面兼而有之。这种方法对于那些复杂性或长时间才能完成的工作分析是很有效的。

（六）问卷法

问卷法是工作分析中最通用的一种方法。它具体的形式又可以分为通信问卷与非通信的集体问卷、检核性与非检核性问卷。问卷法相比其他方法来说花费少、收效大。有的问卷要求在工作时间内完成，完成之后即由主管检查修改，当工作者与主管意见一致之后才返回给工作调查与分析者。

问卷形式还有标准化与非标准化两种，职位分析问卷法（PAQ）就是一种标准化问卷。

（七）文献查阅法

文献查阅法又称职业信息法。1939年美国出版了第一本《职业名称录》，至今已多次修订，将数千种不同职业一一列出了四个主要特征：任务的复杂性，职业培训要求，体现职业特点的兴趣、才能和气质，身体要求和工作条件。此外，美国劳工部每两年出版一期《职业一览手册》，该手册图文并茂，描述了300余种职业和35种主要行业中工作者所从事的活动、所需要的训练与教育、晋升机会、就业情况、收入和工作条件，以及去哪里获得进一步的资料。

除了以上七种工作分析方法以外，还有阈限特性分析、能力需求量表、工作职能分析、工作要素法、数量分析法等。

表2-3和表2-4是采取工作分析法得到的素质测评目标。

表 2-3　　　　　　　　　　　　　厂长素质分析表

工作要求	品德素质	能力素质
生产指挥 经营管理	事业心、竞争性、公正心	管理科学知识、专业知识、判断能力、组织协调能力、任贤能力
信息沟通	平易近人、公仆意识、虚心好学	口头表达能力、交往能力、综合分析能力

表 2-4　　　　　　　　　　　　企业各类人员素质分析表

管理干部		科技人员		工人	
	政策纪律	党和国家政策、业务相关规章制度		法纪	法制观念、厂纪厂规
品德结构	作风方法	民主性、实践性	品德结构 工作事业心、竞争性、道德、协作精神、责任心	责任心	工作事业心、敢负责任、敢挑重担
	思想意识	事业心、政治性、相容性		品德结构	
	工作态度	服务性、责任性、主动性		劳动态度	服从调配、协同关系、三方利益
智力结构	学识水平	马列主义水平、专业水平、知识广度和运用	智力结构 专业知识、知识面、外语水平、自学能力、观察力、记忆力	知识技术判断分析力	应知应会、技术水平、知识面与兴趣、周密性、准确性、对新事物的反应
	判断分析	准确性、周密性、敏感性、预见性		健康状况	体质、体格健全、出勤率
能力结构	处事能力	协调性、果断性、条理性、灵活性	能力结构 科技工作能力、获得信息能力、沟通能力、人际关系能力、处事能力、科技评价能力、动手操作能力、独立工作能力、创新能力	处事	效率、毅力、灵活性、原则性
	宣传鼓动能力	口头表达能力、文字表达能力、说服能力			
	组织领导能力	决策能力、用人授权能力、组织能力		创造性	合理化建议、"小改小革"
	创造能力	创新能力、独创能力			
绩效结构		工作质量、工作效率、工作成果	绩效结构 工作质量、工作效率、工作成果	效果	产量、质量、节约、文明生产

二、调查访谈法

调查访谈法又称调查咨询法，即通过广泛的调查与咨询来建构与筛选素质测评目标与指标。根据具体方法的不同，调查访谈法可以分为专题访谈法、问卷调查法和胜任特征法三类。

（一）专题访谈法

研究者通过面对面的谈话，以口头信息沟通的途径直接获取有关专题信息的研究方法称为专题访谈法。例如，通过与领导者、人事干部、某职务人员等进行多人次的广泛交谈，交谈内容围绕以下三个问题展开：你认为具备什么条件的人最适合担任××职务？××职务的特点是什么？检验××职务工作成效的主要指标是什么？研究者分析汇总访谈所得的资料，可以获取许多极其宝贵的材料。[1]

专题访谈的形式有个别访谈与群体访谈两种。个别访谈轻松、随便、活跃，可快速获取信息；群体访谈以座谈会的形式进行，具有集思广益、团结民主等优点。一种常用的群体访谈法被称为头脑风暴法。这种方法是邀请一些了解测评对象、研究测评方法的专家学者或管理人员，要求他们聚在一起集思广益，毫无顾忌地提出所有可以想到的测评要素，不去干涉别人的观点，可以受他人观点的启示而提出新的测评要素。使用这种方法时会议主持者要注意对一切意见均持赞赏态度并积极引导。由于与会者专业、背景、需要、价值观和所考虑问题的角度不同，所提出的测评要素难免会大相径庭，而这一点恰恰能有效地实现测评要素收集的全面性。因此，这种会议的主要作用是调查和分析，会后还需要主持人对众多的测评要素进行综合考评，最终选出合理的测评要素。

专题访谈法具有简单、易行、研究内容集中、便于迅速取得第一手材料等优点，因而在实践中被广泛运用。但这种方法无法统一规范，使信息的获取与加工都要受到研究者个人条件的影响，有一定局限性。

（二）问卷调查法

运用内容明确的问卷量表，让被调查者根据个人的知识与经验自行选择答案的研究方法被称为问卷调查法。例如，研究者通过专题访谈法把评价某职务人员的要素归纳为40个，为了筛选要素或为了寻求关键要素，可以用问题或表格的形式进行问卷式

---

[1] 吴谅谅. 人员素质测评 [M]. 杭州：浙江人民出版社，1989：74-75.

的民意调查。

问卷形式按答案的标准化程度可以分为"开放式问卷"和"封闭式问卷"两类。其中"开放式问卷"无标准化答案和回答程序，被调查者可以根据自己的真实想法自由回答。例如，某油田科技拔尖人才评价量表的调查问卷中有以下两题：（1）你认为拔尖人才主要应当具备什么条件？（2）你认为"草案"中提供的十项能力是否合理？要增加或删减吗？"封闭式问卷"有标准的答题方式，常见的封闭式问卷有是非法、选择法、等级排列法、计分法四种，每种方式的特点及表达形式简述如下。

1. 是非法

是非法要求被调查者对问卷中的每一个问题做出"是"或"否"的回答。例如：

教师需要有较强的口头表达能力吗？是□ 否□

科研人员必须要有较强的口头表述能力吗？是□ 否□

2. 选择法

选择法要求被调查者从并列的两种假设提问中做出选择。例如：

{研究人员应当有合作精神。□

研究人员应当有民主作风。□

3. 等级排列法

等级排列法要求被调查者对多种可供选择的方案，按其重要程度排列出名次（1为最重要，2为较重要……）。例如：

现代领导者应该具有政治敏锐性、事业性、责任性、坚韧性、原则性、民主性这六项品德特性，试按重要程度依次排列这六个特性。

1	2	3	4	5	6

4. 计分法

计分法要求被调查者对列出的几个等级分数进行分析判断，并选择某一分数作为答案。例如：

工程技术人员的口头表达能力应是什么水平？

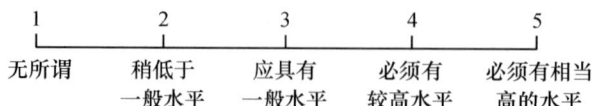

一般而言，开放式问卷可以广泛了解民意，大量收集信息，适合于要素选择的初级阶段运用。封闭式问卷答案规范，便于统计分析，适合于要素的分析判断及要素体

系的总体规划。

（三）胜任特征法

胜任特征是美国哈佛大学的麦克利兰（McClelland）教授在20世纪70年代提出并已被很多企业广泛采用的概念，是指能将某一职位上表现优秀的员工与表现一般的员工区分开来的个体特征，它包括知识、技能、自我概念、特质、动机等能显著区分任何可以测量的、表现优秀的员工和表现一般的员工的个性特征。知识和技能是个体的表层特征，深层的胜任特征是自我概念、特质和动机，其中深层的胜任特征是决定人们的行为和表现的比较稳定的关键因素。建立胜任特征模型最常用的方法是行为事件访谈法。[①] 步骤如下所述。

首先，找出两组样本。其中一组表现优秀，一组表现一般。

其次，由受过专业训练的人员对这两组样本分别进行访谈，让被访谈者报告2~3件干得比较出色的事和2~3件被访谈者不满意的事，以及他们当时的想法、做法和其他人的想法、做法，还有被访谈者的反应。

最后，对访谈材料进行精细编码，再通过统计分析，看这两组样本在哪些胜任特征上存在区别，存在区别的胜任特征就是这一职位所需具备的胜任特征。

因为胜任特征是通过比较表现优秀组和表现一般组而得出来的，所以采用这个模型对员工进行测评，就能准确地预测他们是否能表现出色。不过，它的操作过程特别复杂，如果我们结合采用专家访谈、小组讨论和问卷调查等方法来建立胜任特征模型，整个过程就会简单可行，并同样有效。

三、理论推导法

理论推导法又称素质结构分析法，是指从某些理论出发，对素质结构本身进行分析，来确定素质测评的内容、目标与指标。理论推导法的理论来源有二：一是心理学、生理学、运动学、社会学等有关人的学科理论，如个性心理学中的个性心理结构、个性类型论和特质论等理论，这些理论让我们知道可以从哪些维度来衡量一个人或一群人；二是与岗位相关的专业理论，这些专业理论有助于我们确定与岗位相关的岗位知识、岗位能力以及职业道德等。例如，我们可以从管理的有关理论来确定一个技术管理人员应该具有哪些专业知识、实践经验和实践能力，可以从市场营销学的理论来确定销售人员需要的人格、岗位知识和能力，可以从医学的有关理论确定一个消化内科

---

① 谌新民，刘善敏. 人员测评技巧 [M]. 广州：广东经济出版社，2002：40.

医生应该具有哪些专业知识和实际能力。

表 2-5 是从心理学、教育学、社会学等学科理论分析得到的学生品德素质测评目标体系。

表 2-5　　　　　　　　　　学生思想品德测评目标体系

学生思想品德测评目标体系	认识领域	知识	特定知识、评价知识、运用知识
		领会	转化能力、解释能力、推理能力
		应用	分析能力、运用能力、综合能力、评价能力
	情感领域	接受或注意表现	拒绝接受、被动接受、愿意接受、积极接受
		行为反应	负向反应、默从反应、随从反应、快乐反应、情趣反应
	意志领域	顺利反应	意志形成开端时的反应、决定意志时的反应、执行意志过程中的反应
		逆境反应	
		矛盾反应	
学生思想品德测评目标体系	行为习惯领域	品德行为表现情况	行为间断地持续，行为连贯地持续
		规范定型的程度	行为正确地进行，行为自觉地进行，行为乐意地进行
			行为随环境而改变，行为随年龄特征而改变，行为终身不改
	信念（理想）领域	信念处于游离状态	信任感已确立，信任感已巩固，信仰开始形成
		信念已性格化	信念已形成，信念系统已形成，信念系统已稳定
		信念已气质化	信念主导着态度，信念已被理想化

资料来源：萧鸣政. 现代人员素质测评 [M]. 北京：北京语言学院出版社，1995：99.

四、典型分析法

典型分析法是通过对少数典型的人员素质或工作角色特征的剖析研究来编制素质测评标准体系的方法。

典型分析法的操作，首先要明确测评的目的与对象。其次要依据测评目的与对象特征来选择典型。典型选择是否具有代表性直接关系到整个测评标准体系的质量，因此这是非常关键的一个步骤。最后要选择适当的分析方法，对典型作透彻全面的分析，关键要能在众多特征内容中找出最主要的特征，要能在众多特征的观察中寻求到最为客观的标志。这样既能对每个调查对象进行深入细致的解剖，形成的要素比较切合实际，又能节省人力、物力和时间，可操作性较强，能以较小的代价获得较大的收效，具有较高的时效性。

例如，20 世纪 90 年代初，美国的《财富》杂志曾对比了美国历史上 100 名首富，发现他们具有一些共同特征，例如，具有强烈的成就动机和竞争欲，一心要干出一番事业来等。① 美国丹纳公司的培训发展部主任就依据这个总结结果在自己的经理培训计划中加入了一个培训目标,即培养经理们的成就动机。具体内容概括为四个方面:

一是目的明确,实现目标并达到要求的欲望非常强烈。

二是制定的目标要求高,敢于冒风险。

三是主动寻找减少不稳定因素的信息,千方百计地把工作做得更好。

四是善于学习,以提高工作业绩。

五、培训目标分析法

在培训目标中常常可以找到有关的任职要求和职责内容,这些都可以作为确定测评要素的素材。例如,我们可以在一个优秀服务者的培训计划中看到以下四条要求②:

一是理解顾客的需求,为其提供满意的服务或商品。

二是采取不同方法让顾客称心如意,为其提供满意的服务或商品。

三是乐于提供其他的配套服务。

四是能抓住顾客的想法,提供令人信赖的建议忠告。

而这四个要求稍加分析、提炼就可以作为四个测评要素:

一是能否准确理解顾客需求。

二是能否灵活应变,使顾客完全满意。

三是能否主动提供额外的配套服务。

四是能否有针对性地向顾客提供有效的建议和忠告。

六、历史概括法

历史概括法是把历史上那些成功、失败的且被证实过的一些人物的素质收集起来作为正向测评指标与反向测评指标的方法。如秦桧的素质特征可作为反向测评指标。历史概括法也包括对那些历史上用过且被证明有效的测评目标的收集与分析。我国许多民营企业家惯于从中国传统文化中吸取管理思想,也就借鉴了我国历史文化中的选人用人标准,这也属于历史概括法。

例如,日本人从《孙子兵法》论大将的"五德"中提出了现代企业领导者选拔的五种素质。

1. 智:领导者必须聪明而有智慧,遇事能作出准确无误的判断和及时而合理的决定。

---

① 赵深徽. 员工素质测评 [M]. 深圳:海天出版社,2003:83.
② 唐宁玉. 人事测评理论与方法 [M]. 大连:东北财经大学出版社,2011:53.

2. 信：信赖自己的下属并能获得下属的信任。

3. 仁：体贴、爱护下属，时刻把下属的事情挂在心上。

4. 勇：有勇气、有魄力，处事果断，行事雷厉风行。

5. 严：遵守法纪，赏罚严明。

七、文献查阅法

文献查阅法是从相关的文献资料中寻查有关的测评要素，利用前人的研究成果来建构我们所需要的测评目标的方法。

目前，不少国家都有《职业分类大典》《专业技术鉴定标准》等专门资料可查阅。《职业分类大典》明确说明了各类职业、具体岗位的实际工作内容，以及相应的教育与职业培训要求，还有职业能力倾向和职业性格模式等。这些资料是确定测评要素的重要资料。我国曾经翻译过加拿大的《职业分类大典》，后来劳动部又组织人员编写了我国的《职业分类大典》（1999年版），2015年人力资源社会保障部又修订颁布了新版《职业分类大典》。某些行业也具有相应的制度规范，如《党政领导干部选拔任用工作条例》《各类干部岗位知识能力规范参考手册》《中华人民共和国海船船员考试发证规则》等，这些文献往往涉及对任职者的要求，也可以作为建立测评目标的参考。

素质是企业管理、人力资源管理、教育、心理学等学科共同研究的一个课题，我们也可以查阅这些相关学科的资料来收集所需的测评目标。① 例如，某企业要测评中层管理者的社交技能，测评者收集已有的关于企业对中层管理者社交技能的理解和要求等信息，并在此基础上定义中层管理者应有的社交技能，即一定的感召力、煽动力和权威性，并能顺利与他人交流，灵活处理冲突等，用测评要素的形式就可以表达为社交技能的五个测评要素。

1. 感召力：有效说服及争取支持。

2. 交流能力：发出的信息明白无误，易被接受。

3. 控制冲突的能力：善于沟通不同意见，解决分歧。

4. 领导能力：能鼓舞激励他人，引导他人。

5. 促变能力：善于改变话题，控制变化节奏。

八、覆盖筛选法

覆盖筛选法是指在采取前述各种方法，收集到足以覆盖人员素质结构内涵与外延

---

① 赵琛徽. 员工素质测评 [M]. 深圳：海天出版社，2003：80.

的各种测评目标和指标后，先进行经验性、专家性的筛选，然后进行试测，在试测基础上再作多元统计分析，进行主因素分析与量化筛选，构建主要且关键的素质测评标准体系。

第四节　测评标准体系建构的步骤

一、明确测评客体与目的

素质测评标准体系的建立，首先必须要求以一定的测评客体为对象，以一定的测评目的为根据。测评客体的特点不同，测评标准体系就不同。即使是同一测评客体，若测评目的不同，则所制定的标准体系也不尽相同。

素质测评客体的特点一般由行业性质和职位特点决定。农民素质测评的标准体系显然不同于企业员工素质测评的标准体系，企业一般员工和企业高级管理人员的测评标准体系显然也完全不同。测评目的为选拔性的素质测评标准体系显然也有别于配置型素质测评的标准体系。

二、确定测评项目

当我们根据素质测评的客体和测评目的确定了测评内容之后，需要将测评的内容标准化，把它们变成可操作的测评项目。工作分析是测评内容标准化的重要手段。工作分析在测评内容标准化过程中又具体表现为以下三种形式。

（一）工作目标因素分析法

运用工作分析法对职位的工作目标进行分解。所谓目标分解，就是把一个工作目标分解为几个相互联系的子系统，子系统中的元素一般称为项目，每个子系统又继续分解为下一层次的若干子系统，直至每个具体测评项目都能满足可测性的要求为止。满足可测性要求的因素一般称之为指标。分解工作目标必须要有整体观念，全面出发，从整体上把握各个子系统中元素所表现的一般性质、特点和功能。

由于素质结构的复杂性，对工作目标的一次分解可能难以满足可测性要求，一般要进行多层分解。每个测评项目既可用一个具体指标来反映，也可用一群具体指标来反映，因此，具体分解多少次要由实际需要来决定。

（二）工作内容因素分析法

工作内容因素分析法是把工作分析法运用于工作内容的结构分析。把每个职位工作的活动按内容归类，确定几个主要方面，并由此决定素质测评的项目。

（三）工作行为特征分析法

工作行为特征分析法是把工作分析法直接运用于分析每个职位工作行为的特征，从行为特征中找出素质测评的主要项目。

三、确定测评标准体系结构

在测评内容标准化的过程中，工作分析是按一定的层次进行，作为工作分析结果的素质测评标准体系，也具有一定的层次结构。第一分析层次的各个项目称为一级指标（测评目标），表示测评对象的总体特征；第二分析层次的各个项目称为二级指标（测评项目），反映一级指标的具体特征；第三分析层次的各个项目称为三级指标（测评指标），说明二级指标的具体内容。无论是哪一级指标都是反映或说明测评对象的特征，只不过具体反映与说明的程度有所不同。

值得注意的是，指标在这里是指用来反映素质测评对象的品质特征或数量特征的名称，这与社会经济和统计学中的指标概念有所不同。

四、筛选与表述测评指标

对每一个素质测评指标都必须认真分析研究，界定其内涵与外延，并给予清楚、准确的表述，使测评者、被测评者以及第三者均能了解测评指标的含义。指标的表述特别要注意保证不引起测评者产生不同的理解并由此对标准掌握不一而产生误差。此外还要分析测评指标体系的整个内涵，把那些内容上有重复的指标删除。同时根据方便可测性的要求，反复斟酌，用较简便可测的指标去代替看似精确但可测性较差的指标。

如何筛选那些优良的素质测评指标呢？一般是依据下列两个问题逐个检核指标：（1）这个测评指标是否具有实际价值；（2）这个测评指标是否切实可行。

一个测评指标虽然具有实际价值，但并不切实可行，或者虽有可行的条件但实际价值不大，这种指标都应删除而另行设计符合实际的测评指标。假如对上述两个问题的回答都是肯定的，就需要进一步检核：这个测评指标是否比其他指标更为合理。

怎样检验一个测评指标的使用价值与可行性呢？第一步就是要对这个测评指标陈述一个明确的理由与用途，说明为什么要制定这个测评指标以及所得结果将如何使用。做到了这一点也就回答了这个测评指标的潜在价值。假如某一个测评指标保留的必要性与潜在价值得到了肯定，下一步就要考虑它的可行性与现实性了。这可以针对下面四个问题进行检核：（1）保留这个测评指标并进行测评，这在逻辑上是否可行？（2）所需要的数据结果及行为表现是否可以从这个测评指标中得到，或者测评者与被测评者双方经过合理的努力之后是否能够得到？（3）实施这个测评指标的条件是否具备？（4）这个测评指标的保留有无充分的价值并保证有理由使用其结果？

五、确定测评指标权重

以上四项工作仅仅完成了测评标准体系的内容。测评不仅涉及测评对象的质，还涉及测评对象的量，何况不同的质也需要不同的量来区分，因此在完成以上四项工作之后，我们还要认真权衡每个层次及其中的每个指标在整个测评标准体系中所处的地位和所起的作用，并且适当地增大或减少有关测评指标在总分中的比重，不能把每个测评指标都等量齐观，不能把每个测评指标的结果简单加总或计算平均数。各个测评指标相对不同的测评对象来说会有不同的地位与作用，因此要根据各测评指标对测评对象反映的不同程度而恰当地分配与确定不同的权重。

权重，即测评指标在测评体系中的重要性或测评指标在总分中应占的比重，其数量表示即为权数。加权的类型有三种基本形式。

1. 纵向加权

纵向加权即对不同的测评指标给予不同的权数值。纵向加权的目的是使不同的测评指标的得分可以进行纵向比较，或者说使各测评指标的分数计量相等。例如，我们要比较1美元与1元人民币的价值。显然美元与人民币无法直接比较，必须通过它们在市场中的经济价值才能进行。假设，1元人民币可以买2个鸡蛋，而1美元可以买8个鸡蛋，当我们把1美元与8相乘，而1元人民币与2相乘后，美元与人民币就可以相互比较了。这里的8与2即为美元与人民币的权数。

2. 横向加权

横向加权即给每个指标分配不同的等级分数。其目的是使不同的客体在同一测评指标上的得分可以比较。

3. 综合加权

综合加权即纵向加权与横向加权同时进行。其目的是使不同的测评客体在不同的测评指标上的得分可以相互比较。

权数的形式有两种，一种是绝对权数，另一种是相对权数。绝对权数，即为分配给测评指标的分数，也称自重权数，它常常为绝对数量。相对权数，是指某个测评指标作为一个单位在总体中的比重值，它常常表现为相对数量，即百分比、小数等。所有测评指标的绝对权数之和为1。

一般的加权是根据不同的测评主体、测评目的、测评对象、测评时期和测评角度而指派不同的数值。加权是在相对特定的情况下进行的，适用于某一场合的权数并不一定适用于另一场合。确定权重的方法，常见的有以下几种。

（一）特尔斐法（又称专家咨询法）

特尔斐法据说是美国兰德公司于1964年首先用于技术预测的。它是请专家"背靠背"反复填写对权重设立的意见，不断反馈信息，以期专家意见趋于一致，得出一个较为合理的权重分配方案。

这种方法避免了权威性、职称、职务、口才以及人数优势对确定权重的干扰，集中了大多数人的正确意见。缺陷是由于最后不再考虑少数人的意见，容易失去一部分信息，同时也缺乏科学的检验手段。弥补的办法是，可以检验各个测评指标的积分和总分的相关性。重要测评指标的积分应与总分有较强的相关性，否则就应修改已确定的权重系数。尽管这种检验方法不甚可观，但目前尚有一定的使用价值。不过，在民主气氛较浓的情况下，也可以面对面地反复充分讨论，最后形成一致的意见。

（二）层次分析法

层次分析法是一种多目标决策方法。应用此法，首先必须把素质测评目标分解为一个多级指标，在同一层次上根据T. L. 斯塔的相对重要性等级表（见表2-6），列出两两比较矩阵，按照下式计算出每项指标的相对优先权重：

$$W_i = \frac{1}{n} \sum_{j=1}^{n} \left(a_{ij} \sum_{j=1}^{n} a_{ij} \right)$$

式中　W_i——该项典型指标（目标）的权重；

　　　n——标准体系中指标的个数；

　　　i——行号；

　　　j——列号；

　　　a_{ij}——相对重要性等级。

表 2-6　　　　　　　　　T. L. 斯塔相对重要性等级表

相对重要程度	定义	说明
1	同等重要	两者对所属测评目标贡献相等
3	略微重要	据经验一个比另一个测评的结果稍为重要
5	基本重要	据经验一个比另一个测评的结果更为重要

续表

相对重要程度	定义	说明
7	确实重要	一个比另一个测评的结果更为重要,其优势已被实践证明
9	绝对重要	明显重要程度可以断言为最高
2、4、6、8	以上两相邻程度中间值	需要时采用

层次分析法把专家的经验认识和理性分析结合了起来,并且两两对比分析,直接比较,使比较过程中的不确定因素得到很大程度的降低。它是确定权重中常用的一种方法。

例如,设有 A、B、C、D、E 五个指标,要确定它们各自的权重,根据 T. L. 斯塔相对重要性等级表,将测评指标两两比较,按表 2-6 规定的标度定量化,并写成矩阵形式(见表 2-7)。

表 2-7 测评指标权重确定一览表

指标	A	B	C	D	E	W_i
A	1	1/2	1/3	1/3	1/2	0.08
B	2	1	1/4	1/4	2	0.12
C	3	4	1	1	7	0.36
D	3	4	1	1	7	0.36
E	2	1/2	1/7	1/7	1	0.08
$\sum_{j=1}^{n} a_{ij}$	11	10	2.7	2.7	17.5	

表 2-7 中权重分配的具体方法是,A 与 B 相比,若认为 B 比 A 稍微重要时,则在 B 行 A 列交叉处给 B 记 2,在 A 行 B 列交叉处给 A 记 1/2;A 与 C 相比较,若认为 C 比 A 略微重要,则在 C 行 A 列交叉处给 C 记 3,在 A 行 C 列交叉处给 A 记 1/3……依次类推,直到全部比较完为止,得到表 2-7 中 A、B、C、D、E 五行五列交叉处的全部数据。第六行与第六列数据的计算方法是,首先按列求和得到 $\sum_{j=1}^{n} a_{ij}$。表中从第一列开始 $\sum_{j=1}^{n} a_{ij}$ 分别为 11、10、2.7、2.7、17.5;然后按 $W_i = \frac{1}{n} \sum_{j=1}^{n} \left(a_{ij} \bigg/ \sum_{j=1}^{n} a_{ij} \right)$ 求出各指标的权重:

$$W_1 = \frac{1}{5} \left(\frac{1}{11} + \frac{0.5}{10} + \frac{0.33}{2.7} + \frac{0.33}{2.7} + \frac{0.5}{17.5} \right) = 0.08$$

$$W_2 = \frac{1}{5}\left(\frac{2}{11} + \frac{1}{10} + \frac{0.25}{2.7} + \frac{0.25}{2.7} + \frac{2}{17.5}\right) = 0.12$$

同样可得到 $W_3 = 0.36$，$W_4 = 0.36$，$W_5 = 0.08$；

且 $\sum_{i=1}^{n} W_i = 1$。

这样，分别得到 A、B、C、D、E 五个指标的权重为 0.08、0.12、0.36、0.36、0.08。

同样，当标准体系由各级指标组成时，我们可以自上而下地沿递阶层次计算各层次指标对上一层次指标的组合权重，直至计算出每一个指标的权重为止。

这种方法有一种变形称为对偶比较法。它是根据以下规定来分配权重的：设 A 与 B 是被比较的两个指标，若认为 A 比 B 重要得多，则将 A 记为 4 分，将 B 记为 0 分；若认为 A 较 B 略重要些，则将 A 记为 3 分而 B 记为 1 分；若认为 A 与 B 同等重要，则给 A 和 B 各记 2 分。下面举例具体说明全过程。

设有 A、B、C、D、E 五个指标，要确定它们各自的权重。

首先，确定各对指标比较的顺序。如 A 分别与 B、C、D、E 比较，B 再与 C、D、E 比较……根据上述顺序按 0~4 记分规定对各个指标分配权数，结果见表 2-8。

表 2-8　　　　　　　　测评指标权重确定实例

指标＼指标	A	B	C	D	E
A		1	0	0	0
B	3		0	0	0
C	4	4		2	1
D	4	4	2		1
E	4	4	3	3	
总分	15	13	5	5	2
W_i	0.375	0.325	0.125	0.125	0.05

由表 2-8 可知，A 比 B 略重要一些，故在 A 列 B 行交叉处给 A 记 3 分，而在 B 列 A 行交叉处给 B 记 1 分；当 A 与 C 相比时，认为 A 比 C 重要得多，故在 A 列 C 行交叉处给 A 记 4 分，在 C 列 A 行交叉处给 C 记 0 分，依次类推，得到表 2-8 中间部分的权数。然后将每列的得分数相加即得到倒数第二行 A、B、C、D、E 五个指标的总分分别为 15、13、5、5、2，它的总和即得 40 分，最后将每个指标总分除以总和 40，即得到最后一行 A、B、C、D、E 五个指标的权重分别为 0.375、0.325、0.125、0.125 和 0.05。

虽然该方法较原来的层次分析法简单些，但是一般只能分别用于各个层次内确定同一层次内目标或指标的权重。因为指标项目一多，配对的次数将按几何级数增大，确定10个指标的权重需要配对分析45次，确定100个指标则需要配对分析4 950次。同时，为了提高可靠性，在实际工作中，常常不是由单个人确定权重，而必须找一组专家，让每个人独立地按规定比较评判，然后求出所有专家评判结果（权重）的平均值，并将其归一化，才能得到可靠的权重数。

（三）多元分析法

确定权重也可以利用多元分析中的因素分析、主成分分析以及多元回归分析来计算各个测评指标的权数。因素分析与主成分分析一般首先把同一级的各个测评指标看作观察变量，并计算变量之间的相关系数，然后通过计算机进行因素分析或主成分分析，以确定各个测评指标的权重。多元回归分析是把同级的单个测评指标看作与另一个更高级的指标有关系的变量，并通过数学运算找出同级指标 x_i 与另一个更高级、更概括的指标 y 的线性代数式：$y=b_0+b_1x_1+L+b_nx_n$，y 与 x_1 转化为标准分数后即成为 $\bar{Z}=d_1z_1+d_2z_2+L+d_nz_n$。其中 $\bar{Z}$ 代表高一级指标的测评值，Z_i（$i=1, 2, \cdots, L_n$）则表示分指标 $z_1, z_2, \cdots, z_n$ 相对于总指标 Z 的权重系数。

这种方法比较客观，但要求测评者或研究者精通多元分析。

（四）主观经验法

当我们对于某一测评对象非常熟悉而有把握时，也可以直接采用主观经验来加权，但要注意以下几个原则。

1. 权重分配的合理性

权重分配要反映测评对象的内部结构和规律，防止因权重分配不当而脱离实际或产生偏向。

2. 权重分配的变通性

权重分配要符合客观实际的需要，可以根据测评目的与具体要求而适当变通分配。

3. 权重数值的模糊性

对权重的分配不必十分精确，可以为方便测评而模糊一点，实际上有些测评指标根本无法做到精确，只能模糊一点。

4. 权重数值的归一性

各个测评指标的权数和应为1或100。

六、规定测评指标计量方法

素质测评指标的量化，除上面的权数分配外，还有对各测评指标的计量问题。

素质测评是相当复杂的，它的测评指标是由多方面的属性和因素构成的集合体，在所有这些测评指标中，大多数的内涵是模糊的，其外延也是无法界定的。因此，如果仅有一个权数，而没有对每一个指标规定一个统一的计量办法，则测评者的测评结果会有很大误差。

任何一个测评指标的计量均由两个因素决定：一是计量等级及其对应的分数，二是计量的规则或标准。为了使测评的结果规范化、统一化和记分简单化，便于计算机处理，对于测评指标体系中的每一个指标可采取统一的分等记分法，即每个测评指标均分为一等至五等，一等代表最好的水平，二等代表较好的水平，三等代表一般水平，四等代表较差的水平，五等代表最差水平。它们均匀而连续地递降排列，分别对应分数5、4、3、2、1，即一等5分、二等4分、三等3分、四等2分、五等1分。这种分等记分法的好处是简单规范，便于最后统一计算。

可能有人担心，对所有测评指标都机械地分成五等，而且记分相同，这样会不会把不同测评指标的某些相同的测评值等同起来呢？其实这种担心是多余的。对于两个不同的测评指标，尽管有时被判断的等级得分相同，但由于它们相应的两个指标在总体中的权数不同，其最后的实际得分并不相同。为了消除人们的担心，也可以直观地用不同的分数反映不同的测评指标及不同等级间的区别，此时只要把各个等级的实际得分直接标出，而不必再通过权数或其他方式来辗转计算。例如，指标 A 比较重要，且各个等级的差别并不相等，则指标 A 的五个等级的分数由高到低分别为9、7、5、3、1，而指标 B 的五个分数分别为5、3、2、1、0。这样最后测评总分就不用加权转换了，只要直接相加就可以了。

计量的规则或标准一般因具体的情况不同而不同，常见的有以下两种情况。

（一）客观性测评指标

有些测评指标具有客观性的数据与结果，如出勤率、犯错误的次数等，均可采取客观性的计量方法来计量。具体又可分为两种情况。在测评指标暂时没有统一的"法定"标准之前，(1) 可列出与测评指标有关的参考标准。这个参考标准可以是有关政策的规定，也可以是国内外提供的经验数据，计量中以参考标准为效标，根据测评的对象偏离效标的实际程度来确定相应的等级。(2) 可以把测评对象在某一测评指标上实际达到的水平从低至高顺序排队，以获最高分者得5分为标准，除此之外的按比例量表折算,确定等级得分。假如,被测评的总体是 5 个工人,他们在某年内抽检的特优产品分别为 14 件、13 件、10 件、8 件和 7 件。这里件数最多的是 14 件,因此规定件数最多(14 件)的这个工人在相应的测评指标(产品质量)上的得分就为 5,其余的依次为 4.64 分、3.75 分、2.86 分、2.50 分。这里件数最少(7 件)的那个工人并不是处于最末一个等级得 1 分,而是按其与最高分者成绩的比例折算,介于 2 分与 3 分之间。

(二)主观性的测评指标

在素质测评指标体系中,大部分的测评指标既没有客观性的数据与结果,也没有可参考的量化标准。对于这种测评指标的计量则要求测评者在调查研究的基础上进行定性分析,然后根据自己以往的经验和当前的实际来确定测评对象在该指标上的等级水平,并给予相应的分数。在这种情况下,我们一般借助于模糊数学的方法进行模糊计量。为了保证测评的结果相对客观与准确,测评者不能是一个人而必须是一个群体。具体的计量方法是,先要求每名测评者对同一测评指标按统一的等级量表测评,然后统计出各个评判等级上的总人数,并据此算出分数。例如,有 25 名测评者相对某一测评指标测评同一位职员的素质,测评结果中评一等 5 分的 4 人,评二等 4 分的 9 人,评三等 3 分的 5 人,评四等 2 分的 7 人,评 5 等 1 分的没有,则这位职员在此测评指标下的得分为

$$5 \times \frac{4}{25} + 4 \times \frac{9}{25} + 3 \times \frac{5}{25} + 2 \times \frac{7}{25} = \frac{85}{25} = 3.4$$

若许多测评指标都需要进行类似的模糊计量,则可采用矩阵进行综合计量。

对于主观性测评指标的计量,除了上面介绍的方法外,还有以下几种具体方法。

1. 分点赋分法

分点赋分法即先将测评指标划分为若干等级,然后将指派给该测评指标的分数(权重分)根据指标等级的程度及个数划分为几个数值点,每个分数值与相应的等级对应。

2. 分段赋分法

分段赋分法即先把测评指标分为若干等级,然后将指派给该测评指标的分数(权重分)根据等级个数划分为相互连接的数段。

3. 连续赋分法

连续赋分法即先把测评指标水平等级看成是一个连续的系统,用 0~1 中的任何一个数值来表示被测评者在相应的指标上所达到的水平,然后再把这个小数值与该指标

被赋予的权重分数相乘得到测评分。

4. 积分赋分法

积分赋分法即用文字描述测评指标的不同等级或不同要素（指标），把测评指标权重分数分派到各个要素上去，各判定要素分数相加即为该测评指标的测评分数。积分赋分法具体又分为分等积分法和累计积分法两种。分等积分是指测评指标各要素上分派的分数均相等；累计积分是指测评指标各要素上分派的分数不相等。

七、试测并完善测评标准体系

经过以上六个不同方法所制定的测评标准体系，在工作中容易受到许多因素的干扰，尽管主观上按着科学方法行事，尽了很大的努力，但实际效果并不一定就能如愿。其客观性、准确性如何，可行性怎样，还必须经过实践的检验。因此，测评标准体系在大规模施测之前，还必须在一定范围内试测一下，同时还要对整个测评标准体系进行分析、论证、检验并不断修改，进一步充实与完善，最后达到客观、准确、可行的程度，以保证大规模测评的可靠性与有效性。

第五节　测评标准体系建构的案例

下面这些人员测评指标体系设计模式，有的是根据一定的理论构思和理论推演而设计的，有的则是人们在实际测评工作中经过实践检验比较实用、设计合理的范例，具有一定的普遍性和通用性。在选用不同的指标体系模式时，应根据各行业、各单位、各岗位的实际情况进行修改和补充，使之更为合理、完善，更具有可操作性。

一、个性理论设计指标模式

个性理论设计指标模式是一个理论模型，它是以心理学的个性理论作为理论分析的依据，制定符合测评对象特点、包含测评对象个性所有方面的要素体系。

心理学的个性理论认为，个性包括三个方面，即个性倾向性、个性可靠性和个性行为风格。个性倾向性是人的积极活动力，包括态度体系和意志水平两个因素。态度体系包括四个方面的内容，即表现对事业的态度、对工作的态度、对自己的态度、对物品的态度。意志水平体现了一个人意志的坚韧程度。个性可靠性影响一个人掌握活动的快慢、难易和巩固程度。个性可靠性分为一般能力和特殊能力，一般能力包括知识素养、思维能力和表达能力等，特殊能力包括管理能力、交往能力、专业技术能力等。个性行为风格是关于人活动力方面的特征，通过人的气质类型来体现，不同气质的人表现出不同的行为风格。

人处于社会之中，必然受环境因素的影响，这里分为内部环境与外部环境两个方面。内部环境是指个人自身具有的一些环境条件，如学历、资历、年龄、健康状况等，它直接影响个人能力的发挥。外部环境是指客观外界存在的、间接影响个性表现的环境条件，包括工作性质和组织背景两个方面。工作性质是指工作难度、工作责任、工作周期、工作范围、工作地位、工作量等，组织背景包括人际关系、群体素质、领导因素、组织状况等。

个性与环境的相互作用结果，形成工作成绩，通过对工作成绩的了解就可以对其思想水平和工作能力作出比较恰如其分的评价。

因此，要素体系的基本模式是个性→环境因素→工作成绩的连续体（见表2-9）。

表 2-9 个性理论设计指标模式

个性	个性倾向性	态度体系	表现对事业的态度	事业心、纪律性、原则性、求实精神、正直性
			表现对工作的态度	相容性、服务精神、民主作风、协作精神、企业荣誉感
			表现对自己的态度	知识性、以身作则
			表现对物品的态度	廉洁性
		意志水平		工作坚韧性
	个性可靠性	一般能力	知识素养	政治理论基础知识、管理知识、技术知识、本职专业知识、知识面、知识更新、外语水平、获取信息能力、发现问题能力
			思维能力	自学能力、综合分析能力、预见能力、观察能力、创新能力
			表达能力	口头表达能力、书面表达能力
		特殊能力	管理能力	应变能力、决断能力、指挥协作能力、用人授权能力
			交往能力	沟通能力、人际交往能力
			专业技术能力	解决实际问题能力、本职业务能力
		个性行为风格		
环境	内部环境			学历、资历、年龄、健康状况
	外部环境	工作性质		工作难度、工作责任、工作周期、工作范围、工作地位、工作量
		组织背景		人际关系、群体素质、领导因素、组织状况
工作成绩				工作数量、工作质量、工作效率、工作成果、群众威信、人才培养

二、德能勤绩指标模式

德能勤绩指标模式主要用于对国家公务人员的考核。对国家公务人员的考核，世界各国叫法不同，法国称"鉴定"，日本称"勤务鉴定"，埃及称"考核"，英美等国称"考绩"。就其内容来说，基本上包括德能勤绩四个方面的内容，以工作成绩为主。

1. 德

德是指公务人员的操行，包括忠诚、廉洁、责任感等。

2. 能

能是指完成某一具体行政工作所需要具备的能力素养，主要包括文化水平、专业知识水平、政策业务水平、语言表达能力、文字写作能力、人际交往能力、指挥协调能力、领导管理能力、计划预见能力、协调监督能力、反应判断能力、应变适应能力以及身体健康状况等。

3. 勤

勤是指公务员工作勤奋努力的状况，主要包括工作态度、责任感和服务精神，对业务是否勤学苦钻、精益求精，对工作是否积极肯干、任劳任怨、勇于创新以及遵守劳动纪律和出勤状况等。

4. 绩

绩主要是指公务员工作的实际成绩，也就是公务员在工作中直接和间接为社会做出的实际贡献或实现预定工作指标的程度。它包括完成工作的数量、质量、效率以及其经济价值和社会效益。

三、智能结构指标模式

智能结构指标模式特别突出智力，并且与能力相区别。表2-10至表2-16列举了领导者（厂长、研究所所长、高等学校校长），管理人员，科技人员，政治思想工作人员，司法工作人员的素质模式。[1]

---

[1] 陆红军. 人员功能测评工程［M］. 北京：清华大学出版社，2005.

表2-10　　　　　　　　　　　　厂长测评要素基本模式

素质结构	智力结构	能力结构	绩效结构
1. 政策性 2. 事业心 3. 责任心 4. 进取心 5. 自知之明	6. 自学能力 7. 直觉思维能力 8. 综合分析能力	9. 目标定向能力 10. 决策能力 11. 创新能力 12. 用人授权能力 13. 组织能力 14. 协调能力 15. 果断能力 16. 应变能力 17. 交涉能力 18. 敢冒可估风险能力 19. 人际关系能力	20. 工作效率 21. 经济效益

表2-11　　　　　　　　　　　　研究所所长测评要素基本模式

素质结构	智力结构	能力结构	绩效结构
1. 政策性 2. 事业心 3. 责任心 4. 开拓性 5. 自知之明	6. 学识广博度 7. 综合分析能力	8. 决策能力 9. 创新能力 10. 组织能力 11. 用人授权能力 12. 协调能力 13. 敢冒可估风险能力 14. 人际关系能力 15. 熟悉科技业务能力	16. 工作成果 17. 社会效益、经济效益

表2-12　　　　　　　　　　　　高等学校校长测评要素基本模式

素质结构	智力结构	能力结构	绩效结构
1. 政策性 2. 事业心 3. 责任心 4. 自知之明 5. 为人师表	6. 学识广博度 7. 知识更新 8. 综合分析能力	9. 决策能力 10. 创新能力 11. 发现问题和解决问题能力 12. 组织能力 13. 知人善任和吸引人才能力 14. 演讲能力 15. 协调能力 16. 社交能力 17. 科学发展和建设能力 18. 人际关系能力	19. 培养人才 20. 工作成效 21. 社会威信

表 2-13　　　　　　　　　　　　管理人员测评要素基本模式

人员分类	素质结构	智力结构	能力结构	绩效结构
经营管理人员	1. 政策性 2. 事业心 3. 市场和用户观念 4. 责任心	5. 本行业生产技术知识 6. 知识面 7. 综合分析能力	8. 处事能力 9. 控制能力 10. 及时发现问题能力 11. 应变能力 12. 信息沟通能力 13. 决策或辅助决策能力 14. 谈判能力 15. 社交能力	16. 社会效益、经济效益 17. 工作效率
技术管理人员	1. 政策性 2. 事业心 3. 技术和经济观念 4. 责任心	5. 专业知识 6. 知识面 7. 对新科技、新产品的敏感性 8. 思维力（周密性）	9. 科学技术鉴别力 10. 应变能力 11. 信息沟通能力 12. 协调能力	13. 科学技术成果 14. 社会效益、经济效益
行政管理人员	1. 政策性 2. 法制和群众观念 3. 纪律性 4. 责任心 5. 公道	6. 工作经验 7. 现代学术知识 8. 综合分析能力	9. 处事能力 10. 信息沟通能力 11. 表达能力 12. 辅助决策能力 13. 控制能力	14. 工作效率 15. 社会效益

表 2-14　　　　　　　　　　　　科技人员测评要素基本模式

人员分类	素质结构	智力结构	能力结构	绩效结构
科学研究人员	1. 事业心 2. 进取心 3. 坚韧性 4. 协作性 5. 诚实性	6. 专业知识和知识更新 7. 基础理论知识 8. 思维力 9. 判断力	10. 科研定向能力 11. 创新能力 12. 表达能力 13. 容纳信息能力 14. 发现问题能力 15. 科技鉴别能力	16. 科技成果
研究开发人员	1. 事业心 2. 战略观念 3. 开拓性 4. 协作性	5. 基础理论知识 6. 专业知识 7. 观察力 8. 判断力	9. 发现问题能力 10. 获得信息能力 11. 创新能力	12. 技术经济效益

续表

人员分类	素质结构	智力结构	能力结构	绩效结构
革新发明人员	1. 成就感 2. 坚韧性 3. 协作性	4. 知识面 5. 观察力 6. 思维力 7. 想象力	8. 发现问题和解决问题能力 9. 应变能力 10. 信息获得和加工能力 11. 创造能力 12. 动手能力	13. 发明成果 14. 社会效益、经济效益
现场服务人员	1. 责任性 2. 服务性 3. 实干性 4. 主动性	5. 专业知识 6. 工作经验 7. 观察力（细致性） 8. 判断力（准确性） 9. 思维力（周密性、敏捷性）	10. 发现问题和解决问题能力 11. 动手能力 12. 组织能力	13. 工作成效

表 2-15　　政治思想工作人员测评要素基本模式

人员分类	素质结构	智力结构	能力结构	绩效结构
宣传工作人员	1. 政治坚定性 2. 掌握党和国家政策 3. 事业心 4. 理论联系实际和自我批评精神 5. 正直性 6. 原则性	7. 马列主义理论水平和政治思想工作专业知识 8. 知识面 9. 观察力（细致性） 10. 思维力（敏感性）	11. 表达能力 12. 说服能力 13. 沟通能力 14. 创新能力	15. 工作效果（群众积极性调动程度，对业务工作的保证作用）
组织工作人员	1. 政治坚定性 2. 政策性 3. 事业心 4. 责任心 5. 正直性 6. 原则性 7. 平等性	8. 马列主义理论水平和组织工作专业知识 9. 知识面 10. 综合分析能力	11. 与人相处能力 12. 识别人才能力 13. 用人之长能力 14. 说服能力 15. 协调能力 16. 辅助决策能力	17. 工作效果（人才的发现、使用和培养情况）

表 2-16　　　　　　　　　司法工作人员测评要素基本模式

人员分类	素质结构	智力结构	能力结构	绩效结构
司法人员	1. 政策水平 2. 事业心 3. 责任心 4. 公正心 5. 证据观念 6. 法律观念	7. 法律专业知识 8. 知识面 9. 判断力（准确性） 10. 观察力（细致性） 11. 思维力（逻辑性、周密性）	12. 发现问题能力 13. 表达能力 14. 处事果断性	15. 工作成效（量刑正确率等）
检察人员	1. 政策水平 2. 事业心 3. 责任心 4. 性格刚正 5. 证据观念 6. 法律观念	7. 法律知识和检察业务知识 8. 知识面 9. 思维力（逻辑性、周密性） 10. 判断力（准确性、及时性）	11. 发现问题能力 12. 表达能力 13. 交涉能力 14. 获得信息能力	15. 工作成效（批捕准确率等）

四、美国企业人员测评指标模式

20世纪，大多数美国企业与日本企业的人力资源管理相反，美国企业推行人事考核制度，研究人员测评技术以提高效率为目标。美国企业主要实行短期契约加能力工资体制，企业可以自由裁减（解雇）员工，同时也可以随时从劳动力市场招聘新员工，因此美国企业的人员流动性较大。

美国企业的高级员工是以契约方式由外部招聘的，既没有企业的晋升制度，也没有系统的员工培训和人才开发，因此，美国企业人员的测评目标更着重于对人员的招聘、选拔和任用，尤其是聘用系统中的人员测评更为重要。下面是美国某企业人员招聘测验中所采用的指标要素体系，见表2-17、表2-18。

表 2-17　　　　　　　　　美国企业招聘测验指标要素 A

身体特征	身高、体重、视力、听觉、灵活性	准确程度高
能力和技术	数学能力、语言能力、智力、办事能力、操作能力	客观测验的准确性高
爱好	手工爱好、科学兴趣、经济兴趣、文化兴趣	
性格品质	社交能力、支配能力、合作能力、容忍能力、情绪稳定性	准确程度低

表 2-18　　美国企业招聘测验指标要素 B

要素	含义
智力（G）	一般学习能力，对各种原理的理解力，推理、判断能力，对新环境迅速适应的能力
言语能力（V）	对意义及与其相关联的思想的理解和使用能力，话与话之间相互关系和意义的理解能力
算术能力（N）	正确而迅速的运算能力
文书能力（Q）	对言语和传票类的细节识别、发现错字、正确地校对言语和数字的能力
空间判断力（S）	理解立体图形或对平面立体图形的理解能力，对眼睛见到的一级或二级形态的想象或思考能力
形态知觉（P）	对物体或图解的细节正确的知觉能力
协同动作（A）	眼手协调动作速度的能力
运动速度（T）	迅速而正确地确定运动的能力
手指灵巧度（F）	手指灵巧而迅速的活动能力
手的灵巧度（M）	手灵巧而迅速的活动能力

五、日本企业人员测评指标模式

日本多数企业现今实行的人员测评制度是在美国企业人员测评方法的基础上进行了 40 余年的不断改进后形成的，它在相当程度上适应了日本的社会情况。美国企业的人员考评单纯与雇佣管理相关，在日本企业中则关系到工资、奖励、晋升和能力开发各个方面。因此，日本企业中人员测评的直接目的，是为能力主义原则指导下的定期提薪和晋升制度服务，同时还要实现公平合理的奖金分配。日本企业中人员测评的内容十分丰富，其测评要素模式主要包括四个方面的评价内容，即工作成绩、工作能力、工作态度和工作适应性。

（一）工作成绩评价

工作成绩是指在预定期限内实际完成的工作成果。用计划目标水平（任务标准）去衡量实际工作成果，就是工作成绩评价。对工作成绩的评价主要有四个方面的要素，即工作量的大小（数量）、好坏（质量）、对下属的指导教育作用，以及在本职工作中努力改进与提高等创造性成果，如图 2-2 所示。

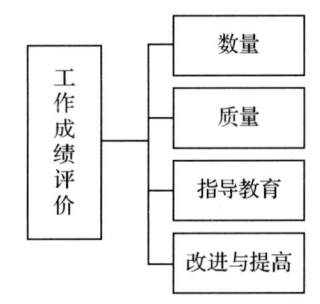

图 2-2　日本企业工作成绩评价要素

（二）工作能力评价

职工的能力包括三个方面，即基础能力、业务能力和素质能力。其中前两种能力属于能力评价要素，素质能力主要通过适应性考察来评价。能力评价要素的基础能力的高低，主要通过书面测验、企业内训练课目的研修成绩、技术职称或专业资格等级的取得等方面来了解。业务能力则主要通过评价工作成绩间接进行。能力评价要素如图2-3所示。

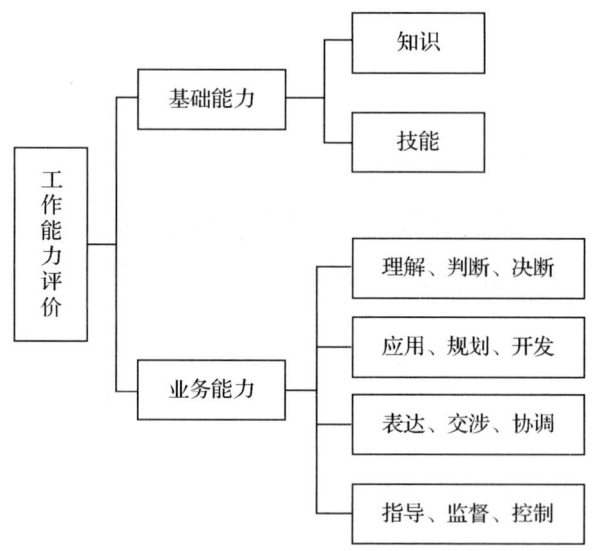

图2-3 日本企业工作能力评价要素

（三）工作态度评价

工作态度包括工作的协调性、纪律性、积极性、责任感、自我开发热情等较抽象的因素。员工的工作态度主要由直接上级根据平时的观察予以评价。工作态度评价要素如图2-4所示。

（四）工作适应性评价

假如让某人担任某项职务，在所有可能担任这项职务的人选中他最可能取得优良成绩，而且他担任该职务比担任

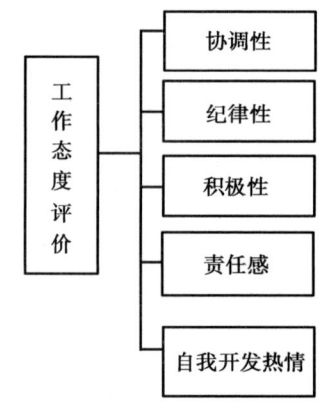

图2-4 日本企业工作态度评价要素

其他主要职务更能发挥个人的特长和能力，就可以说，这个人对这项职务具有适应性。适应性评价主要包括三个方面的要素，即工作性质的适应性、工作能力的适应性，以及工作量的适应性。适应性的考察方法主要采取技术测评、本人申告、行为观察等方式进行，评价结果主要用于人员的选拔、晋升和调配。日本企业工作适应性评价要素如图 2-5 所示。

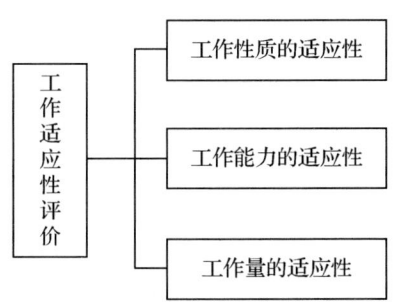

图 2-5　日本企业工作适应性评价要素

六、公共管理人员测评指标模式

公共管理人员测评指标模式主要由政治素质、道德素质、知识素质、能力素质、相关心理素质、身体素质六大模块构成，见表 2-19。

表 2-19　　　　　　　　公共管理人员测评指标模式

维度	要素	要素定义
政治素质	政治理论素养	熟悉并能够熟练运用政治理论以及党和国家的各项路线、方针、政策
	政治觉悟	能够准确理解并自觉运用或践行各种理论、政策
	严守纪律	能够自觉遵守党和国家的各项纪律，坚决与违反纪律的行为作斗争
	政治立场	基本的政治信仰和政治方向
道德素质	道德观念	对是非的基本判断
	责任感	为自己的行动、决策以及对下级的指令承担责任
	忠诚	认同组织内的管理准则和行为规范
	主动	在没有指令的情况下，采取预备行动去做应当做的事
	可信赖性	在处理关于有关工作内容的敏感信息时有保密意识
	遵守规则	意识到组织规则和政策的重要性，并且乐意服从
	职业化	能够表现出自身事业或者职业团队的标准

续表

维度	要素	要素定义
知识素质	组织理论	寻求对复杂公共组织行为的理解和解释，研究公共管理的思维模式、组织理论、公共管理实践
	公共预算、财政	掌握基础的公共财政分析方法、预算系统的过程和模式、预算政策和策略，能够管理税收和支出，处理公共财政管理的其他问题
	公共人事管理	关注公共服务系统的演变、人力资源管理的法律环境、平等就业机会、积极性行为、工作场所差异、性骚扰和雇主责任、信息时代的人力资源规划、人员分层分类、工作评价、薪酬结构、如何雇用正确的人、纪律和解雇、绩效评价和持续教育、劳动关系和集体谈判
	政策分析和评价	关注公共管理的综合性、应用性和可操作性以及评价公共政策结果和公共管理过程有效性的概念
能力素质	领导能力	具有远见卓识，敢于冒经过认真论证的风险，高度正直和公正等
	战略思考和规划能力	能把握相互关联的复杂因素之间的关系，协调一时之需与长远目标的关系等
	完成工作任务的能力	根据预算及时、保证质量地完成工作，协调利益相关者的关系等
	管理人力资源的能力	促进不同背景的人发挥潜能，最有效地利用组织内资源和技能，营造信任、团结的气氛，鼓舞高昂的士气等
	沟通能力	具有说服力，能化解敌意，具有公共演讲和与新闻媒体打交道的能力等
	管理财务与其他资源的能力	财尽其用，通过谈判争取资源，合理培植与有效控制资源等
	创造力和判断力	能够创造性、建设性地解决问题，善于精确地分析模棱两可的数据和意见等
	业务能力	通过专业知识的深度和广度赢得信誉并发挥影响力，对业务工作的质量承担个人责任等
相关心理素质	应急性	对于紧迫的组织需求迅速采取应对措施
	果断	在制定重大（强硬）决策时毫不犹豫
	宽容	重视与自己不同的观点
	适应性	容易适应新的环境，接受紧急工作安排
	执着	排除复杂性和/或模糊性，坚持完成任务
	坚持己见	自信、直接、有力地表达自己的观点
	征求/借鉴他人意见	积极听取他人对于工作的意见
	压力管理	有效地处理与工作有关的压力及其产生原因
	坚韧/达观	面对失败保持积极的心态

续表

维度	要素	要素定义
身体素质	身体健康	身体机能健康
	行动迅速	工作中行动无障碍、快速
	精力充沛	经常保证充足的精力
	记忆力强	具有较强的记忆能力

总之，在人员素质测评实践中形成了各种各样的测评标准体系模式，在选用模式时，应根据各行业、各单位、各岗位的实际情况进行选择，使之更为合理有效，更具有可操作性。

 本章小结

　　人员素质测评标准体系的建构是素质测评中的关键步骤。建构测评标准体系要解决两个基本问题：一是分解待测要素，二是描述和规定这些要素。从测评目的出发，纵向分解，得到测评目标、内容、项目和指标，再进行标度和计量方法设计；横向分解，得到身体、文化和品德素质等的结构性要素。为了保证未来大规模测评的可靠性与有效性，使测评标准体系达到客观、准确、可行的要求，需要注意一些原则：针对性、完备性、简练性、明确性、独立性、可操作性和合理量化。

　　建构过程的关键在于第一个基本问题，也就是建构测评标准体系，确立素质测评的目标、内容并把它转化为可操作的指标。建构测评标准体系的基本方法有工作分析法、调查访谈法、理论推导法、典型分析法、培训目标分析法、历史概括法、文献查阅法、覆盖筛选法等。工作分析法和调查访谈法是最常用的方法，而调查访谈法中具体又有多种方法可供选择。

　　建构测评标准体系的步骤为：明确测评客体与目的、确定测评项目、确定测评标准体系结构、筛选与表述测评指标、确定指标权重、规定测评指标计量方法。权重和计量方法的确定在第四节里得到了比较详细的介绍。最后，不要忘记通过测试完善你的测评标准体系。

　　本章的最后用了较大篇幅提供了测评标准体系建构的实例，包括几种常见的测评指标体系模式以及测评指标度量化举例。这些实例旨在为读者提供直观感受，本身并非完美无缺，供参考。

复习思考题

1. 完整的素质测评标准体系包括哪些内容？
2. 测评标准体系的建构应该符合哪些基本标准？
3. 怎样在建构的各步骤中实现各建构原则的统一？
4. 如果要建构你所在组织的某类用于选拔的人员素质测评标准体系，应该如何选取确定指标和权重的方法？

案例与讨论

环球贸易公司的甄选标准

环球贸易公司成立于2018年，成立后公司迅猛发展，已拥有10多家连锁店。近年来，从公司外聘来的中高层管理人员，大约有50%不符合岗位的要求，工作绩效明显低于公司内部提拔的人员。在过去的两年中，从公司外聘的中高层管理人员有8人，不是自动离职就是被解雇。从外部招聘来的分公司经理因年度考评不合格而被免职之后，终于促使总裁召开一个由行政副总裁、人力资源部经理出席的专题会议，分析这些外聘的管理人员频繁离职的原因，并试图得出一个全面的解决方案。

人力资源部经理就招聘和录用的过程作了一个回顾，公司是通过职业介绍所或报纸上刊登招聘广告来获得职位候选人的。人员挑选的工具包括一份申请表、三份测试试卷（一份智力测试和两份性格测试）、有限的简历检查，以及必要的面试。行政副总裁认为，他们在录用某些职员时，犯了判断上的错误，他们的履历表看起来不错，他们说起话来也头头是道，但是工作了几个星期之后，他们的不足就明显地暴露出来了。

总裁则认为，根本的问题在于没有根据工作岗位的要求来选择适用的人才，"从离职人员的情况来看，几乎所有我们录用的人都能够完成领导交办的工作，但他们很少在工作上有所作为、有所创新"。人力资源部经理提出了自己的观点，他认为公司在招聘时过分强调了人员的性格和能力，而并不重视应聘者过去在零售业方面的记录，例如，在7名被录用的部门经理中，有4人来自与其任职无关的行业。行政副总裁指出，大部分被录用的职员都有某些共同的特征，例如，他们大都在30岁左右，而且经常跳槽；他们都雄心勃勃，并不十分安于现状；在加入本公司后，他们中的大部分人与同事关系不是很融洽，与直属下级的关系尤为不佳。

会议结束时，总裁要求人力资源部经理："彻底解决公司目前在人员招聘上存在的问题，采取有效措施从根本上提高公司人才招聘的质量。"

（资料来源：本案例来自豆丁网，有小部分改动。https://www.docin.com/p-489502729.html.）

讨论

1. 环球贸易公司管理人员的招聘有什么问题？造成这些问题的原因是什么？
2. 该公司在人员录用标准方面存在哪些问题？应该包括哪些指标？
3. 通过该案例，你如何理解人员的"甄"与"选"上的依据？应该如何进行设计？

建议阅读文献

1. 萧鸣政. 思想品德测量目标制订初探 [J]. 教育论丛，1988（3）：33-37.
2. 李婧. 营销管培生选拔——基于胜任力素质模型设计 [J]. 时代金融，2020 (8)：183-184.
3. 萧鸣政. 现代人员素质测评 [M]. 北京语言学院出版社，1995（5）：92-151.
4. 周丐晓，刘恩山. 如何设计核心素养评估系统 [J]. 教育科学研究，2019（1）：69-75.
5. 张爱卿. 基于不同情境的人才测评方案设计 [J]. 经济管理，2007（9）.

习题

一、单选题

1. 以下哪一项不属于测评标准设计的主要内容？（　　）
   A. 测评目的　　　B. 测评目标　　　C. 测评项目　　　D. 测评结果
2. 测评标准建构的标准化程序中不包括以下哪一项？（　　）
   A. 量化　　　　　　　　　　B. 赋分
   C. 指标体系建构　　　　　　D. 标度制定
3. 以下属于文化素质的是（　　）。
   A. 知识　　　　　　　　　　B. 学校教育程度
   C. 思想品质　　　　　　　　D. 技能与才能
4. 以下哪种方法不是封闭式问卷的标准答题方式？（　　）

A. 是非法　　　B. 选择法　　　C. 等级排列法　　　D. 访谈法

5. 在本章所列举的学生思想品德测评目标体系中，以下哪一项不属于意志领域的内容？（　　）

A. 顺利反应　　B. 行为反应　　C. 逆境反应　　　D. 矛盾反应

6. 以下哪一项不属于日本人从《孙子兵法》中大将的"五德"提出的现代企业领导选拔的素质？（　　）

A. 仁　　　　　B. 义　　　　　C. 智　　　　　　D. 信

7. 以下哪一项不属于社交技能的测评要素？（　　）

A. 感召力　　　　　　　　　　B. 交流能力
C. 领导能力　　　　　　　　　D. 协调能力

8. 以下哪一项不属于工作分析在测评内容标准化过程中的具体表现形式？（　　）

A. 工作目标因素分析法　　　　B. 工作内容因素分析法
C. 工作行为特征分析法　　　　D. 工作结果因素分析法

9. 以下哪一项属于个性倾向性？（　　）

A. 态度体系　　B. 知识素养　　C. 管理能力　　　D. 交往能力

10. 以下哪项不属于工作成绩的范畴？（　　）

A. 工作数量　　B. 组织状况　　C. 群众威信　　　D. 人才培养

11. 以下哪一项不是品德素质的内容之一？（　　）

A. 政治品质　　B. 思想品质　　C. 文化品质　　　D. 道德品质

12. 根据人员素质测评的目的、对象、情境的不同，应当设计不同类型的指标体系和不同复杂程度的计量方法，这是测评标准体系建构的哪一项原则？（　　）

A. 完备性原则　B. 明确性原则　C. 可操作性原则　D. 针对性原则

13. 以下哪一项不是公共管理人员测评指标模式的构成模块之一？（　　）

A. 政治素质　　B. 创新素质　　C. 相关心理素质　D. 身体素质

二、多选题

1. 素质测评标准体系一般由以下哪些要素构成？（　　）

A. 标度　　　　B. 标准　　　　C. 标记　　　　　D. 标识
E. 标尺　　　　F. 标志

2. 人员素质结构体系模式一般包括以下哪些方面？（　　）

A. 身体素质　　B. 文化素质　　C. 品德素质　　　D. 智能素质
E. 心理健康　　F. 创新意识

3. 以下哪些是测评标准体系建构的基本原则？（　　）

A. 针对性原则　　B. 完备性原则　　C. 复杂性原则　　D. 模糊性原则

E. 独立性原则　　F. 可操作性原则

4. 以下哪些是测评标准体系建构的基本方法？（　　）

A. 工作分析法　　B. 调查访谈法　　C. 理论推导法　　D. 案例分析法

E. 历史概括法　　F. 文献查阅法

5. 以下哪些属于测评标准体系建构基本方法中的工作分析法？（　　）

A. 观察法　　　　　　　　　　B. 工作日志法

C. 主管人员分析法　　　　　　D. 访谈法

E. 关键事例法　　　　　　　　F. 问卷法

6. 测评标准体系建构包括以下哪些步骤？（　　）

A. 明确测评的客体与目的　　　B. 确定测评项目或参考因素

C. 确定测评标准体系的结构　　D. 确定测评指标权重

E. 筛选与表述测评指标　　　　F. 规定测评指标的计量方法

7. 确定测评指标权重时的方法有哪些？（　　）

A. 特尔斐法　　B. 层次分析法　　C. 多元分析法　　D. 主观经验法

E. 客观经验法　　F. 群体分析法

8. 以下哪些是主观性测评指标确定的方法？（　　）

A. 分点赋分法　　B. 分段赋分法　　C. 连续赋分法　　D. 积分赋分法

E. 分层赋分法　　F. 间隔赋分法

9. 心理学的个性理论认为，个性主要包括以下哪些方面？（　　）

A. 个性倾向性　　　　　　　　B. 个性可靠性

C. 个性特殊性　　　　　　　　D. 个性行为风格

E. 个性行为模式　　　　　　　F. 个性动态性

10. 日本企业人员测评指标模式主要包括以下哪些方面的内容？（　　）

A. 工作成绩评价　　　　　　　B. 工作能力评价

C. 工作态度评价　　　　　　　D. 工作风格评价

E. 工作品德评价　　　　　　　F. 工作的适应性评价

11. 以下哪些选项属于调查访谈法？（　　）

A. 专题访谈法　　B. 典型分析法　　C. 问卷调查法　　D. 胜任特征法

12. 采用主观经验法需要注意哪些原则？（　　）

A. 权重分配的合理性　　　　　B. 权重分配的变通性

C. 权重数值的模糊性　　　　　D. 权重数值的归一性

13. 工作的适应性评价包括哪几个方面？（　　）
    A. 工作性质的适应性　　　　　B. 工作能力的适应性
    C. 工作量的适应性　　　　　　D. 工作环境的适应性

三、判断题

1. 创新意识是一种宝贵的心理素质，是指人们能够基于自己的知识、智能和价值观提出新的设想并加以实行的能力。（　　）

2. 德能勤绩指标模式中的"能"是指完成某一具体行政工作所需要具备的能力素养。它主要包括工作态度、责任感和服务精神，对业务是否勤学苦钻、精益求精，对工作是否积极肯干、任劳任怨、勇于创新以及遵守劳动纪律和出勤状况等。（　　）

3. 员工的能力包括三个方面，即基础能力、业务能力和素质能力。（　　）

4. 工作态度包括工作积极性、热情、责任感、自我开发愿望等具体因素。（　　）

5. 访谈法一般适用于那些分析者不可能实际去做或直接观察的较为简单的工作。（　　）

6. 文化素质是一项很重要的素质，对形成道德观念、提高智能水平、提高工作效率和获得健康的人格具有关键作用，也能保证其他素质的完善发展。（　　）

第三章
心理测验及其应用

>> **教学目标与方法建议**

通过本章教学,应该掌握以下三点内容。
1. 了解心理测验的起源与发展。
2. 掌握心理测验的定义、种类与形式。
3. 熟悉心理测验的编制步骤和题型设计。

在这一章中,我们将带你了解心理测验的起源、发展及心理测验的编制,并依据常见的心理测验分类,对心理测验的原理及应用进行介绍。

心理测验、面试与评价中心技术是现代人员素质测评的三种主要方法,其中心理测验的应用最为方便和常见。

教学方法建议:鉴于本章的内容涉及较多心理学知识,建议在课堂讲授中遵循心理测验研究中通用的框架和体系,引导学生通过拓展阅读和案例应用,理解心理测验在人员测评和选拔中的重要作用及不同类型心理测验的适用情境。

第一节 心理测验概述

什么是心理测验呢?简单来说,心理测验是心理测量的一种具体形式。为了对它有较为全面的理解,下面对心理测验的起源与发展、定义、种类与形式等做一简单介绍。

一、起源与发展

心理测验产生的最初原因是对智力落后和精神病人治疗的需要,并且受到了实验心理学中对个别差异的研究兴趣的推动。

第一个直接推动测验运动的学者是英国生物学家高尔顿(F. Calton)。1884 年他创设了"人类学测量实验室",6 年间测量了 9 337 个人的身高、体重、视力、听力、色觉等素质特征。

1890 年,美国心理学家詹姆斯·麦卡恩·卡特尔(J. M. Cattell)发表了论文《心理测验与测量》,这是心理测验(mental test)第一次出现于心理学文献中。该文报告了卡特尔编制的第一套心理测验试题,主要通过测量个体的感觉能力与反应时间来确定智力水平。

1894 年,卡特尔首先以他的测验测量哥伦比亚大学的学生,使测验走出实验室直接应用于实际。

因此,心理测验的发展大约可以分为萌芽时期、成熟时期、昌盛时期与完善时期。

1869—1904 年,以高尔顿发表《根据自然天赋将人加以分类》为标志,心理测验进入萌芽时期。这一时期,心理测验尚未形成自己的体系,依附于实验心理学对个别差异的研究而存在。测验的内容大都限于感觉—动作或简单反应时间的测量,属于简单身体素质测评。

1905—1915 年,以第一版比内-西蒙智力量表的出版为标志,心理测验进入成熟时期。心理测验步入了独立发展的轨道。

1916—1940 年,以斯坦福-比内智力量表发表为标志,心理测验进入昌盛时期。这一时期,不但智力测验在广度与深度上有了突破性的发展,而且一般能力测验、特殊能力测验、人格测验相继出现,心理测验在理论上得到了完善,在应用上得到了空前的发展。测验的形式由个体扩展为团体,测验的客体由儿童扩展为成人,测验的表现形式由文字扩展到图形、操作等非文字的智力测验,由直接的测量扩展到投射与预测的测验;测验的功用由研究走向社会服务。

第一次世界大战期间,美国应用智力测验甄选合格士兵,后又被广泛应用于军队官员的选拔与安置。第二次世界大战期间,美国又编制了一般分类测验(GCT),借以预测军人的能力。第二次世界大战后,美国则把测验应用于服务行业,职业测验兴起。

1941 年至现在,可以说心理测验处于完善发展时期。在这一时期,心理测验一方面接受教育评价运动的挑战,另一方面在测验的理论、技术与编制方法方面都取得了非常大的进步。

1942 年，哈特威（Hathaway）和麦金利（Mckinley）编制的明尼苏达多相人格调查表（MMPI）发表；1953 年，艾森克（Eysenck）夫妇编制了人格（个性）问卷（EPQ）；1973 年，雷蒙德·卡特尔编制了 16 种个性因素问卷（16PF）；1989 年，明尼苏达多相人格调查表第二版（MMPI-2）出版。这一时期掀起了职业倾向与职业技能测验的新高潮，用于挑选各行各业的员工与管理人员。

二、心理测验的定义

测验是什么？心理学家的定义广泛而复杂。测验是心理测量的一种工具和手段，是根据一定法则对人的行为用数字加以确定的方法。此外，心理测验还有它自己的特性。

阿纳斯塔西（Anastasi）是著名的心理测验学家，她认为，心理测验实质上是行为样组的客观的和标准化的测量。这个定义告诉我们以下五点。

第一点，心理测验是对行为的测量。这些行为主要是心理的而不是反射性的生理行为（打喷嚏、打呼噜等），是外显行为而不是内部心理活动，是一组行为而不是单个行为。

第二点，心理测验是对一组行为样本的测量。心理测验所测量的行为组是有代表性的一组行为。任何个体在不同时间、空间与条件下的行为表现是不尽相同的，如果我们所测评的行为抽样不同，则所得到的结果就会不同。

第三点，心理测验是对模拟行为的测量。心理测验的行为样组不一定是真实行为，而往往是概括化了的模拟行为。如投射测验，答题行为均不是真实的行为，而是一种间接的行为反应。

第四点，心理测验是一种标准化的测验。标准化在这里是指测验的编制、实施、记分以及测验分数解释程序的一致性，这是测验的内在要求。由于要使测验的最后结果具有可比性，那么测验的条件必须具有等同性或统一性。

第五点，心理测验是一种力求客观化的测量。心理测验的客观性要求是指在测验的编制、实施、评分、解释过程中减少主试和被试的随意性程度。然而值得注意的是，心理测验不可能完全客观化。

三、测验的种类与形式

心理测验依据不同的标准，可以划分为不同的类别。

根据测验的目的，可以将心理测验划分为描述性、预测性、诊断咨询性、挑选性、配置性、计划性、研究性等形式；根据测验的材料特点，有文字性测验与非文字性测验；根据测验的质量要求，有标准化与非标准化心理测验；根据测验的实施对象，有个别测验与团体测验；根据测验中是否有时间限制，有速度测验、难度测验、最佳行为测验、典型行为测验等；根据测验应用的具体领域，有教育测验、职业测验、临床测验、研究性测验等。

根据心理测验所测量的行为目标进行分类，可划分为认知测验与人格测验。认知测验测评的是认知行为，而人格测验测评的是社会行为。认知测验又可以按其具体的测验对象分为成就测验、智力测验与能力倾向测验。成就测验主要测评人的知识与技能，这是对认知活动结果的测评；智力测验主要测评认知活动中较为稳定的行为特征，是对认知过程或认知活动的整体测评；能力倾向测验是对人的认知潜在能力的测评，是对认知活动的深层次测评。人格测验按其具体的对象可以分成态度、兴趣与品德（包括性格）测验。

心理测验的形式与心理测验的类别有所不同。心理测验的形式是指测验的表现形式，包括刺激与反应两个方面。划分的标准不同，形式也就各异。

按测验目的与意图表现的程度划分，有结构明确的问卷法与结构不明确的投射法。后者所表现的刺激为意义不明确的各种图形、墨迹、词语，让被测评者在不受限制的情境下自由地作出反应，从分析反应结果来推断测验的结果；前者所表现的则为一系列具体明确的问题，它们从不同方面了解被测评者的素质情况，要求被测评者按实际情况作答。

从问卷调查的具体对象来看，有自陈量表与非自陈量表之分。根据测验时被测评者反应的自由性来看，有限制反应型与自由反应型。从测验作答结果的评定形式来看，有主观型与客观型之分。从作答方式来看，有纸笔测验、口头测验、操作测验、文字测验以及图形、符号、实践等测验形式。从测验反应场所来看，有一般测验、情境测验与观察评定测验。

第二节　知识测评方法

对于知识的测评有多种方式，如心理测验、面试、情境测验、试用等，心理测验是其中最简单、最有效的形式。

心理测验在知识测评中的应用形式实际是教育测验，即笔试。从 1988 年起，中央与许多省市在机关干部招聘录用中，基本上都是采用笔试形式来测评应聘者的知识。当时笔试主要用于测评应聘者的政治理论、语文、公文写作、行为学与法律等方面的知识。

一、测评的三个层次

用笔试测评知识，可以在三个不同的层次上进行。

（一）记忆

记忆是人脑对过去经历事物的反映。个体经历的事物包括感知过、思维过、体验过和操作过的事物，都可以经过识记作为经验在头脑中保持下来，并在一定的条件下得到恢复。因此记忆过程包括识记、保持、再认和重现几个环节。

知识作为个体一种有意识认知活动的成果，人们显然会用记忆去保持和再现。保持得越多、再现得越多，说明人的知识越多；保持得越清楚、再现得越准确，则说明人的知识越正确。因此对于知识的记忆测评，可以从记忆的广度、准确性与持久性等方面进行衡量。

记忆的广度，又称记忆范围，指对某方面知识所能正确复现的数量；记忆的准确性，指对某方面知识的再现没有任何歪曲、遗漏和附会；记忆的持久性，指对某方面知识保持的时间长短。

从记忆层次测评知识有两种基本方式：回忆法和再认法。回忆法，又称复现法，它要求被测评者把自己所具有的知识以某种方式再现出来。例如，复述、背诵、口答等均属于口头语言再现的形式，笔答、画图等则是书面语言再现的形式，造型、表演、示范则是行动或实物再现的形式。

再认法则要求被测评者把特定的知识与其他知识相区别。挑选、辨认、分类等均属于再认形式。

一般来说，再认的知识量要大于回忆的知识量，回忆法比再认法更难些。换句话说，能回忆的知识一定能再认，但能再认的知识不一定能回忆。

（二）理解

理解是人认识事物的联系和关系，进而揭露其本质和规律的一种思维活动。

知识的理解在不同的场合具有不同的方式，有时要把某一事物归入某一范畴，归入相应的概念，回答"这是什么"；有时要揭露现象的本质；有时要分析事物之间的因果关系；有时要确定事物的意义与作用；有时要阐明逻辑的依据；有时要确定物体内部的构造和组织。

从理解层次测评知识，应该从理解广度、深度、复杂程度等不同角度进行衡量。广度体现在对知识点相关范围的了解，深度体现在对知识点理解的系统性，复杂程度体现在对知识点与其他众多知识关系的理解。

从理解层次测评知识，有简单理解与复杂理解两种。简单理解即指对单个概念的理解；复杂理解即指对两个以上相关概念及其关系的综合理解，这种综合理解如仅从单方面的角度进行则很难把握。

运用已学过的知识分析尚未出现过（遇到过）的例子是衡量理解的标志。因此理解有三种不同的水平：直接理解、类同理解与迁移理解。直接理解是指只要熟悉知识点就能理解；类同理解是指材料内容不同但关系结构相同的理解；迁移理解是指材料内容不同、关系结构也不同的理解，显然迁移理解既有深度又有广度。

（三）应用

应用是运用知识概念分析新情况、解决新问题的活动。从理论上来说应用具有知觉、思维与操作三个层次，但笔试测验中的应用只涉及两个层次，这就是知觉层次上的应用与思维层次上的应用。

知觉层次上的应用方式主要是辨别与归类。思维层次上的应用则不同于知觉层次上的应用，它要求人们重新组织已有的知识概念，包括分析、评价与综合等思维活动才能解决所遇到的新问题。

从应用方面测评知识有三种方式。第一种是要求被测评者机械地"套用"，把已有知识直接套用到问题上；第二种是要求被测评者正确地"运用"，在理解的基础上正确应用已有的知识；第三种则是要求被测评者创造性地"活用"，打破现有的知识模式，解决新出现的问题。

二、常用题型及其编写

知识测评中常用的题型包括三种类型：供答型、选答型与综合型。填空题、名词解释题、简答题、论述题、证明题、计算题、作文题等属于供答型。是非判断题、多项选择题、搭配题等都属于选答型。改错题、一般的列举题则介于选答与供答之间，属于综合型。每种试题都有它们编制的具体要求与技术。

（一）填空题与简答题

填空题（包括完成题）和简答题均属于"补缺型"的供答题，它们的共同特点是要求只用一个词（字）、一条短语、一个数字或一个符号作答。填空题（包括完成题）是一个不完全的句子（填空题的空缺可以在句子中的任何位置，而完成题的空缺是在句末），简答题则是一个简单的问句。

填空题（包括完成题）和简答题特别适合于术语知识、特定事实、原理中的关键词、方法和工作程序中的特定步骤、简单数学等其他自然学科问题的答案测评。

填空题（包括完成题）和简答题的编写注意事项有以下几点。

第一，试题的编写以答案简洁、明确为准则。

第二，注意答案的唯一性，不要让考生从逻辑上推出几个合理的答案来。

第三，填空题或完成题删除或空缺的只限于个别的关键词，不要删除句子中一些次要成分来空格，也不要过多地删除句子的关键成分，以致句子的意思难以确定。句中的空格最好不要超过两个。当试题中空格只有一个时，最好放在句末。各个空格的长度要尽可能一致。

第四，若试题要求用有单位的数字表示答案，则应注明该答案的单位。

第五，当同一内容可以用填空题、完成题或简答题三种形式等效测评时，以完成题为最好。

（二）是非判断题及其变式

是非判断题的基本形式是，给出一些命题，要求考生判断其真假。这种题型有许多变式。

是非判断题的第一种变化形式就是给出"√"与"×"两个标记，表示"是"与"非"的答案，要求考生选择一个并填在题末的括号内。例如：

数列 3，4，7，11，18 的下一项是 29。（√）

是非判断题的第二种变化形式是，给出一个句子，要求考生指出其中的错误部分并改正它。例如，某市政府机关干部录用《政治常识》试题：

真理是人们对客观事物及其发展规律的反映。（在反映前少了"正确"两个字）

是非判断题的第三种变化形式是，每个试题中的关键词（4~5 个）下都画有横线，要求考生指出每一个词是否有错误。若有，要求用正确的词代替下画线中的词，若没有则注明没有的符号。这种试题在英语测试中常见。

是非判断题的第四种变化形式是，要求考生分析命题的结论与理由的正确与否。结论和理由都正确，且理由能正确说明结论记作 A；结论和理由都正确，但理由不能正确说明结论记作 B；结论正确而理由错误记作 C；结论错误，理由本身正确记作 D；结论与理由均为错误则记作 E。

是非判断题的第五种变化形式是判断说明题，要求考生首先进行是非判断，然后列出判断的理由。这种题一旦答错要倒扣分数。例如，某市政府工作人员录用《政治常识》试题：

土地价格是土地价值的货币表现。

是非判断题的编写注意事项有以下几点。

第一，试题应该用一个肯定或否定性非常明确的陈述句来表达，以保持题意本身是或非的单义性，这对于增加测评的效度和信度，以及避免引起考生不正确的想法都是重要的。

第二，命题的表述要尽可能简单，且用词要尽可能准确。例如，在任何地方只要能用定量词，就不要去用定性词。

第三，避免用包括几个主要思想的复合句或双重判断句，那样的句子可能会给考生带来思想上的混乱。

第四，避免使用"特加限定词"。例如，"总是""从来""都""没有一个""没有"等特加限定词，就常常表明命题可能是假的，而"有时""一般""通常"等特加限定词则常常表明命题是真的。因此编好试题后应校对一下，把这些可能泄露答案的词删掉。

第五，不要以安排试题的顺序（如正、错相间）来简化评分，那样可能导致考生发现某些正确命题有一定的固定排列方式。

（三）选择题及其变式

选择题一般是由一个题干（常常是一个问题或一个不完全的句子）和三个以上的选项（通常是数字、符号、字词、短语或简单句）组成的。在这些选项中，有的正确，有的错误，要求考生把其中正确的挑选出来。正确的选项称为正答，其余的称为诱答。无论题干是一个问题还是一个不完全的句子，它都必须给考生提供一个可以进行选择的基础——提出一个问题，或者提供足够的信息，使那些具备相应知识能力的考生能够选出或确定正确的答案。

选择题按其正答的多少分为多项选择题与单项选择题两种。多项选择题一般是指在题干后给出四个以上的选择项，其中正答不止一个，究竟多少个并不明示，考生必须正确无误地全部选择，否则以零分计算；单项选择题是指选项中有且仅有一个正确或最佳答案。

多项选择题实际上也是单项选择题的一种变形，可以看作是多个单项选择题的组合形式，其难度比较大。如果说单项选择题有利于提高知识测评的准确性（精确性）的话，那么多项选择题则有利于增加知识测评的广度（全面性）。

选择题是笔试中最常用的一种试题。在我国目前各类笔试中，选择题有以下几种变化形式。

1. 最佳选择题

这种题型的基本模式是在每个问题下有四五个可供选择的项，其中仅有一个是最佳的，即最符合题意的答案。例如：

某一盗窃分子正在室内盗窃，忽听屋外有脚步声，急忙越窗而逃，未盗走任何东西，这一行为属于（　　）。

A. 犯罪预备　　　B. 犯罪未遂　　　C. 犯罪中止　　　D. 犯罪既遂

2. 匹配选择题

这种题型是几个问题共用一组选项，选项放在所有问题前面，问题与选项的数目可相等，也可以不相等；问题与选项之间可以单线相配，也可以多线相配。

在这类选择题形式的选项中，也可以用"以上都不对"（或"以上都不是"）来作为一项选择，引导考生考虑在选项之外还可能有正确的答案。

3. 组合选择题

这种题型的标准模式是，在题干后面列出四个用数字标明的选项，每个选项中可以包括1~4个不等的答案。要求考生在排除错误答案或认定正确答案后，按规定组合格式选择一个字母作为答案标记。约定的组合形式及答题的方法是：如果①②③是正确的，选择字母A；如果①③是正确的，选择字母B；如果②④是正确的，选择字母C；如果只有④是正确的，选择字母D；如果①②③④都是正确的，选择字母E。例如：

A=①+②+③　　B=①+③　　C=②+④　　D=④　　E=①+②+③+④

4. 多解选择题

这种题型的特点是在题干后面列出多个字母标明的选项，其中正确答案不止一个，实际上是多项选择题。例如：

法学产生的直接前提和必要条件是（　　）。

A. 法律的产生　　　　　　　　B. 成文法的形成

C. 习惯的出现　　　　　　　　D. 法学家的出现

E. 阶级社会的形成

5. 类推选择题

这种题型选择的依据是类推，主要用于测评知识的系统性。常用的题型是：根据前两个词的关系，从新给的五个词中找一个词，使其与第三个词的关系和前两个词的关系相同。例如：

豌豆→蚕豆；苹果→（　　）。

A. 水果　　　B. 国光　　　C. 糖果　　　D. 果树

E. 橘子

此外，还有分类选择题、改错选择题、阅读选择题、比较选择题、因果选择题、填空选择题、排列选择题等形式。

选择题的编写要注意以下四点。

第一，选择题的题干或者是一个问题，或者是一个不完全的句子，但它必须能够提供足够的信息作为选择的基础或根据。这就是题干应该包括与其相应的问答形式中所包含的全部信息，包括试题的中心问题或内容，并且措辞尽可能简单，以便于阅读与理解。

第二，写出正确的答案，同时确定选项的个数，一般不要少于三个，以四五个为宜。

第三，诱答的编写要能吸引那些没有知识或知识不正确的考生。高质量的选择题关键在于诱答的设计。诱答要让那些不知道正确答案的考生觉得很像，让每个诱答都有较高的诱惑力。这就要求每个诱答在内容、长度、形式和语法结构上都要与正答类似。选项间的排列尽量按年月日次序、字母次序或数字大小次序安排，正确答案不要排在固定位置上，应随机出现。

第四，每个选项在语法上、逻辑上应与题干保持一致和协调，使考生不容易从中找到答案线索。选项中相同的词应尽量放置到题干中，使选项与题干中相同的词尽量少一点，以免重复。每个选项相互间要具有独立性、平行性。在标点符号上要既正确又一致。在不完全句的题干结尾，不要加任何标点符号，除非句子本身需要。若题干中没有相应的标点符号，此时，与不完全句对应的每个选项后面应带有适当的标点符号。例如：

（多项选择题）政府组织具有以下特点：（　　）

A. 整体性；　　　B. 灵活性；　　　C. 多样性；　　　D. 法制性；

E. 经营性。

在下列刑罚中，属于附加刑的是（　　）

A. 拘役。　　　B. 管制。　　　C. 罚金。　　　D. 缓刑。

如果题干末尾有适当的结尾标点符号，则选项中就不能再出现任何标点符号了。一般来说，采用填空性选择题，选项可以做到非常简洁。多项选择题题干末尾多用冒号"："，而每个选项后面多用分号"；"。

（四）搭配题及其编写

搭配题也称匹配题或配对题，它一般由三部分组成。（1）解答试题的指导语，它位于试题的开头。（2）指导语下面的部分是搭配题的前提，通常由标有自然数的一系列问题或不完全的句子、短语、图形和其他有意义的符号组成。（3）搭配题的选项，通常由标有英文字母的一系列名词、短语、图形或其他有意义的符号组成，位于试题的最后部分。

搭配题是选择题的一种变形，它可以被看作选项相同、题干并列的一组选择题。因此，一般前提的个数比选项的个数更多，但也有例外，有时选项的个数与前提的个数相等或更多。

这种类型的试题常用来测评考生搭配或连接相关的事物或概念的能力。许多学科测评，都要求考生能够把名词与定义相连，地名与地理位置相连，人名与事件或著作与作者相连，概念、方法与它们的用途相连。要测评考生对这样一些平行关系的掌握，搭配题是一种非常有效的试题。

搭配题能根据标准答案进行客观的评分。如果搭配题编写良好又具有四个以上的配对时，考生猜对的机会就很少。它具有选择题的大多数优点，并能像选择题那样用于各种素质的测评。并且它是在公共的选择项上给出数个题干，每一个题干与选项一起构成一个分数单位，因此它在试题所占的空间上比等量的选择题少得多。然而，像选择题一样，对每个题干都必须有四个左右似乎都能作为答案但其中只有一个是正确的选择项。选项中可以包括几个不止用一次的选择项，也可以包括一些根本不用的选择项，不过这种情况应在指导语中有所说明。

一般理想的搭配题其前提中题干的个数与选项中选择项的个数最好不要相等，否则当题干与选择项恰好一对一时，最后一对的搭配就是由排除而不是由真正的知识来决定的，这就是说最后一个配对完全是多余的。例如：

答题要求　对于题干中所列出的每一项成就，在选项中找出相应的人名，并把所选的人名写在相应的成就前面的空格中，使人名与他所取得的成就相关联。

1. 组织了一个石油信托公司。

2. 成为一个钢铁行业中的富豪。

3. 在火车运输的工作中做出了贡献。

4. 发明了电灯与电话。

5. 架起了横穿大西洋的第一条海底电线。

6. 发现了一种制造钢铁的简易方法。

A. 德雷克（Edwin L. Drake）

B. 范德比尔特（Cornelius Vanderbilt）

C. 菲尔德（Cyrus W. Field）

D. 威尔斯（F. W. Woolworth）

E. 亚历山大·贝尔（Alexander Bell）

F. 洛克菲勒（John D. Rockefeller）

G. 爱迪生（Thomas A. Edison）

H. 卡内基（Andrew Carnegie）

显然这里选项中选择项的个数比前提中的题干更多，但对每一个题干没有什么具有吸引力的诱答，这是这个搭配题的一个本质性弱点。因此其与等量的选择题相比，在解答上容易多了，因为并不需要在一些非常相似的选择项中寻找正确的答案或最佳的答案。

虽然前提与选择项之间的搭配有许多可能的根据，如名词和它们的定义、事件和它发生的日期、原因和产生的结果等，但无论是搭配题中的前提部分还是选项部分，其中的各个成分应像选择题中的选项一样具有同一性，彼此在结构上、形式上、长度上相互一致或相互类似，而且选项中所有的选择项与前提中所有题干的搭配根据应该是一致的。例如，某个搭配题要求前提中事件和选项中发生的日期进行搭配，测评题中所有的题干与选择项的搭配都应按"事件与它所发生的日期"这一关系来进行，绝不允许在其中突然出现事件与人名的搭配。这样做有两个理由：更能减少猜测机会和节约考生在寻找搭配选择项上所花费的时间，因为规定按同一关系搭配，用不着左思右想。

试题采取搭配题的形式是否合适，这取决于测评的内容与测评的任务。在对时间与空间的利用上，它比选择题更为有效；但在测评的效率和效度上，还取决于搭配题的编写是否保证了对每个题干提供了充分而一致的选择项。

如何编写搭配题？在什么情况下才能开始编写搭配题？一般来说，只有能找到许多选择项相同或相似的选择题时，才有可能计划去采用搭配题这种形式；至少要有三个以上的按同一关系的配对才能动手编写。编写时，除要注意前面编写的一般要求外，还要特别注意以下几个方面。

第一，搭配题中的各个题干与选择项（或搭配项）指的都是同一类事物，也就是说，在意义上是相类似的。

第二，对每个配对，应提供充分而一致的搭配根据，否则考生可能会从逻辑上或按其他方面的关系去搭配。有关的搭配根据最好在指导语中清楚说明。

第三，要使所有的选择项适合每一个前提，这就是说要使选项具有诱惑力。要做到这一点，首要的一步是像第一点提出的那样，使前提与选项在含义上相类似。

第四，要注意在语法、形式、长度上使各个选择项与各个题干尽量保持一致，避免泄露答题的线索。

第五，限制在一个搭配题中，配对不要超过 10 个，太多的配对会使考生在寻找搭配项时花费过多的时间。如果现成的试题中配对很多，则可以把它缩成更小一点，或把它分成几个更小的搭配题。

第六，要尽力避免"完全配对"的情况出现。所谓完全配对指的是不仅前提中的题干与选项中的选择项在数量上完全相等，而且在关系上也是一对一的，即每个选择项限制仅用一次。如前面所提到的，如果考生知道了这一点，则其最后一个搭配根本用不着半点思考，从而减少了区分力与测评的可靠性。

第七，一般把意思更完全、字数更多的一列作为前提，而把字数更少、意义更简单的短语名词或符号作为选择项。因为这样，考生对每一个题干不仅能明白其中的意义，而且可以多次浏览整个选项来寻找合适的搭配项。这就是说，这样安排可以使考生更有效地利用时间与解答试题，简洁的选项可以节约读题与寻找搭配项的时间，可以减少混乱。

第八，尽量使选择项按某种有意义的方式排列，如按字母顺序或时间顺序，或根据某种逻辑顺序，这样可以使考生按某一思路顺利地找到其所想找的选择项，从而避免走弯路。

第九，前提中的题干应该用自然数字标明，因为前提中每一个题干相对选项来说就是一个多项选择题，而选择项一般用字母标注，这样可以使考生在辨认和答题时更容易一些。例如，答题时可以用字母来代替相应的选择项，从而减少书写整个答案的麻烦。

第十，对于每个选择项不止用一次的试题，在试题中要加以说明。清楚的指导语、前提与选项结构的一致、选择项排列的逻辑性与系统性将会使具备相应知识的考生很快完成搭配，而那些不知道答案的考生也不至于产生混乱。

第十一，前提与选项的所有内容最好安排在试卷（测验）的同一页上，体现试题在同一视线范围内的完整性，便于全面思考与比较。因此，不能一部分在正面，而另一部分却在背后。

（五）论文型试题

论文型试题有的也称主观型试题，在这里指名词解释题、简答题、论述题、解答题、问答题、证明题、作文题等。上述论文型试题又可以分为限制型与自由型两种。限制型，就是在试题中对考生的答案作了极大的限制。例如，规定了所涉及的范围或以"列出""根据……回答""根据……说明"等词加以限制；有的是用具体指导语来限制。自由型,就是对考生的回答形式与范围都不作限制,至多对回答的长度有所限制,作文题、学术论文、论述题等就是这种类型。

与客观型试题相比,论文型试题有以下三个特征。

一是要求考生自己提供答案,自己计划、自己构思,用自己的话来表达,回答的长度不是简单的一个名词、短语或符号,而是少则一个句子、多则花费许多时间才能完成的论文。

二是侧重从理解与应用的角度测评考生对复杂概念、原理、知识点关系的理解和运用知识解决问题的能力。

三是解答时间比较长,试题量受到限制,考生要花费相当长的时间表述自己的答案。

论文型试题的编写需要注意以下内容。

第一,注意编写的程序。经验证明,一般按下列几个步骤进行论文型试题的编写是很有益的:(1)确定所要测评的内容或对象;(2)想象出一个新颖的情况或论题来涵盖这个测试内容或测评对象的所有成分;(3)若所编写的是限制型试题则还要提出一个或数个问题并规定作答的范围或形式;(4)最后,制定"标准回答"的基本要求,并尽可能地估计考生中可能会出现的某些更好的回答。

第二,注意提出的问题或确定的论题应该是要求考生去说明、认识的一些实质性的东西。提出的问题或论题不应该是教学内容或教科书材料的再现,而是要综合教学内容的精髓,注意当前甚至以后的实际,使试题以新颖的情境和有意义的形式出现,并且有关的问题或论题应该是有定论的。

第三,问题的表述要紧紧扣住所要测评的内容或对象,精确地描述所要测评的行为,这样可以帮助我们决定试题的形式与措辞。因为限制型论文试题具有一定的结构,对考生的回答有所限制,所以容易使它与某一特定的测评内容或对象直接发生关系。自由型论文试题不能通过太多的限制来与某一测评内容或对象直接发生关系,但却可以在试题后面的括号内加上以下注解:评分的依据包括:(1)广博性;(2)论证的透彻性;(3)举例的合适性;(4)组织与表达的能力。通过这种方式来使考生在不受限制的条件下清楚地了解所需完成的工作,使试题与测评的内容或对象发生关联。

第四,明确而系统地表述试题。试题中的言语词句应该精心琢磨、再三推敲,以使考生能充分地明白要求他们所做的是什么。如果要求考生完成的任务试题本身并不清楚,那么对基本的、关键的所在要加上解释,以免考生遗漏要求回答的内容。因为论文型试题是用来测评高层次的复杂的内容或对象,所以要避免在试题中出现"谁"

"什么""何时""何处""列表"等字词，这些字词会把考生的回答限制在"知识"层次的内容或对象中。高层次或复杂的素质测评需用以下字词来引发学生的思考，如"为何""描述""解释""比较""连接""对照""说明""分析""批判""评论"等。

检查论文型试题的措辞是否恰当的方法，最好是由试题编制者写出一个模拟的答案，或者至少内心要有个答案，这样可以帮助编制者觉察试题中模糊不清的地方，并考虑考生充分回答那些试题所需要的时间，还可以粗略了解回答试题所需要的心理过程。这一套程序最适合"限制型"试题的编写，至于"自由型"的试题则可以请一位以上的同事来共同检阅，以决定试题的形式和所期望的回答范围是否清晰。

第五，一般来说，应该出些较为具体的问题或论题，这样考生回答起来更为简要，也可以小题大做、充分发挥。相互独立的试题，其数目越多，测评就越可靠。较为具体的问题或论题一般较为狭窄，这样一方面可以使试卷中试题量大一点，克服试题数太小的缺点；另一方面可以使考生更清楚明白，评分者更易做到准确客观。

第六，尽量不要在试卷上出现让考生随意选答的试题，但可以编进一些附加题来扩大测试范围或使有才能的人有机会表现其潜能。在一般的能力测验中，最好让所有的考生回答相同的问题。如允许考生随意选题，则不同的考生所回答的问题将会不同，其答案也就无从比较。同时，考生均会选择自己较有准备的试题作答，结果回答都较好，得分彼此接近，则难以区分实际水平的高低。不过在某些情况下，可让考生自由选答，例如，测评的对象仅限于写作能力，或测评某方面的创造力，或考查考生的个别研究领域。

第七，让考生有充分作答的时间，并在每个试题后面用括号提示每一题作答时间的限制。因为论文型试题通常是用来测评智能技巧和思维表达能力的，所以需要提供足够的思考和写作时间。不少主考有一个共同倾向，那就是在一份试卷中包括很多的论文型试题，使得这个测验除测评考生的素质之外，还测评写作速度。当然这样可以克服试题太少的缺点，但并不是好办法。虽然一个好的知识测评试卷中应该包含许多的试题来覆盖有关的内容，但是一个好的高层次知识能力的测评试卷，充其量也只能由少数几个论文型试题来组成，这些试题包含了学科中某些主要的东西。一般来说，在一节课的时间中，3~4个好的论文型试题已足够测评那些最有能力的考生了。要记住的是，论文型试题侧重于测评考生对相关内容理解或应用的深度而不是知识的广度。我们可以通过增加测评的次数来解决论文型测评（即以论文型试题为主的测评）试卷中试题太少的缺陷。

提供每一道试题作答时间限制的信息可以使考生有效地运用作答的时间，而且也使考生的成绩更能代表其水平（因为这样他们就不会将时间集中在某一些试题上而影响其他试题的回答）。在"自由型"的试题中，若无法限定时间，则可以通过回答的长度或页数来加以限制。

第八，明确、具体、完整地制定标准答案的基本要求。实际上，这是提出一个保证评分信度的计划，是为了在分析考生的答案时有一个一致的评价基础。它不但能使编写者可以检查试题的合理性以及掌握考生最充分的理解能达到什么程度，而且把有关的评分要求简要地告诉考生，可以避免他们的回答漫无边际或过于笼统，使每个考生都尽可能抓住要点，写出一个好的答案来。

第九，高质量的自由型的论文试题应该给考生提供发散性思维——表现创造性的机会。

第十，与客观型试题一样，论文型试题也应该有清楚的指导语，要具体告诉考生如何答题。

论文型试题的缺点是答题花费时间多，评分欠客观，覆盖面小，测评内容狭窄。但是，可以通过以下对策加以改进。

第一，论文型试题的"客观化"。

论文型试题存在题大、试卷容纳题量少、答案不规范、评分不客观的问题。改进的办法主要是把某些大题变小，使答案单纯、规范，从而增大试卷的题量，使打分较为客观。把大题变小、使答案规范的过程，也就是论文型试题的"客观化"过程。

一般来说，一道大题，考查的是一条"线"或一个"面"，这"线"或"面"通常可分解为许多要点，这些要点大都可以单独拟题测评。这就为大题变小提供了可能。

例如，"阐明'一要吃饭，二要建设'是我们正确处理积累和消费关系的基本原则"这道大题，就可分解为多道小题：什么是消费基金？什么是积累基金？二者的辩证关系是什么？正确处理二者的关系有何意义？正确处理二者关系的原则是什么？陈云同志提出的"一要吃饭，二要建设"的方针，对于正确处理二者关系有何意义？

把一道大题变成多道小题的意义在于：从被分解出的小题中选留一两道关键性试题，省出的篇幅再编制、安排考查其他内容的试题，从而达到增加题量、扩大测评面的目的。同时，分出的小题的答案总要比原来大题的答案单纯一些，评分标准容易掌握一些，打分更客观一些。如果每道小题的设计，都十分注意使其答案更简短、更规范，那么评卷就更容易进行了，由于掌握标准不同带来的给分误差就缩小了。

上面的讨论，主要是探讨论文型试题"客观化"的可能性和途径，并不是说每种素质测评都要把大题化小，都要追求这种"试题小型化""答案规范化"。在实际的测评中，哪种素质测评的试题要小型化，哪个试题要变小，应根据实现测试目的的具体需要来确定。

第二，论文型试题的"活化"。

论文型试题的长处是能够更方便地根据需要创设不同的问题情境，从不同角度进行测评，增加测评的深度。现在的问题是，长期编制这几种类型的试题，形成了出题定式，考生长期解答这种题也形成了相应的解题定式，最终形成了出题和解题都有成规的、僵化的模型。这种现象，就是"死"。

"死"的结果有二：本来侧重测评理解和应用的题，主要只测评了记忆，降低了测评的深度；本来能够引导考生在理解和应用上下功夫的题，却导致考生死抠教科书，特别是死记硬背某些应付测验的小册子，降低了测评的效果。这种结果，就是"高分低能"。这种情况不能不引起我们深思。当然产生"高分低能"的原因是多方面的，但是，不容回避，试题的僵化确实是主要的原因之一。

要想改变这种状况，应使试题"活"起来，或者说多出"活题"，少出"死题"，着重考查考生的理解和应用能力。对知识掌握状况的测评反映考生智力发展的差异，从而促使广大考生在提高水平和能力上下功夫，是当前素质测评研究的重大课题。

什么是"活题"？就是单靠死记硬背难以回答的问题；就是使押题者感到"预料之外"，却又在"情理之中"的问题；就是不仅能测评知识，而且能测评与知识的掌握和应用相联系的诸种能力的问题。

出"活题"的关键是设计一个新颖的问题情境。新颖，就是它不是书本上的原话照搬，再加一个"是什么"或"为什么"；就是对它的解答不能单靠对书本知识的记忆，还要靠对知识的透彻理解和灵活运用。

题"活"不等于"怪"。"怪题"是指使人摸不着头脑、不知所问的题，而"活题"却应该是考生一看即知所问，但要正确回答它，却需要一点真本领、真功夫的题。

题"活"不等于"偏"。"偏题"是指离开测评的实质性内容，专找"边角"出没有测评意义的题；而"活题"却应该测评实质性的东西，特别是重点的内容。

题"活"也不等于答案没定论、各持一说，使评分更不客观。题"活"，但不怪、不偏，能考出深度，而答案又简短、规范，会者三言五语，不会的不能漫天撒网、捞取分数，这样的题才是论文型试题中的上品。

以下试题就是这样的好题。

(1) 有人说:"棉纱的全部价值都是由纺纱工人创造的",对不对?为什么?(大学政治经济学试题)

(2) 我们从不同角度看一张方桌时,本来在视网膜上的映像是不同的,为什么我们总是把它看成长方形的?(普通心理学试题)

(3) 简要回答:人们兴修水利、引水上山,是否表明人可以改造客观规律?(中学政治课试题)

(4) 下面是从报纸上摘录的国际市场简讯资料。它体现了政治经济学的什么原理?请你简要分析说明。

据报道,1994年5月,由于纸浆(造纸的原料)需求的不断增加和一些纸浆生产国的库存减少,美国、西欧的纸浆价格由原来的每吨400多美元分别上涨到515美元和540美元。后来,由于北美、西欧和南非一些国家扩大纸浆生产,国际市场对纸浆的需求减少,从1995年2月起,纸浆价格又迅速下降。(中学政治课试题)

第三,评判给分的"合理化"。

论文型试题的主要缺陷是评分缺乏客观性。提高评分的客观性,一个办法是评分答案要点化与分解化,尽量使答案简短、具体与规范;另一个办法是以共同制定(或以专家制定)的评分标准作为评分的根据。

但从另一方面来看,论文型试题又能在一定程度上反映考生解题的思维过程和答案的正确程度并据此酌情给分,因此它又有较为合理的一面。显然做好论文型试题的评分工作,对于提高测试的效度与信度、保证测试的质量有重大意义。那么如何做好论文型试题的评分工作,使之"合理化""客观化"和"科学化"呢?

首先,应该认识到论文型试题的主要缺陷是评分缺乏客观性,要改变这一缺点不是仅仅在评分阶段就能做到的。试题的设计、编写、评分等组成了一个有机的系统,它们相互联系、相互影响,因此要保证论文型试题评分的客观性,必须在试题的设计与编写阶段就开始努力来保证这一点。

其次,我们对考生在解答论文型试题时经常发生的错误及主考在评分时的偏见应有所估计。

一般来说,考生在论文型试题的回答中通常会出现以下错误:

(1) 回答中包含了不正确的陈述;

(2) 把构成某个确切回答的关键成分忽略了;

(3) 夹杂着与问题无关的陈述,失去控制方向;

(4) 或因推理上的错误,或因误用了某一原理,得出了不正确或不完全的结论;

(5) 书面表达很差，使得要阐述的内容未能完全准确表达出来；

(6) 出现一些不应有的错误，如错别字、漏字等书写错误。

前四类错误，其原因多半是由于考生知识掌握不全面，或是试题编写过于笼统模糊，使考生捉摸不准。后两类错误或是由于书面上自我表达有缺陷，或是在限制的时间内，手写速度跟不上思考的速度。

一般主考评分时常会发生以下的偏差：

(1) 对于较长的回答或者"成绩好"的考生的回答，倾向于给高的分数；

(2) 容易被考生回答中夸夸其谈、虚张声势或者高超的写作技巧所迷惑。

考生时常用书写的技巧来补偿知识的不足。例如，努力使回答的问题表面上看来很充实，或把要回答的问题微妙地转移到另一个有关的问题上，偷梁换柱。对于一些简单的问题，却大肆炫词造句，由此来转移评分者的注意力，而掩盖实际内容的贫乏。

因此，在整个测评过程中应采取一些积极的措施来减少或防止那些不应发生的错误。例如，考生前四类错误的发生不少是因对题意及要求把握不准，结果回答的方向控制不住，或强调的重点不一。因此，应在指导语中将答题的方向加以指示，答案的内容略加限制，但不能过细，否则就成了客观型测试题了；严格遵守评分规则，认真分析并把握考生回答的精神实质，不受文笔优劣之影响，主要看其理解程度、判断方向、认识深度、论点和依据；评分时，由两人独立评定或同样的试题放在同一时间中对比评定，维持固定的评分标准能在一定程度上提高评分的客观性。

三、测验的编排组织

试题编写好之后，就要把它们按照试卷蓝图的要求组成试卷的形式。试卷蓝图就是关于试卷中试题内容、难度、题型、题量及其分布比例的综合表格形式。试卷蓝图示例见表3-1。

试卷蓝图一般要求试卷测评的知识点覆盖面广，分布合理，对整个要考查的知识内容有足够的代表性，难度适中。试卷组织的程序有四步。

（一）依据试卷蓝图审题

审题主要是从微观与宏观上进行核查，一是看每个试题是否符合各项指标要求（难度、区分度、诱惑力、测评点、表述、语法等），二是看所写（所选）试题总体上是否符合蓝图要求。

表3-1　药剂师录用考试化学知识试卷编制蓝图

考试要求层次	基本概念和基础理论									常见元素的单质及其重要化合物				有机化学基础知识	化学计算	化学实验
	物质的组成、性质和分类	化学用语	化学中常用计量	化学反应基本类型	溶液	物质结构	元素周期律周期表	化学反应速度、化学平衡	电解质溶液	IA和IIA族元素—典型的金属	卤族元素—典型的非金属	其他常见的非金属元素	其他常见金属			
知识 38.2%	填空选择简答 0.02	题型同左 0.01	○	○	填空选择简答 0.05	填空选择简答 0.02	○	填空选择简答 0.02	题型同左 0.04	题型同左 0.014	题型同左 0.029	题型同左 0.057	题型同左 0.036	题型同左 0.067	○	填空选择简答 0.019
理解 42.3%	选择简答 0.04	题型同左 0.03	题型同左计算 0.02	选择简答 0.02	○	选择简答 0.03	选择简答 0.073	选择简答 0.02	题型同左 0.05	题型同左 0.014	题型同左 0.007	题型同左 0.007	题型同左 0.007	题型同左 0.042	题型同左 0.007	题型同左 0.056
应用 19.5%	○	○	○	○	○	选择简答计算 0.01	题型同左 0.01	○	○	选择简答计算 0.007	题型同左 0.007	题型同左 0.007	题型同左 0.042	题型同左 0.007	题型同左 0.03	题型同左 0.075
内容点比例（%）	0.06	0.04	0.02	0.02	0.05	0.06	0.083	0.04	0.09	0.035	0.043	0.071	0.085	0.116	0.037	0.15

整个试卷编制后，除检验上述条件是否满足外，还应符合下述条件：

① 多选选题与单选题 55%，简答题 10%，填空题 25%，计算题 10%；
② 平均难度约 0.55，其中容易题约 20%，中等容易题约 60%，较难题约 20%。

（二）试题编排

试题编排是组卷中关键性的工作。目前试题编排的方法有三种：一是按难度编排，先易后难；二是按题型编排，同类试题放在一起，先客观型试题后主观型试题；三是按内容编排，同类内容放在一起，并按知识本身的逻辑关系编排，先基本概念后方法原理。

比较可取的方法是三种方法结合使用，即先按题型编排，在同一题型内再按先易后难的顺序排列。这样编排的好处是，有利于提高考生的解题速度。因为不同类型试题的解答方式和要求是不太相同的，如果将不同题型交错排列，就要求考生不断变换解题方式，这样不仅降低了解题的速度，还可能因解题"定势"的影响而错解题。

另一种结合方法是先按内容编排，在同一内容中再按难度编排，先易后难。这样做的理由是，不同内容的试题要求考生不断变换思维和记忆的目标点，同样会降低解题的速度，因此相同内容的试题放在一起，有利于思维记忆定向，提高测评效果。

对于主观型试题的编排还要考虑两点：一是要把答题量（文字书写内容）小的题放在前面，而把答题量大的论述题、作文题放在后面；二是试题与书写答案的空白尽量放在同一页上，不要让答题人与评卷人来回翻动，但是，所留空白不要给考生任何暗示，空白长说明答案要点多，而空白短说明答案要点少。对于选择题的编排必须注意，要让正确答案的位置在试卷上呈随机分布状态。

当人们编写单个试题时，总是有意或无意地让正确答案"躲"在 B、C 等中间，生怕让人一眼看出，但如果都这样，那么正确答案就不可能在 A、B、C、D、E 位置上等机会地出现。

要想正确答案等机会在 A、B、C、D、E 各个位置上出现，有两种调整方法：一是调整选项位置，二是移动试题。

为了控制邻座考生相互传递正确答案的信息，或相互偷看抄袭，也可以通过 A 卷、B 卷、C 卷等方式，使正确答案或试题的位置在各种试卷上的安排互不相同。

（三）准备标准答案

标准答案的准备，主要是确定选择题正确答案的位置与论文型试题的解答要点。要尽可能全面考虑同一试题所有可能的答案与解题方法。同一个空格也许有多种不同的内容可以填入。

答案的准备既是试卷组织中必不可少的工作，又是检查与完善试卷的环节。对于论文型试题，在印刷前准备好答案要点，不但可以使我们有时间发现试题中不妥的地方，及时改进，而且还可以避免考完后临时制定答案标准影响评分的客观性。当然若考完后发现考前对有关情况估计不足也可以再加以调整。

（四）审查试卷并给出指导语

试卷在正式印刷前一定要仔细地审查一遍，尽量把所有的错误都消灭在印刷前。指导语一定要醒目、明确。

第三节 技能测评方法

技能测评也可以从不同层次采取不同形式进行，但其中最为方便与常见的是心理测验形式。

一、智力测验的应用

1917 年美国 M. R. 叶克斯、推孟等人最先把智力测验应用于军队挑选士兵，并创造了后人所熟知的陆军甲种测验，也就是最早的团体智力测验，目的在于选择更适合未来训练的新兵，拒绝能力过差的人加入美国军队，并将他们分配到各种技术性和非技术性的工作中去。此后又产生了适用于母语为非英语的被试和文盲被试的陆军乙种测验。第二次世界大战期间，陆军一般分类测验（AGCT）前后施测了上百万名新兵，20 世纪 70 年代军队服役职业能力成套测验（ASVAB）成为统一的选择和分类测验。随着社会、科学和技术的发展，智力测验在工业部门中逐渐得到应用，被用来挑选各类从业人员。

（一）应用依据

智力测验最早用于学生选拔，为什么后来应用于人员测评呢？研究发现，在同一职业中，聪明的人比愚笨的人学得快，做得好；在不同职业中，对人的智力要求也不尽相同。某些工作需要较高的智商，如律师、工程师、会计等职务，而有些工作对智商要求并不高，如营业员与办事员。这就是说，智力测验分数与工种和工作绩效有相关现象。

（二）测验方法

比内将智力定义为"判断能力、理解能力和推理能力"，强调一个人的智力应在不同任务的成绩中显示出来，因此可以从这些任务样本的测量中评估被测试者的智力。

常见的测验形式是分别从对常识、算术、理解、词汇解释、译码、图画补缺、图片排列、字句重组、增补数字序列、对比、类推、完成句子、立体图形分析、平面几何图形分析等内容的测量进行测评。例如，陆军甲种测验就由 8 个分测验构成：(1) 指使测验（照令行事测验）；(2) 算术测验；(3) 理解测验；(4) 对比测验；(5) 字句重组测验；(6) 增补数字序列测验；(7) 类推测验；(8) 常识测验。

目前，在人员测评中使用最广泛的团体智力测验是翁德里克人事测验（Wonderli C. Personnel Test）。翁德里克人事测验是一个简式的（2~3 分钟阅读指导语，12 分钟完成测验）包括 50 道题目的工具。其题目包括类比、定义、逻辑、算术问题、空间关系、词语比较和方向估计。研究表明，对于多种工作而言，它是一个公平有效的选拔工具。据报告，它的信度系数和其他智力量表分数的相关性都达到了 0.9 以上。

二、其他能力倾向测验的应用

在人员素质测评中，能力倾向测验的应用最为广泛，包括一般能力与特殊能力的测评。一般能力倾向测验多指智力测验，特殊能力倾向测验主要测量个体某方面特有的潜在能力。

（一）应用依据

能力倾向是一种潜在的与特殊的能力，是一些对不同职业在不同程度上有所贡献的心理因素。它对某些职业的成功具有某种预见性或潜在可能性，在个体身上具有稳定性和恒常性。它与经过学习训练而获得的才能是有区别的，它本身是一种尚未接受教育训练所存在的潜能。能力倾向是事业成功的可能条件，而才能是事业成功的现实条件，它与普通智力之间无必然联系。心理学研究表明，人的特殊能力与智商的相关性很小。具有美术、音乐才能的人，其智商可能在一般人之上，也可能在一般人之下，反之智商很高的人可能一事无成。

因此，能力倾向测验具有诊断功能与预测功能，可以判断一个人的能力优势与成功发展的可能性，为职业选择、人员配置、职业设计与开发提供科学依据。

此外，完成任何一种工作，均需要一定的特殊能力或学习潜能。具有相应能力倾向的人其绩效可能会很高，反之就可能较低。

普通能力倾向成套测验（GATB），是由美国劳工部从 1934 年起用了十多年时间研制而成的。它是对许多职业群同时检查各自的不适合者的一种成套测验，这套测验风行世界各国。后来日本劳动省将 GATB 进行了日本版的标准化，制定了一般职业适应性检查（1969 年）。

这套测验主要是对多种职业领域中工作所必需的几种能力倾向的测评，它由15种分测验构成，其中11种为纸笔测验，4种为操作测验。

15种分测验分别是：（1）工具匹配；（2）名词比较；（3）计算；（4）画纵线；（5）平面图判断；（6）打点速度；（7）立体图判断；（8）算术应用；（9）语义；（10）打记号；（11）形状匹配；（12）插入；（13）调换；（14）组装；（15）分解。其中最后4个为操作测验。

以上15种分测验可以测评智能（一般学习能力）、语言、数理、书写知觉、空间判断、形状知觉、运动协调、手指灵活、手腕灵巧度9种能力。

（二）其他能力倾向测验

1. 文书倾向测验

文书一般是负责处理办公室内的一些日常例行工作，如打字、记录、文件整理与保管、核定校对、装订函件、通知联络等，类似于平常我们说的秘书工作。由于工作层次和单位规模不同，文书的工作内容也有相当的差异。就一般而言，文书倾向测验包括以下各项：阅读理解的速度、文件整理的速度与准确性、物品与人名的速记、文字校对的正确性、计算的迅速与准确性、必要的管理知识与社会适应性。

比较著名的文书倾向测验有明尼苏达文书测试（Minnesota Clerical Test）。该测试包括两个部分，即数字比较和姓名比较，要求被测试者检查200对数字和200对姓名的匹配正误，主要是测评知觉的广度、速度、准确性，用于选拔职员、检验员和其他要求知觉和操纵符号能力的职业人员。

2. 运动技能倾向测验

运动技能倾向测验主要用于测评一个人运动反应的速度、灵活性、协调性和其他身体动作方面的特征。这种测验大都是典型的仪器操作性测验，主要应用于工业和军事领域的人员选拔。它们通常是为某些特殊的工种专门编制，测验要求部分或全部地再现工作本身所需要的运动。目前常用的运动技能测验有克莱福德小部件灵活性测验（Crawford Small Parts Dexterity Test）、普度钉板测验（Purdue Pegboard. Test）、明尼苏达操作速度测验（MRMT）、奥康纳手指灵活度测试（O'Connor Finger Dexterity Test）。

3. 机械倾向测验

机械倾向测验是对个体做各种机械工作潜能的一种测验。机械倾向表现为空间想象、知觉速度与敏锐度以及机械知识的综合。被证明为有效的机械倾向测验包括机械理解能力测验和改进的明尼苏达卡纸格式测验。

（三）技能技巧测验

技能技巧测验是一种对应聘人员技能技巧实际水平的测验，而不再是潜在可能水平的测验。实际上它属于成就测验。这种测验在雇用、委派、调动、提升、训练等人力资源管理工作中非常有用。测验的方式大多数是作业实例测验。属于这类测验范畴的包括 SRA 听写技巧测验、西沙尔·宾纳特速记熟练测验、业务打字测验、DAT 语言使用测验、普度电工测验、普度机械师和机械员测验、明尼苏达工程类推测验。

第四节 品德测评方法

随着高科技物化为第一生产力和人类物质生活水平的提高，品德素质的测评与开发日趋重要。有许多职业与职位，对于一般生产工作人员的智能要求降低了，但对品德素质的要求却提高了。例如，商场的售货员不再要求具有高超的心算速算能力，却要求有更高的服务质量和更细致的服务态度。因此，品德测评在现代人员素质测评研究与人力资源开发中有着十分重要的意义。

一、品德概念及其结构

品德，一般的心理学辞典都把它解释为道德品质，是指个人依据一定的道德行为准则行动时所表现出来的某些稳固的心理特征，是个性中具有道德评价意义的核心部分。

这种解释对于我们来说狭窄了一些。在这里，我们将品德概括为个体身上那些与社会有关的稳定的行为倾向总和。实际上它是一个人在社会情境中所表现出的由独特的动作、思维和情感方式构成的一套社会行为习惯。

个性与人格是同义的，但品德与个性或人格是不同的。个性是指个人具有的各种比较重要的和稳定的心理特征总和，它包括个性倾向与个性心理特征两部分。

个性倾向是个体对客观事物的态度和行为的内部动力系统，是那些具有一定动力性和稳定性的心理成分，如需要、动机、兴趣、理想、信念和世界观等。其作用在于对心理活动的组织和引导，使心理活动有目的、有选择地对客观现实进行反应。

个性特征，即个性心理特征，是指个人身上表现出来的本质的、经常的、稳定的心理特征，包括能力、气质和性格等。例如，爱好下棋这一行为特征属于个性，但不属于品德。

品德与性格也有所不同。性格是个性的核心部分，是一个人最鲜明、最重要的区别于他人的个性心理特征，是指现实的态度及与之相适应的行为方式。品德是一种介于个性与性格之间的概念,它包含性格但又被包含于个性之中。

对于品德的结构因素也有不少见解,如知行二因素说,知、情、行三因素说,知、情、意、行四因素说,知、情、意、行、信五因素说等。然而它们都是仅仅从心理学维度进行的划分。品德结构比较复杂,需要我们从多方面进行分析。品德结构,从心理学维度来看,有思维、情感、动作三个层次,对应着认知、情感、行为三个领域。教育学中的目标分类也是按照这三个层次划分的。从内容维度来看,品德是社会要求的个体内化,包括政治、思想与道德三个方面,对应着政治品质、思想品质与道德品质三种因素。从表征维度来看,品德结构包括态度型、意志型、情绪型、理智型四种类型,如图3-1所示。

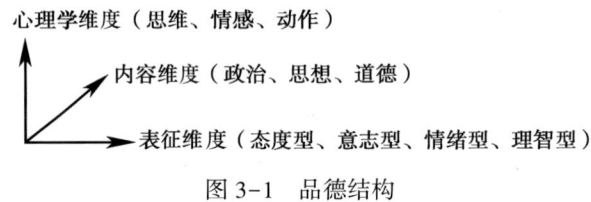

图 3-1 品德结构

态度型品德特征:诚实、积极、勤劳、谦虚、圆滑、虚伪、消极、懒惰、骄傲、热爱祖国、拥护社会主义制度等。

意志型品德特征:独立性、自制力、坚持性、果断、冲动、盲从、动摇、优柔寡断、工作努力、吃苦耐劳等。

情绪型品德特征:热情、乐观、幽默、冷淡、悲观、忧郁、乐于助人等。

理智型品德特征:深思熟虑、善于分析、善于综合、轻率、武断、主观、自以为是等。

以上各种品德特征都以独特的方式结合起来,因此人与人之间的品德存在差异。品德测评的任务一要确定每种品德结构成分的有无与多寡,二要测评品德表现的特色。

二、问卷测评方法

采用问卷测评形式测评品德是一种实用、方便、高效的方法。这种形式的代表有卡特尔16种个性因素问卷、艾森克个性问卷、明尼苏达多项个性问卷等。下面着重介绍卡特尔16种个性因素问卷(16PF)。

16PF是一种被广泛使用的迫选人格问卷,现在一共有5个不同的版本。每个版本都由描述性的题干组成,对于每个题干,被测评者需要根据特定的情境从两个选项(版本E)或3个选项(版本A、B、C、D)中进行选择。下面是16PF的条目举例:

我根据(   )做决定。

1. 感觉
2. 感觉和推理各半
3. 推理

不同版本的 16PF 包含的条目数不同，一般为 105~187 条，而且版本之间的不同主要在于要求的阅读水平不同（从三年级水平到七年级水平）。

16PF 是基于卡特尔提出的人格的因素分析概念编制的。根据这个模型，表面特质（人格更明显的方面）是由简单聚类分析得到的。相反，源特质（更稳定、更长期但是更难看出来的行为根源）是由对表面特质的因素分析得到的。在一系列研究中，卡特尔发现需要 16 种人格特质来解释测验结果，量表名称由此产生。

16PF 包含 20 种人格特质指标。除基本的 16 种人格特质指标外，还有 4 个人格的二阶指标，它们是由先前的 16 种人格特质指标加权线性求和得到的，所以该量表包含 20 个双极维度。经过很多的积累，双极维度在两个方向上的极端分数解释见表 3-2。

表 3-2　　　　　　　　　　16 种人格特质指标和 4 个次级指标

人格特质名称	低分的解释	高分的解释
乐群性	缄默、孤独、冷淡	外向、热情、乐群
聪慧性	思想迟钝、学识浅薄、抽象思考能力弱	聪明、富有才识、善于抽象思考
稳定性	情绪激动、易烦恼	情绪稳定而成熟、能面对现实因素
恃强性	谦逊、顺从、通融、恭顺	好强、固执、独立积极
兴奋性	严肃、审慎、冷静、寡言	轻松兴奋、随遇而安
有恒性	苟且敷衍、缺乏奉公守法的精神	有恒负责、做事尽职
敢为性	畏怯退缩、缺乏自信心	冒险敢为、少有顾虑因素
敏感性	理智的、着重现实、自食其力	敏感、感情用事
怀疑性	信赖随和、易与人相处	怀疑、刚愎、固执己见
幻想性	现实、合乎成规、力求妥善合理	幻想的、狂放任性
世故性	坦白、直率、天真	精明能干、世故
忧虑性	安详、沉着、通常有自信心	忧虑抑郁、烦恼自扰
实验性	保守的、尊重传统观念与行为标准	自由的、批评激进、不拘泥于现实因素
激进性	集体主义、社会性的	足智多谋的、自我满足的
自律性	矛盾冲突、不顾大体	知己知彼、自律严谨
紧张性	心平气和、闲散宁静	紧张困扰、激动挣扎
外向性 Q_1	内向性	外向性
焦虑性 Q_2	低焦虑的	高焦虑的
镇定性 Q_3	敏感、情绪化	遇事冷静的
独立性 Q_4	依赖、随群附和	自立自强、当机立断

16PF 主要应用于职业生涯指导、职业探寻和职业测试中。这个量表被广泛使用的原因之一是，其答卷可以被寄回并进行快速的机器计分，计算机生成的描述性结果报告包含了概括性的人格描述、分数描述、临床现象的总结、认知因素和需求模式。

16PF 的弊端在于每个人格特质只是基于 10~13 个条目得到的，这样简短的问卷不可避免地会使信度比较低。

卡特尔、艾森克、吉尔福德和塞斯顿个性测验均属于因素分析问卷测验。它们编制的共同特点是，从大量项目开始，测试众多的被测评者，然后找出相关的项目构成一个因素，一种因素代表一种人格特质。因素分析使得每一因素内的各项目之间有较高的相关，不同因素内的项目之间相关很低或完全不相关。

问卷测验还有爱德华个性问卷（EPPS）、罗特内外控个性问卷测验等。这类问卷设计的共同特点是，以某种个性（品德）理论为出发点，由此演绎推论出品德表征，并在此基础上编制测验题，最后筛选组织测验的根据就是题目内容是否测量了所想测评的品德素质。这类问卷测验一般称为内容效度问卷。与之相类似的还有经验效标问卷测验，明尼苏达多相人格调查表（MMPI）即属于这种类型。它的设计特点是，选择几组公认的各有品德特色的被测评者，然后对他们实施一系列测验，最后依据测验结果，把那些能把不同组被测评者明显区分开的试题挑选出来组成问卷。这种类型的问卷一般称为经验效标问卷。

因素分析、内容效度与经验效标方法是品德测评问卷编制中可以选择的三种具有独立意义的方法。新近个性问卷编制的发展启示我们，可以在同一个品德测验问卷设计中综合使用上述三种方法，取长补短。首先将要测评的品德素质特征进行详细的研究说明；其次编制或搜集大量的题目，并对很多具有代表性的被测团体进行试测；最后采取因素分析方法筛选试题、组织测验，使同一品德素质内的测验题高度相关，而不同素质内的测验题之间相关很低。

三、投射技术

投射技术有广义与狭义两种区分。广义的投射技术是指那些把真正的测评目的加以隐蔽的一切间接测评技术。狭义的投射技术是指把一些无意义的、模糊的、不确定的图形、句子、故事、动画片、录音、哑剧等呈现在被测评者面前，不给任何提示、说明或要求，然后问被测评者看到、听到或想到了什么。

投射技术起源于临床心理学和精神病治疗法，作为诱出被测评者内心思想情感的一个手段。每当不宜直接提问或研究的真正目的不宜暴露时，便会采用投射技术。

（一）投射技术的特点

1. 测评目的的隐蔽性

被测评者所意识到的是对图形、故事或句子等刺激的反应，而实际上他们的反应行为却把内心的一些隐蔽的东西表现了出来。

2. 内容的非结构性与开放性

在投射技术中，试题的含义是模糊不清、似是而非的，允许被测评者有各种不受限制的反应。一般来说，试题的结构性越弱，反应就越能代表被测评者人格的真正面貌。

3. 解释的整体性

投射测验关注的是人格的总体评估而不是单个特质的测量。

（二）投射技术的理论依据

投射技术的理论依据是，被测评者在模糊不清的刺激面前的反应行为很少受到认识方面因素的影响，可以不受约束地自由反应。因此，在这种情况下，潜藏于被测评者心底深处的东西必然会活跃起来，并主导个体的反应行为。这样，表现的反应行为就反射出了被测评者的内情或潜意识。因此，投射技术对于我们的德育测评尤其对深层的思想品德的测评非常适用。

（三）投射技术的形式

不同学者对投射技术进行了不同的分类，在这里我们赞成 G. 林达塞的区分方法，即根据测验情境所涉及的实际心理过程来分类，可依次分为联想投射、构造投射、完成投射、选择排列投射、表达投射等。需要注意的是各类之间的界限并不是十分绝对的，有许多测验可能兼有不同的形式。

1. 联想投射

联想投射包括广泛使用的罗夏墨迹测验、霍尔兹曼墨迹测验（HIT），还有词语关联测验等，在这种投射中要求被测评者看过"试题"或接受刺激后，说出他的第一感想，即首先引起的联想。例如，词语联想法是测评者大声宣读某个词，要被测评者报告他第一个想到的词，由此获取人格测评的信息。

2. 构造投射

在这种投射中被测评者看过或听过有关的试题后，立即要他们编造或创造一些东西，如故事、诗歌、论文、图画等，从中获取人格测评的信息。例如，主题统觉测验

（TAT）就和个体对图像的认识与经验有关，想象的内容实际是个人意识与潜意识的反映，因此被测评者在所编故事的情节中会宣泄内心的冲突与欲望。除主题统觉测验外，图片投射测验（PPT）和儿童统觉测验（CAT）都属于构造投射。

3. 完成投射

完成投射一般要求被测评者补充完成试题中残缺的部分。常见的完成投射有句子补全任务、罗特填句表（RISB）和罗真威格逆境对话测验（P-F-Study）等。例如，句子完成投射就有点类似填空题，但题干限制很少。它要求被测评者用自己的话将句子补充完整，从所补充的词语中即可获取有关德育测评的信息。下面为句子完成投射的例子。

我在_____时候感到幸福。

再过 5 年_____。

4. 选择排列投射

在这种投射中，一般要求被测评者对投射物进行挑选、归类或排列。例如，给儿童一些玩具，让其自由排列、归类，然后从其所做的行为中获取人格测评信息。例如，松迪（Szondi）测验就是典型的选择排列投射。

5. 表达投射

在这种投射技术中，一般让被测评者自由地扮演某种戏剧的角色，或者让被测评者自由自在地做某种游戏，在被测评者扮演角色与自由游戏过程中，很容易将其内情表露出来，从中可获取人格测评信息。绘人测验（DAP）、房—数—人测验（H—T—P）均为表达投射的典型形式。

在心理测验中，用于人格测评的方法，除问卷法与投射法之外，还有生理学测评、哈梅诚实测验、认知测验和知觉测验等方法，在此不再做详细介绍。

 本章小结

心理测验产生的最初原因是对智力落后和精神病人治疗的需要，并且受到了实验心理学中对个别差异的研究兴趣的推动。心理测验实质上是对行为样组的客观和标准化的测量。依据不同的标准，可以将心理测验划分出不同的类别，最常见的一种分类是将所测量的行为目标分成认知测验和人格测验。

测验的编制应该遵循一套标准化的程序，在编辑题目过程中，不同的题目类型有不同的编辑要求。

本章依据常见的心理测验分类，分别介绍了心理测验在知识测评、技能测评、品德测评中的应用，介绍了成就测验、人格测验、能力倾向测验的原理及应用。

成就测验的基本功能是确定一个人对某个问题知道多少，或对某项技能掌握得如何。成套成就测验测量了核心领域中的教育经验所培养的广泛的认知能力和技能。

能力倾向测验则更集中注意于人的潜能，对一个人将来能做什么进行评估，包括对一般能力与特殊能力的测评。智力测验主要测量的是一般能力，陆军甲种测验是最早的团体智力测验，目前，在人员测评中使用最广泛的团体智力测验是翁德里克人事测验。此外，还有文书倾向测验、运动技能倾向测验和机械倾向测验等对各种特殊能力进行测量。

人格是在社会化过程中形成的具有综合性的心理特征，具有持久性并且能够预测行为。人格评估依据不同的理论形成了不同的测验方法，在这一部分，我们着重介绍了卡特尔的16种个性因素问卷（16PF），并且对于不同类型的投射测验进行了简单了解。

复习思考题

1. 用自己的话说一说你对心理测验的理解，心理测验需要具备哪些基本特征？
2. 举出三个你曾经参与的测验，根据本章学到的知识，确定如何分类并说明它们的用途。
3. 心理测验编制的一般程序是怎样的？
4. 基于本章涉及的主题，编制5个是非题、5个选择题、5个论述题。请你的同学或老师对你编制的题目提出批评意见。
5. 询问三个人，了解他们认为智力的含义是什么？
6. 简要描述16PF。

案例与讨论

如何看待本案破解的测验

2020年1月1日上午，大连A公司出纳李某在工商银行取出现金人民币37万元。现金共两层包装，先用一个红色塑料袋装好后又放入一个印有工商银行标志的牛皮纸袋内。因为下午1点公司业务员就要用这笔钱，所以李某未将钱放入保险箱内，而是

· 105 ·

放在了自己的办公桌底下。中午李某出去和朋友用餐,一个半小时返回后发现现金被盗,随即报案。经勘验调查,财务室门窗完好,钥匙有后配痕迹,丢失现金的数目在公司内人尽皆知。经排查,将接触过财务室钥匙的司机杜某、会计王某、实习会计蒋某列为嫌疑对象。在侦讯出现困难的情况下,办案人员请求心理测验技术支援。

公安机关通过准绳问题测验法(该测验是在被测人面前放置某些物品,观察被测人注意每个物品时所产生的心理与生理反应,从不同反应中寻找其定向反应和优势兴奋中心。在该测验中,传统准绳的开发是在欺骗检验的理念下引起无辜者对准绳问题的注意,而改进准绳的开发则是在犯罪心理信息探查测验的理念下,引发有罪者在真实案件信息和无辜者在虚拟案件信息上的注意),顺利排除了王某和蒋某的嫌疑,而杜某在准绳问题上呈阳性反应。为了防止假阳性情况的出现,利用放钱的位置、内层包装的颜色、外层包装印有的银行名称设置了三组问题对杜某进行了测验。杜某在放钱位置这组测验的相关问题上有对应,而在包装颜色、银行名称两组问题上均无对应。虽然在三组测试中有两组问题无对应,但是分析认为放钱位置之外的两组问题属同一性质的包装问题,且因为公安机关介入及时,嫌疑人惶恐间可能没有精力注意外层包装印有的文字也没来得及打开外层包装看到内层包装的颜色,所以最后认定杜某有重大作案嫌疑。办案人员根据心理测试的结论增强了审讯的信心,于当夜对杜某进行突审。在强大攻势下,杜某交代了其偷配财务室钥匙,趁财务室没人盗走37万元现金,将钱拿回家中后又匆忙返回单位的犯罪事实。由于时间匆忙,杜某无暇打开钱袋观察,也未留意钱袋上印有的工商银行字样。

(资料来源:李岩. 对两起法医案件心理测试案例的分析思考 [A] //中国法医学会·全国第十六届法医临床学学术研讨会论文集 [C]. 哈尔滨:黑龙江科学技术出版社,2013:623-625. 对于内容有所修改。)

讨论

1. 你认为该测验是否科学?其依据是什么?
2. 试评价该测验的优点与不足。
3. 如果要检验这一测验的信度和效度,你认为该如何进行?

建议阅读文献

1. 萧鸣政,饶伟国. 心理测验在党政领导人才选拔中的作用分析 [J]. 中国行政管理,2006(7):87-91.
2. 张理义,魏红辉. 心理测评在军事心理学研究中的现状与对策建议 [J]. 人民军医，2011（9）：745-747.

3. 罗伯特·卡普兰. 心理测验原理、应用和问题 [M]. 郑日昌，译. 北京：机械工业出版社，2007.

4. 彭凯平. 心理测量——原理与实践 [M]. 北京：华夏出版社，1989.

5. 萧鸣政，王晨舟，吴万鹏，等. "敢于担当"型领导考评标准的实证研究 [J]. 中国人力资源开发，2015（3）.

习题

一、单选题

1. 第一个直接推动测验运动的学者是（　　）。

   A. 卡特尔　　　　B. 西蒙　　　　C. 比内　　　　D. 高尔顿

2. 对心理测验定义的理解，以下哪一个是不恰当的？（　　）

   A. 心理测验是对行为的测量

   B. 心理测验的行为样组都是真实行为

   C. 心理测验是一种标准化的测验

   D. 心理测验是一种力求客观化的测量

3. 当同一内容可以用填空题、完成题或简答题三种形式等效测评时，哪一种形式测评效果最好？（　　）

   A. 完成题　　　　　　　　　　B. 简答题

   C. 填空题　　　　　　　　　　D. 三种形式效果相同

4. 以下关于选项的编写方法的说法，哪一个是不正确的？（　　）

   A. 选项的个数，一般不要少于三个，以四五个为宜

   B. 每个选项相互间要具有独立性、平行性

   C. 选项间的排列尽量不要按年月日次序、字母次序或数字大小次序安排

   D. 每个诱答在内容、长度、形式和语法结构上都要与正答类似

5. 最早的团体智力测验是以下哪一个？（　　）

   A. 1905 年比内-西蒙智力量表

   B. 1916 年斯坦福-比内智力量表

   C. 1917 年美国陆军甲种测验

   D. 1939 年韦克斯勒-贝尔沃智力量表

6. 明尼苏达多相人格调查表（MMPI）是由哪种方法编制而成的？（　　）

A. 因素分析法　　B. 经验效标法　　C. 内容效度法　　D. 联想投射法

7. 我在_____时候感到幸福。

　　再过 5 年_____。

　　以上是投射测验的一个实例，请问这属于哪一种投射？（　　）

　　A. 构造投射　　　　　　　　B. 完成投射

　　C. 选择排列投射　　　　　　D. 表达投射

8. 以下哪一项不属于按测验中是否有时间限制这一标准划分的心理测验？（　　）

　　A. 描述性测验　　B. 难度测验　　C. 速度测验　　D. 典型行为测验

9. 对知识的测评中，最简单、最有效的形式是（　　）。

　　A. 面试　　　　B. 情境测验　　C. 试用　　　　D. 心理测验

10. 对于术语知识、特定事实、原理中的关键词、方法和工作程序中的特定步骤、简单数学等其他自然科学问题的答案，测评最适合的题型是哪一个？（　　）

　　A. 是非判断题　　　　　　　B. 填空题与简答题

　　C. 选择题　　　　　　　　　D. 搭配题

11. 关于试题编排，以下方法中最可取的是哪一项？（　　）

　　A. 按难度编排　　B. 按题型编排　　C. 按内容编排　　D. 三种结合使用

12. 以下哪一项不属于按照心理学维度划分的品德结构因素？（　　）

　　A. 思维　　　　B. 动作　　　　C. 情感　　　　D. 政治

13. 罗夏墨迹测验属于哪一种形式的投射？（　　）

　　A. 构造投射　　B. 完成投射　　C. 联想投射　　D. 表达投射

二、多选题

1. 根据所测量的行为目标，心理测验可划分为认知测验和人格测验。以下哪些属于人格测验？（　　）

　　A. 智力测验　　　　　　　　B. 态度测验

　　C. 特殊能力倾向测验　　　　D. 兴趣测验

　　E. 成就测验

2. 以下哪些描述符合斯坦福-比内智力测验的特征？（　　）

　　A. 文字性测验　　B. 操作测验　　C. 标准化测验　　D. 认知测验

　　E. 情境测验

3. 心理测验中常用的三种题型包括供答型、选答型与综合型，以下哪些属于供答型？（　　）

　　A. 填空题　　　B. 判断题　　　C. 论述题　　　D. 多项选择题

E. 名词解释

4. 以下哪些说法属于论文型试题的编写要点？（　　）

   A. 应该出些较为具体的问题或论题，也可以小题大做

   B. 问题的表述要紧扣所要测评的内容或对象

   C. 不应该对每一题的作答时间作出限制

   D. 试卷上可以出现让考生随意选答的试题以及附加题

   E. 论文型试题不需要指导语

5. 以下关于试题编排的说法，哪一些是不正确的？（　　）

   A. 试题编排一般有按难度、按题型、按内容编排三种方法

   B. 可先按内容编排，在同一题型中再按难度编排，先易后难

   C. 可先按题型编排，在同一内容内再按先易后难的顺序排列

   D. 主观型试题的编排中，答题量小的题应放在前面

   E. 对于选择题的编排要让正确答案在试卷上呈随机分布

6. 以下关于能力倾向的说法哪一些是正确的？（　　）

   A. 能力倾向是经过学习训练而获得的才能

   B. 能力倾向是一种潜在与特殊的能力

   C. 对于职业满意度具有较高的预见性

   D. 能力倾向在个体身上具有稳定性和恒常性

   E. 能力倾向与普通智力之间的相关性很小

7. 16PF 中包含 4 个二阶指标，如外向性和独立性，另外两个二阶指标是（　　）。

   A. 自律性　　　　B. 稳定性　　　　C. 焦虑性　　　　D. 镇定性

   E. 敏感性

8. 以下描述哪些符合主题统觉测验（TAT）的特征？（　　）

   A. 解释的整体性　　　　　　B. 完成投射

   C. 联想投射　　　　　　　　D. 内容具有结构性

   E. 构造投射

9. 应用有哪几个层次？（　　）

   A. 知觉　　　　B. 理解　　　　C. 思维　　　　D. 操作

10. 对于论文型试题答题花费时间多、评分欠客观、覆盖面小等缺点，可以采用以下哪些对策进行改进？（　　）

   A. 论文型试题的"客观化"　　　　B. 论文型试题的"活化"

   C. 论文型试题的小题化为大题　　　D. 论文型试题的"合理化"

11. 以下哪些选项属于文书倾向测验?（   ）

  A. 阅读理解的速度   B. 空间想象测验

  C. 人名速记   D. 计算的迅速与准确性

12. 以下哪些选项属于技能技巧测验?（   ）

  A. SRA 听写技巧测验   B. DAT 语言使用测验

  C. 普度电工测验   D. 明尼苏达工程类推测验

13. 以下哪些选项属于情绪型品德特征?（   ）

  A. 热情   B. 自制力   C. 幽默   D. 冷淡

三、判断题

1. 在心理测验是非判断题的编写中，常常使用包括几个主要思想的复合句或双重判断句。（   ）

2. 论文型试题的覆盖面较大，测评内容也比较广。（   ）

3. 翁德里克人事测验是目前人员测评中使用最广泛的团体智力测验。（   ）

4. 罗夏墨迹测验使用联想技术引起被测评者的联想由此获取人格测评信息。（   ）

5. 职业兴趣测验是个体工作成功的有效预测源。（   ）

6. 论文型试题的最大缺点是答题时间花费较多。（   ）

第四章
面试及其应用

>> **教学目标与方法建议**

通过本章教学,应该掌握以下四点内容。

1. 掌握面试的一般方法与流程。
2. 面试设计与实施的相关知识。
3. 掌握面试某一职位的方案设计。
4. 结合案例掌握面试"问""听""看""评"的相关技巧。

面试是现代人员素质测评中一种非常重要的方法,它有着其他测评形式不可替代的特点,是人员素质测评有别于其他领域测评的主要方法。因此,面试方法在人员素质测评中日益受到人们的重视。本章将介绍面试的相关理论与方法,从面试的概念及特点、理论基础、面试方法、面试设计、相关问题等角度,为人员素质测评提供相关的理论指导与技术建议。

教学方法建议:建议在系统讲授面试的基本理论、方法与操作技巧后,组织学生进行模拟面试。

第一节 概 述

一、历史与发展

面试是一种古老而又现代的素质测评形式,在我国的历史可以追溯到先秦时期的孔子甚至更远。

孔子有三千弟子,多属慕名而来拜孔子为师的。对于这些人,孔子一贯坚持"有教无类"的思想,采取来者不拒、去则不止的态度。但孔子犹恐失人,故都要面试一番,就是根据其言行举止和相貌决定取舍。但孔子又告诉我们,面试既不能凭言取人也不能凭貌取人,要"听其言而观其行"(《论语·公冶长》),"视其所以,观其所由,察其所安"(《论语·为政》)。

汉代的刘劭对面试则已有相当的研究。当时刘劭把面试称为"接识"。他主张通过"接识"而"取同体"。他认为面试时间可长可短。若只想了解某一方面的素质情况,则一个早晨的时间就足够了;若要详细地测评各方面的内在素质,则需要三天的时间。

刘劭告诫人们,面试也有不足之处。如果不去深入交谈,不本着实事求是的态度去听取对方之言,则很容易生疑误判。他说:"不欲知人则言无不疑,是故以深说浅,益深益异。异则相反,反则相非。是故多陈处直,则以为见美。静听不言,则以为虚空。抗为高谈,则以为不逊。逊让不尽,则以为浅陋。言称一善,则以为不薄。历发众奇,则以为多端。先意而言,则以为分美。因失难之,则以为不喻。说以对反,则以为较己。博以异杂,则以为无要"(《人物志·接识第七》)。这就是说,面试交谈时,对方越是以浅说深,以反表正,两人之间这种深浅、正反形成的反差越大,则产生的分歧越大,分歧越大则理解相反,理解相反就会发生错判。

此外他还告诫人们说,对方一旦谈论到听话者的兴奋之处,听话者就会高兴起来,高兴之余,就难免有"亲爱之情,称举之誉"了。

三国时期的诸葛亮可以说对面试也有相当的研究。对于面试中的言谈与观察,他提出了一套曲折变幻、颇有哲理的系统方式:"问之以是非而观其志;穷之以词而观其变;咨之以谋而观其识;告之以难而观其勇"(《心书·知人性》)。

面试后来以其特殊的"策问"形式普遍运用于科举取士之中。随着笔试的发展与国外测验的兴起,面试失去了它在人才选拔中的主导地位。然而笔试形式的陈旧与历史的反省又使人们意识到笔试的局限性与面试的必要性。1930年以后,汤姆林委员会对英国文官考试录用制度考察后提出,应在考试录用过程中加进面试一项,并保证面试分数占全部考分的 1/6 以上，1937 年这个比例上升为 1/3。面试分初选与终选两次，初选面试为 40 分钟的单独面谈，就应试者的判断能力、应变能力、表达能力、决策能力、情绪稳定性方面作出评判；终选的面试大约为 35 分钟，主要是验证和补充初选时的考试结果。

美、法、日等国家的公务员录用中均有面试。其中日本最为重视。日本公务员录用考试有 14 种，几乎每种考试中都有面试形式。面试的具体方式有三种：个别面谈、集体面谈、集体讨论。个别面谈一般是 3 位考官与 1 位应试者进行面谈，时间大约为 15~20 分钟；集体面谈是 3 位考官与 7~9 位应试者面谈，考官提问后，指定某考生回答；集体讨论则是出一个问题，让 6~9 名应试者一起讨论，时间为 40~60 分钟，考官 3 名。面试的项目一般是性格人品，如积极性、协调性、责任感、精神状态、语言表达能力、知识面、适应性等。面试结束后 3 位考官各自独立评定，每项目分 A、B、C、D、E 五个等级，D、E 为不合格。最后 3 位主考官一起讨论确定一个综合等级。

从近几年的面试实践来看，面试的发展出现了以下六个趋势。

1. 形式多样化

面试已突破了面对面的问答模式，多数地方以面谈问答为基础，引入答辩式、演讲式、辩论式、讨论式、案例分析、模拟操作等辅助形式。

2. 内容全面化

面试的项目开始仅限于举止、仪表与知识面，现在已发展到对知识素质、智能素质、品德素质以及气质、兴趣爱好、愿望理想、动机需要的全面测评；由一般素质测评发展到以拟录用职位要求为依据，包括一般素质与特殊素质在内的综合测评。

3. 试题的顺应化

以前的面试基本上等同于简单的口试形式。试题都是事先拟好，考生只需抽取一套回答即可，考官不再针对回答情况提出新问题，考官评定成绩仅依据事先拟定好的标准答案，仅看回答内容的正确与否。实际上这只不过是笔试的简单口述形式而已。现在则不同，问题的提出是参考事先设计的思路与范围，顺应测评目的需要而自然地提出，也就是说后一个问题与前一个问题是自然相接的，问题是围绕测评情况与测评目的而随机出现的。最后的评分不是仅依据回答内容的正确与否，而是要综合总体行为表现及整个素质状况评定，充分体现了因人施测与发挥考官主观能动性的特点。

4. 程序规范化

面试是一种操作难度极高的测评形式，随意性较大，一般的人难以掌握，或者说达不到面试应有的效果。为了改进这一点，使面试能够被一般水平的人操作，目前绝大部分面试都事先有一个具体实施方案，对操作要求有一定的程序规定，以提高面试的质量与可比性。

5. 考官内行化

面试开始实行时，主要由组织人力资源部门的人主持。后来实行组织人事、专业（包括测评专业与拟聘岗位专业）的人员共同组成评判组。现在则实行对岗位专业人员进行面试技术培训，对懂面试技术的人进行专业知识培训，并实行面试前的集训。

6. 结果标准化

前些年面试的评判内容与结果没有具体要求，五花八门，可比性差。近年来，各地的面试内容与结果格式趋于一致，基本上都是趋于表格式、等级标度与打分式。表4-1即是某部门的面试成绩评定表。

表4-1　　　　　　　　　某部门面试成绩评定表

考号		姓名		性别		年龄	
应聘岗位				所属部门			
面试项目	好	分数	中	分数	差	分数	
仪表	端庄整洁	5	一般	3	不整洁	0	
表达能力	流畅	20	基本达意	15	含混不清	0	
态度	诚恳	10	一般	5	随便	0	
进取心	强烈	15	一般	10	欠缺	0	
实际经验	丰富	15	有一定经验	10	肤浅	0	
情感	稳重	15	一般	10	轻浮	0	
反应	敏捷	20	一般	15	迟钝	0	
评定总分		评定等级					
备注与评语							

评分人：_____　评分日期：_____年___月___日

二、面试概念

面试的历史虽然源远流长，但人们对面试的看法却不尽一致。有人认为面试就是谈谈话、相相面而已。

有人认为面试就是口试，口试就是与应试者交谈，以口头答询问题的考试形式。或者是面谈加口试，是通过主试人与应试者直接见面，边提问边观察分析与评价应试者的仪表气质、言谈举止、体质精力以及相关素质能力，权衡是否与职位要求相适应的考试方式。

有人认为面试是通过对外部行为（语言的与非语言的）的观察与评价，来实现对人员内在心理素质测评的目的。

有人认为面试包括笔试、口试形式，口试包括抽签问答、随机问答、模拟测验等形式。

有人认为面试是以当面展示的形式，对人选的基本品质进行综合直观的测定，并直接进入人选的横向比较的过程。

有人认为面试是通过对考生以问答式、命题表演式、实地操作式和集体讨论式考查考生的言辞、仪表、反应、环境适应能力、智能、技能等笔试中不易了解的能力的过程。

从上述种种有关面试的看法中，在面试是一种测评人员素质的形式，是一种面对面的考试这两点上，似乎大家已取得了共识，但在"怎么考"上却有严重的分歧。上述意见归纳起来大致有三种：第一种认为，面试即是面对面的交谈；第二种认为，面试是一种口头考试的形式即口试；第三种认为，面试是一种既包括口试也包括模拟操作演示的形式。

如果把面试定义为一种测评人员素质的形式或一种面对面的考试，那么虽然可以统一大家的看法，但这种定义却缺乏个性，没有把面试与面谈、笔试、问答等其他考试形式区别开来。从主试人与应试者来看，大多数测评形式都可以说是一种面对面的测评人员素质的形式。如果把面试定义为面对面的交谈，那么面试就无法与一般性的日常交谈区别开来，没有反映面试的测评特点；如果把面试定义为口试，那么虽然反映了面试是一种以口头语言交流为中介的考试，但却没有反映面试精察细观和推理判断的特点。

面试，可以说是一种经过精心设计，在特定场景下以面对面的交谈与观察为主要手段，由表及里测评应试者有关素质的一种方式。

在这里，"精心设计"的特点使它与一般性的面谈、交谈、谈话相区别。面谈与交谈强调的只是面对面的直接接触形式与情感沟通的效果，它并非经过精心设计。"在特定场景下"的特点使它与日常的观察、考察测评方式相区别。日常的观察、考察，虽然也少不了面对面的谈话与观察，但那是在自然情景下进行的。"以面对面交谈与观察为主要手段，由表及里测评"的特点，不但突出了面试"问""听""察""觉""析""判"的综合性特色，而且使面试与一般的口试、笔试、操作演示、情景模拟、访问调查等人员素质测评的形式区别开来。口试强调的只是口头语言的测评方式及特点，而面试还包括对非口头语言行为的综合分析、推理与直觉判断。"有关素质"说明了面试的功能并非是万能的，在一次面试当中，不要面面俱到、包罗万象地去测评应试者的一切素质，要有选择地针对其中一些必要的素质进行测评。

三、面试特点

与其他人员素质测评的形式相比，面试有它相对独特之处。

（一）对象的单一性

面试的方式有个别面试与集体面试两种。在集体面试中 7~9 个应试者可以同时位于考场之中，但主试人不是同时分别向不同的应试者提问，而一般是逐个提问、逐个测评，即使是在面试中引入辩论、讨论的方式，评委们也是逐个向应试者提问观察的。这是因为面试的问题一般要因人而异，测评的内容主要应侧重于个别特征，同时进行会相互干扰。

（二）内容的灵活性

由于单位时间中面试对象的单一性，对面试的具体内容就有调节的自由性。面试的问题虽然事先可以设计一番，准备很多的试题，但是绝不是向每个应试者都提同样的问题，按同一的步骤与内容进行。实际中面试的问题可多可少，视所获得的信息是否足够而定。同一问题可深可浅，视主试人的需要而定；所提的问题可异可同，视应试者情况与面试要求而定。因此面试的时间可长可短。但从目前一般情况来看，面试时间为 30 分钟左右，所提问题为 10 个左右为宜。

面试内容的灵活变化也是必要的。首先，因为面试内容因工作岗位不同而无法固定，岗位不同，工作性质、职责以及任职资格与要求也就不同；其次，应试者的经历、背景不尽相同，因而所提问题及回答要求就应该有所区别；最后，同一个问题，每个应试者回答的方式与内容不尽相同，主试人后续的提问就应该针对应试者回答的情况变化而变化。

（三）信息的复合性

与测验、量表等测评方式不同，面试对任何信息的确认都不是通过单一的视（眼）、听（耳）、想（脑）等信息通道进行的，而是通过主试人对应试者的问（口）、察（眼与脑）、听（耳）、析（脑）、觉（第六感官）综合进行的。也就是说，对于同一素质的测评，既要注意收集它的语言形式信息，又要注意它的非语言形式的信息，这种信息的复合性增强了面试的可信度。

（四）交流的直接互动性

与笔试、观察评定不同，面试中应试者的回答行为表现与主试人的评判是相连接的，中间没有任何中介转换形式；面试中主试人与应试者的接触、交谈、观察是相互的，是面对面进行的；主客体之间的信息交流与反馈也是相互作用的。而笔试与观察评定却对命题人、评分人严加保密，不让应试者知道。面试的这种直接性提高了主试人与应试者间相互沟通的效果与面试的真实性，同时也了解了笔试中许多了解不到的信息，增加了人情味。此外，面试中应试者与主试人发出的信息具有相互影响性。

（五）判断的直觉性

其他的测评大多数是理性逻辑判断与事实判断，面试的判断却带有一种直觉性。它不仅仅依赖于主试人严谨的逻辑推理与辩证思维，往往还包括很大的印象性、情感性与第六感觉特点。我们常常一见某人便觉察出了他的某一素质特点，却又说不出所以然来。

第二节 理论基础

面试与笔试、行为观察、情境模拟相比，它所依据的测评信息的来源与获得具有表面性与短暂性。测评时间一般为半小时左右，所提的问题为10个左右，光凭应试者所言和主试人短短几十分钟的所见所闻就能测评一个人内在的素质，不少人对此大惑不解，因此，对面试理论基础的深究发难也就更加强烈。

一、理论依据

内在素质与外显行为在活着的人身上是一个动态的整体系统，是一个耗散结构系统，内在的素质必然会通过外显的行为表现出来。外显的行为受制于内在的素质，具有某种特定性、稳定性与差异性。

人的外显行为包括语言行为与非语言行为，非语言行为中包括体态行为、自觉行为，自觉行为又分为工作行为、生活行为、生理行为。它们相互间的关系如图4-1所示。

面试是在特定的时间、空间与情境下，以行探行、以问试答，听其言、观其行、察其色、析其因、觉其征、推其质的过程，主要是以语言形式和意义不明确的体态动作为中介，推测其内在的素质。这种推断既是必要的也是可能的，具有相当的可靠性与合理性。

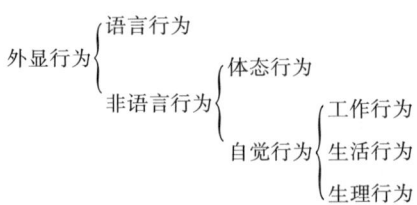

图 4-1 外显行为表现分析图

（一）在各种测评方式中面试的信息沟通通道最多

素质是一种内在的心理形式，具有隐蔽性与潜在性，观察评定量表主要是测评那些业已成熟的、在自然状态下能够表现出来的素质，对那些隐蔽的或暂时不能表现的潜能，则无法观察、无法测评。对那些观察到的行为表现，也往往是进行"单向"的判断，中介因素引起的误解无法消除。测验问卷，虽然是双方沟通，但却仅仅是一往一返，是单向的与静态的。沟通仅仅是书面语言的沟通，大量的体态语言信息被丢失掉了。面试则不然，它是多向的动态的信息沟通。面试中主试人发射的刺激信息，既有语言的也有体态的，应试者接受并反馈到主试人的信息中也既有体态的又有语言的。而且这种沟通不是单向的而是多向的，各个"向"之间，不是机械地重复，而是动态地变化，主试人根据应试者的回答情况及测评需要可以不断地调换问题的形式与内容，其形式如图4-2所示。

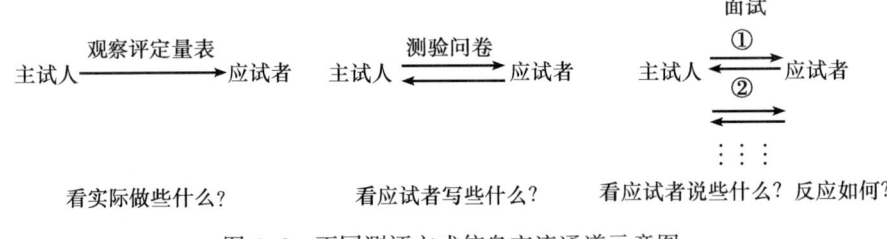

图 4-2 不同测评方式信息交流通道示意图

（二）所有测评方式中面试的信息量最多、利用率最高

心理学家曾对交谈中言谈与行为传递信息的效果进行过因素分析学的研究，研究结果表明，其中言辞只占7%，声音占38%，而体态语竟占55%。由此可见，同等条件下，以测验问卷形式测评素质，所收集与利用的信息只有7%，而面试却可以达到100%。其原因至少有两个。一是素质的表现方式是多种多样的。从言语方式来看，它可以同时通过言辞、声音与体态三种信息载体来表现。例如，问某人认为资源开发中最大的问题是什么，如何来解决？对这一问题的回答，若只要求用笔写，则最多知道

他是否在这个问题上有所研究,信息量只有7%;若闭上眼听他的回答,则除了他回答的内容之外,还能从他回答的声音快慢推测熟知程度、反应的敏感性及其他素质,信息量有7% +38% =45%;若既看又听,除回答的内容与声音外,还能看出其回答时的体态表现,是紧张还是从容不迫,有些什么下意识的动作等,信息量可达到7% +38% +55% =100%。正因如此,所以面试以少量时间与问题可以测评相当多的素质内容。二是有些信息,有时只能通过第六感官或诸多感官的同觉共鸣的效应才能意会不少复杂的信息。只有体态动作方式而没有声音与言辞,许多情感性的东西往往无法从书写的言辞或口头直接表达,只能从动作与表情中流露;有的信息如"啊"的一声虽有声音但却无内容。因此,素质表现的总信息量中,言辞占7%,声音占38%,体态语占55%。

上述分析启示我们,面试中主试人的注意力应放在体态语与声音的辨别、接受与转释上。实际上,由于每个人对信息的接受、确认与转释的能力有着某种特定性与限制性,不可能100%的理解应试者所发出的全部信息量。

上述分析同时也启示我们,要提高测验问卷的测评效度,应该通过增加信息源(问题)数目来增加信息量,最后达到增强效度的目的。

(三)语言与体态语对素质的揭示具有充分性、确定性、直观性与一定的必然性

语言是思维的物质外壳,它是思想的直接表现,因此通过语言可以推断一个人内在的思维内容与思维方式。思维的内容体现一个人的思想、观点与态度,思维的方式体现一个人的智力与能力。语言表达体现了一个人对事物认识、分析、综合与归纳的能力。因此许多能力与观点态度,均可以通过语言表述出来并被测评。

然而人的思想与态度并不是都能公开的,自身能力并不是都能被应试者本人所意识到。对有些思想观点,应试者采取中立回避的态度,有些则是采取隐蔽、掩饰,甚至作假的方式。有些潜能与素质,应试者本人尚未认识或认识模糊,此时语言作用甚微,但非语言的体态动作却可能充分揭示。

什么是非语言的体态呢?所谓非语言的体态又称为体态语,一般是指手势、身势、面部表情、眼色、人际空间位置等一系列能够揭示内在意义的动作,其形式如图4-3所示。

美国戈登·修易斯指出,人体大约可做出1 000种平稳的姿势;瑞典伯德惠斯戴尔说,仅人的脸,就能显示大约25万种不同的表情。体态语的丰富多样足以揭示人的内在素质,可以弥补语言揭示的不足。更值得注意的是体态语与语言的相互配合,确切地说,从语言与体态语的相互作用分析中,还能够揭示出语言与体态语均无法揭示的

更多素质与信息。因此，面试对素质的测评具有相当的充分性。

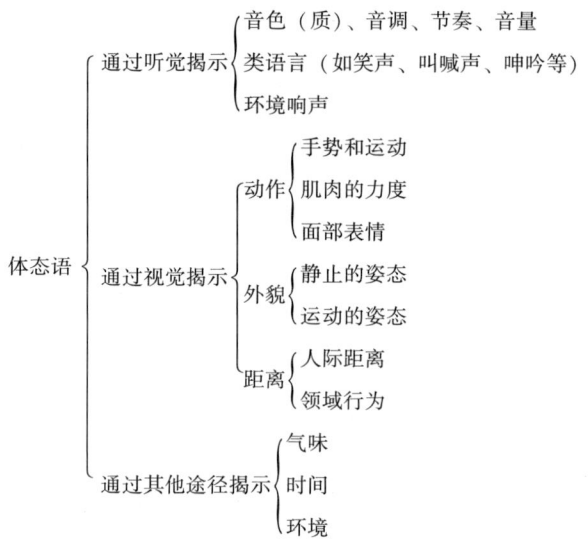

图 4-3 体态语分析图

体态语具有揭示内在素质的功能。体态语研究结果表明，体态语具有交流思想、传达感情、昭示心理、强调指代、表示社会联结关系的各种功能，具有一定的社会性与规定性。因而，体态语对内在素质的揭示具有确定性。

体态语对内在素质的揭示还具有直观性。语言对内在素质的揭示具有某种抽象性与间接性，而体态语对内在素质的揭示是以形象实在的动作直接流露与表现。有些行为是下意识的。例如，一个人一边回答上司完成某件任务毫无问题，一边却下意识地用手抓后脑勺，并流露出一丝疑虑的目光。那么这无疑表明这人的回答并无绝对把握，可能具有胆大、好强、虚浮等品德特征，需要结合其他测评信息综合判断。

体态语的确定性（习惯性、天生性）与失控性（不知不觉、情不自禁、生理反应、生物电反应等），使体态语对素质的揭示具有某种必然性。例如，嘲笑他人时"嗤之以鼻"，得意忘形时"趾高气扬"，自身反省会"反躬自问"与"扪心自问"，愤怒急躁会"戟指怒目"，心藏无名火会"横眉紧锁""牙关紧咬"，心里非常高兴会"喜笑颜开""手舞足蹈"等。这些现象表明，内在的情感与素质存在着通过体态语表现的必然性。

（四）精神分析学说为面试提供了更充分的心理学依据

精神分析学鼻祖弗洛伊德认为，人的行为是由意识与无意识支配的。意识就是人能认识自己和认识环境的心理部分。无意识包括原始冲动和本能，以及出生后的种种欲望，由于社会标准不容，得不到满足就被压抑到无意识中。它们虽然不被本人所意识，但并没有消灭，而是在无意识中积极活动，追求满足的时机与方式。每当意识松弛时，被压抑的冲动和欲望就会乘机混进意识，使自己原有的意念以化装的形式不知不觉地表现出来。因此我们平时说错话，读（写）错字，忘了某事、某人姓名，无意中的活动与姿势，玩弄物件，低声哼歌等体态语行为，都不是心不在焉的无意义动作和行为，它们都不是偶然发生的，而是下意识活动的表现，通过精神分析可以找到隐藏于个人意识之下的冲动的目的。

弗洛伊德认为，每个人都有一定数量的活动能量，以使个体有效地进行心理活动。人的行为目标就在于消除由于不愉快的能量日久积累起来的紧张，使能量趋于平衡。

由此可见，任何一个人的素质都可以看作日积月累的一种活动能量，如果行为主体对它进行压抑，该表现（外部刺激）而不表现，那么其内心就会产生紧张感，这种能量必然会寻找机会以其他形式表现出来，这就是下意识的体态语。

语言行为，尤其是针对主试人问题的回答，显然是一种意识行为，每说一个词、一句话都在应试者意识的严密控制之下。应试者回答问题时，其注意力绝大部分投放到语言行为上，此时此刻应试者的体态语行为则处于松弛状态，那么被压抑的素质冲动产生的行为必然会由此表现出来。从这个角度来看，面试中的提问要设计得有吸引力、扣人心弦，同时要注意观察与分析。

反过来理解，精神分析学说告诉我们，只有当应试者如实地表述他的素质状态时，其语言行为与非语言的体态才能协调一致。

二、功能作用

任何一种测评方法只有当它具有特殊的功能作用时，才有存在的必要。面试与其他素质测评方法相比有以下几点功能作用。

（一）可以有效避免高分低能者或冒名顶替者入选

一般来说，笔试是严谨的，成绩高者，其能力也高，但是，由于目前笔试形式操作中的局限性，考试中高分低能者、冒名顶替者在所难免。辽宁省、上海市、宁波市等地招聘录用干部时发现，有的人笔试成绩虽然很高，但面试时却言语木讷，对所提问题的回答见识浅薄、观点幼稚；有的人则表现出只能背书，分析问题和解决问题的能力很差；有的人则是冒名顶替者，一问三不知。宁波市工商行政管理局曾以笔试形式录用9人，结果发现4人存在"高分低能"问题。

（二）可以弥补笔试的失误

测验或问卷等笔试，有的人因误解或复习时资料没选好、学习条件差、转行或因身体状况不佳、紧张等原因没有发挥好，如果仅以笔试成绩为录用依据，那么这些人就没有机会被录用了。如果再采用面试形式，则这些人可以有机会再次表现。沈阳市干部测评录用中发现，有些人虽然笔试成绩不算很高，但面试中对答如流，能力很强，显示出很大的发展潜力，从而成为理想的人选。

（三）可以考查人的仪表、风度、自然素质、口头表达能力、反应能力等笔试与观察中难以测评到的内容

笔试是以文字为媒介来测评人的素质水平，以文观人。虽有"文如其人"之说，但实际上，人的素质仅用文字是无法完全表现的，如仪表、风度、口头表达能力、反应快慢等。有些应试者掩饰的内容，也可以通过面试来测评。例如，对于某些隐情，应试者往往不愿表露。这些不愿表露的东西，在文字性的测验与问卷的回答中，可以掩盖得天衣无缝，但在面对面的、眼盯眼的面试回答中，就很难做到了，因为我们的身体不懂得如何撒谎。例如，当人看到了动心的事物或高兴时，瞳孔就会无意识放大（打牌即有这种表现），人厌恶时常皱眉，愤怒时常竖眉，痛苦时会倒眉，兴奋时会眉飞色舞等。

（四）可以灵活、具体、确切地考查一个人的知识、能力、经验及品德特征

由于面试是一种主试人与应试者的互动可控的测评形式，测评的主动权主要控制在主试人手里，测评要深即深、要浅即浅，要专即专、要广即广，具有很大的灵活性、调节性与针对性。而笔试、情境模拟与观察评定在这方面均不如面试。

（五）面试是主试人与应试者之间相互沟通、了解的过程

面试是主试人和应试者之间的一种双向沟通过程。在面试过程中，应试者并不是完全处于被动状态。主试人可以通过观察和谈话来评价应试者，应试者也可以通过主试人的行为来判断其价值标准、态度偏好、对自己面试表现的满意度等来调节自己在面试中的行为表现。同时，应试者也可借此机会了解自己应聘的单位、职位等情况，以此决定自己是否可以接受这一工作等。所以面试也是主客体之间的一种沟通、情感交流和能力的较量。主试人应通过面试，从应试者身上获取尽可能多有价值的信息。

应试者也应抓住面试机会获取那些关于应聘单位及职位等自己关心的信息。[1]

三、主要内容

从理论上来说，面试可以测评应试者的任何一种素质，但由于素质测评除面试外还有许多有效的方法，每种测评方法都有自己的长处与短处，扬长避短综合发挥则事半功倍，否则就很可能事倍功半。因此实践中我们并不是以面试去测评所有的素质，而是有选择地用面试去测评最适宜用它测评的内容。

就一般情况来说，面试的项目应该集中于以下几项内容。

（一）仪表风度

仪表风度是指应试者的体型、气色、外貌、穿着、举止以及精神状态等。像演员、教师、秘书、公关人员、外事人员、前厅经理等职位对仪表风度的要求是非常重要的。此外，有关研究表明，仪表端庄、衣着整洁、举止稳重的人，一般做事有规律，注意自我约束，责任心较强。

（二）知识的广度与深度

一般来说，面试具有灵活性，可以通过穿插一些问题，通过所学课程及课外阅读情况的询问与了解，考查应试者专业知识的广度与深度。

（三）实践经验与专业特长

一般根据查阅应试者的工作履历表或情况登记表的结果做相关的提问，查询有关背景及过去工作的情况，以考查补充、证实其所具有的实践经验和专业特长。通过工作经历与实践经验的了解，还可以考查应试者的责任感、主动性、思维力、口头表达能力及遇事的理智状况。

（四）工作态度与求职动机

工作态度的考查既包括过去对工作学习的态度，也包括对现在工作岗位的态度与愿望。对过去工作学习态度的了解，可以知道应试者是否热爱工作；从应试者对现在工作岗位的态度与愿望的了解，可以着重考查其求职动机，是为了施展个人才干，还是贪求福利待遇与工资高；是为了躲避某种矛盾，还是这里的工作吸引了他。

---

[1] 吴春华，张瑾. 人员素质测评理论与方法［M］. 天津：天津教育出版社，2005：189.

(五)事业进取心

事业进取心强的人一般都有明确的奋斗目标,并为之积极努力。这可以从工作愿望、工作要求、工作成就、工资晋级情况、工作规划与奖励情况的了解中考查。

(六)反应能力与应变能力

通过应试者对主试人所提问题回答的迅速性、准确性,了解其理解是否准确贴切;对于突发问题的反应是否机智敏捷,回答恰当;对于意外事情的处理是否得当。

(七)分析判断与综合概括能力

应试者能否抓住问题本质,说理透彻,分析全面;对众多论点与不同意见的概括是否全面、得当、中心突出。

(八)兴趣爱好与活力

可以通过喜爱阅读的书籍,爱好的体育运动、娱乐活动、生活方式来了解应试者的兴趣爱好与活力。

(九)自我控制能力与情绪稳定性

可以通过对最激动、最愤怒的事情的处理方式,压力面试,从经历介绍、背景询问中了解这方面的情况。

(十)口头表达能力

口头表达能力的考查,包括对逻辑性、体态语与说话内容、方式配合的协调性、感染力、影响力、清晰度、准确性、音质、音量、音调、节奏等具体内容的考查。

此外,面试时主试人还要了解应试者的工作与生活中的需要或亟待解决的问题,介绍本单位及拟聘职位的情况与要求,讨论有关工薪、福利、待遇等切身利益问题的解决方案,准备并回答应试者可能要问到的一些问题。

以上面试内容最好能按照表4-2的方式,针对每个面试项目编制一些测评着眼点(要素)和准备一些问题或实施要点。

表 4-2　　　　　　　　　　　　　　　面试问话提纲

面试项目	评价要点	提问要点
仪表与风度	体格外貌、穿着举止、礼节风度、精神状态	
工作动机与愿望	过去和现在对工作的态度，更换工作与求职的原因，对未来的追求与抱负，本公司所提供的岗位或工作条件能否满足其工作要求和期望	*请谈谈你现在的工作情况，包括待遇、工作性质、工作满意态度 *你为何希望来本公司工作 *你在工作中追求什么，个人有什么打算 *你想怎样实现你的理想和抱负
工作经验	从事所聘职位的工作经验丰富程度，职位的升迁状况和变化情况，从其所述工作经历中判断其工作责任心、组织领导力和创新意识	*你大学毕业后的第一个职业是什么 *在这家企业里，你担任什么职务 *你在这家企业里做出了哪些你自己认为是值得骄傲的成就 *你在主管的部门中遇到过什么困难，你是怎样处理和应付的 *请你谈谈职务的升迁和工资变化情况
经营意识	判断应试者是否具有商品概念、效率观念、竞争意识以及是否具备基本的商品知识	*通过经营小案例来判断其是否有这方面的观念和意识
知识水平、专业特长	应试者是否具有应聘岗位所需要的专业知识和专业技能	*你大学学的什么专业或接受过哪种特殊培训 *你在大学对哪些课程最感兴趣，哪些课程学得最好 *询问专业术语和有关专业领域的问题 *询问一些专业领域的案例，要求其进行分析判断
精力、活力、兴趣、爱好	应试者是否精力充沛、充满活力，其兴趣和爱好是否符合应聘岗位的要求	*你喜欢什么运动，会跳舞吗 *你怎样消磨闲暇时间 *你经常参加体育锻炼吗
思维力、分析力、语言表达力	对主试人所提问题是否能够通过分析判断，抓住事物本质，说理透彻，分析全面，条理清晰；是否能顺畅地将自己的思想、观点、意见用语言表达出来	*你认为成功和失败有什么区别 *你认为富和贫、美和丑有什么区别 *如果让你筹建一部门，你将从何入手 *提一些小案例要求其分析、判断
反应力与应变力	头脑的机敏程度，对突发事件的应急处理能力；对主试人提出的问题能否迅速、准确地理解，并尽快做出相应的回答	*询问一些小案例或提出某些问题要求其回答

续表

面试项目	评价要点	提问要点
工作态度、诚实性、纪律性	工作态度如何，谈吐是否实在、诚实，是否热爱工作、奋发向上	*你目前所在单位管得严吗？在工作中看到别人违反制度和规定你怎么办 *你经常向领导提合理化建议吗 *除本工作外你还在其他单位兼职吗 *你在处理各类问题时经常向领导汇报吗 *你在领导与被领导之间喜欢哪种关系
自制力、自控力	应试者是否能够通过经常性的自我检查 发现自己的优缺点，同时在遇到批评、遭受挫折以及工作有压力时能够克制	*你认为你自己的长处在哪里 *你觉得你个性上最大的优点是什么 *领导和同事批评你时，你如何对待 *你准备如何改正自己的缺点

四、基本类型

面试的类型，从目的和用途上划分有招工面试、招干面试、招兵面试、招生（学生）面试等；从操作规范程度上划分，有结构面试、半结构面试与随意面试；按应试者多少来划分，有个别面试与集体面试；从主试人的结构与实施程序上划分，有逐步面试、依序面试与小组面试；从操作模式上划分，有问答基本式与操作综合式；从面试气氛设计上划分，有压力面试与非压力面试。

（一）操作综合式

问答基本式是指以单一的问答形式进行的面试。操作综合式则是指以问答形式为基础，把交谈、辩论、讨论、演讲、情境模拟、实践操作等形式也结合起来的面试形式。

（二）压力面试

典型的压力面试是事先给应试者制造紧张的气氛，使应试者一进门便处于"恐怖"气氛中，接着主试人穷追不舍地寻究问底，不但问得切中要害，而且常把应试者置于进退两难的境地，直至应试者无法回答为止。其目的是要把应试者"考倒"，以此考查其机智程度、应变能力、心理承受能力及自我控制能力等心理素质。

（三）结构面试与半结构面试

结构面试，有时又称标准化面试，这种面试对整个面试的实施，提问内容、方式，时间评分标准等过程因素都有严格的规定，主试人不能随意变动。随意面试则对面试的形式、内容事先无任何规定,一切均由主试人"因地制宜""因人制宜"。半结构面试则介于结构面试与随意面试两者之间,事先只是大致规定面试的内容、方式、程序等,允许主试人在具体操作过程中根据实际情况做些调整。

(四)小组面试

小组面试,是指主试人在两人以上,一般共同面试、当场打分、当场讨论。

(五)依序面试

依序面试是先进行初试,再进行复试。初试由人力资源部门主持,主要考查应试者的仪表风度、工作态度、责任感、应变能力等一般素质,并将那些明显不合格的淘汰。复试则由用人部门主持,主要考查应试者的专业特长、知识技能等与岗位有关的专业素质。

(六)逐步面试

逐步面试是一种个人面试形式,不是小组面试。它与依序面试有点相反,先是基层领导面试,侧重考查岗位专业技能与知识,合格后再推荐应试者给中层领导人接受能力与品德等素质的面试,再次合格后由中层领导推荐给高层领导进行全面考查性面试。这种面试适合于重要职位人选的面试。

第三节 方法技巧

面试的方法与技巧是指面试实践中解决某些主要问题与难点问题的技术与方法,它是面试操作经验的积累。显然,每个人所积累与掌握的技巧不尽相同,但在众多的主试个体中,必然有一些共同的、基本的技巧,它们是面试中经常运用且被大家公认的技巧与操作方式。

一、如何"问"

(一)自然、亲切、渐进、聊天式的导入

不论哪种面试都有导入过程,在导入阶段的提问应自然、亲切、渐进、聊天式地进行。要使面试的导入自然些、放松些,不那么紧张,就应该根据应试者刚遇到、刚完成的事情来提问,如"什么时候到的? 家离这儿远吗? 是怎么来的?"要想面试的导

入亲切些，则应向应试者提最熟悉的问题，要从关心应试者角度提问；要想使面试导入渐进，则应该从提最容易回答的问题开始，然后步步加深；要使面试导入聊天式地进行，则提问方式应和蔼、随便。以下是两个案例。

案例一

"请坐，不要紧张！"

双方坐定后，考官接着说："好啦，让我们开始吧，我要问的第一个问题是……"

案例二

考官一边给考生指引座位，一边说："请坐，你是怎么来的？家远吗？"待考生回答完毕，又问："到这里来工作有什么困难吗？"考生表示没有，考官又接着说："那好，你能谈谈……"

比较上面两个案例，不难发现案例二的导入比案例一要自然、亲切得多。案例一中考官虽说别紧张是出于好意，但实际作用却适得其反。

（二）通俗、简明、有力

面试时，考官的提问与谈话应力求使用标准性以及不会给应试者带来误解的语言，不要用生僻字，尽量少用专业性太强的词汇；提问的内容、方式与词语要适合应试者的接受水平。

除特殊要求如压力面试外，一般不要提那些使考生难堪的问题，也不要过于纠缠某个问题，特别是枝节性问题（如对某个概念的理解，或对某个观点、学派之争）。

提问应简明扼要。据研究表明，一个问题描述的时间最好在 45 秒以下或半分钟左右为宜，不能超过 1 分半钟，超过这个限度，不论应试者还是其他主试人都会感到不好理解。

此外，主试人提问时还应注意不要无精打采，应活泼有力，并配上得体的手势，使问题产生一定的感染力与吸引力。一般认为，说话声音有气无力的人，往往畏首畏尾，胆小怕事，缺少勇气与热情，故要予以淘汰。对应试者要求如此，那么作为主试人更要以身作则。

（三）注意选择适当的提问方式

面试中的提问大致有以下几种。

1. 收口式

收口式是一种只要求应试者做"是""否"一个词或一个简单句回答的提问方式，如"你是什么时候参加工作的？""你大学学的是管理专业吗？"

2. 开口式

"开口式"提问，是指所提出的问题应试者不能只用简单的一个词或一句话来回答，而必须另加解释、论述，否则不会圆满。面试中的提问一般都应该用"开口型"提问，以启发应试者的思路，激发其"沉睡"的潜能与素质，从大量输出的信息中进行测评，真实地考查其素质水平。下面就是一个开口型问题："你在原单位的工作，经常要求与哪些部门的人打交道？有些什么体会？"

3. 假设式

虚拟式的假设提问一般用于了解应试者的反应能力与应变能力。有时为了委婉地表达某种意思，也采用此提问方式，如"假如我现在告诉你因为某种原因你可能难以被录用，你如何看待呢？"

4. 连串式

连串式提问一般用于压力面试中，但也可以用于考查应试者的注意力、瞬时记忆力、情绪稳定性、分析判断力、综合概括能力等，如"我想问三个问题：第一，你为什么想到我们单位来？第二，到我们单位后有何打算？第三，你开始工作几天后发现实际情况与你原来的想象不一致，你怎么办？"

5. 压迫式

压迫式提问方式带有某种挑战性，其目的在于创造情境压力，以此考查应试者的应变力与忍耐性，一般用于压力面试中。这种提问多是"踏应试者的痛处"或从应试者的矛盾谈话中引出。例如，应试者一方面表示如被录用愿服务一辈子，另一方面你却知道他工作 5 年已换了 4 份工作，此时可向他提问："据说你工作不到 5 年已换了 4 份工作，有什么可以证明你能在我们公司服务一辈子呢？"

6. 引导式

引导式提问主要用于征询应试者的某些意向、需求或获得一些较为肯定的回答。涉及薪资、福利、待遇、工作安排等问题时，宜采取此类提问方式，如"到公司两年以后才能定职称，你觉得怎么样？"

（四）问题安排要先易后难循序渐进

面试的问题一般都要事先准备好一部分，尤其是一些基本问题与重点问题事先都要拟定安排好。问题的提出，要遵循先熟悉后生疏、先具体后抽象、先微观后宏观的原则，这有利于应试者逐渐适应，展开思路，进入角色。特别是对一开始就有些紧张、拘谨的应试者，要先给他们几个"暖身"的问题。

(五）善于恰到好处地转换、收缩、结束与扩展

"转换"，是指主试人在问题与问题内容方式上的衔接处理得比较灵活、巧妙，不拘泥于事先所规定的问题，而是针对特定的面试目标，在面试目标范围内，根据应试者前面回答中所反映的有追踪价值的信息，串联转换出即兴问题。成功转换的关键是要能够敏感地察觉应试者的回答中（或者离开主试人原预想答案思路的那部分回答，以及那种画蛇添足性的回答）具有深层挖掘的线索，从常规回答中发现意外的信息，同时觉得进一步的追问对了解应试者有利，从而跳出常规问题进行追踪性发问。

收缩与结束，是指在应试者滔滔不绝而且离题很远时予以制止的一种方式。直接打断当然是一种方式，然而采取以下方式进行收缩与结束效果会更好些。

先可以假装无意之中掉下一枚硬币、钥匙、烟卷、打火机、笔记本、钢笔等东西，利用声音打断应试者的思路及话头，然后再抓住机会说"说得不错让我们谈下个题目"，或者说"刚才说到哪里啦，我特别想听听你对……问题的看法"，或者说"我特别想知道你对……是怎么看的"，显然应试者会在你这种诱导下结束刚才的话题而进入另一个。此外，还可以利用定时闹钟、电话铃响等干扰技术。

当你觉察应试者对某一问题的回答只是其中一部分，还有想法出于某种原因不愿谈出来时，你可以追问一句："还有吗？"虽然只是三个字的问话，却可以对考生的心理产生足够的刺激力，由此也许能让考生马上说出一些真实的想法来。这就是所谓的扩展。

（六）必要时可以声东击西

当你觉察应试者不太愿意回答某个问题而你又想有所了解时，可以采取声东击西的策略。例如，对于"政治问题"许多人不愿真实表白自己的观点，此时可以转问："你的伙伴们对这个问题或这件事是怎么看的？"应试者会以说出来不会暴露自己的观点而心情放松地说了一大通，其实其中许多都是他自己的观点。

（七）积极亲近，调和气氛

面试中如果主试人与应试者处于和谐亲切的气氛中，应试者对主试人有一种信任感和亲近感，那么应试者往往愿意如实地回答问题，说出自己的真实想法。

观察发现，具有共同经历或彼此观点一致的人容易谈得来，面试双方会因彼此间的一致性而感到安慰或产生安全感。这种一致性能使应试者与主试人之间产生共鸣、谈到一起，这是人类一般的心态反应。因此主试人在面试中要善于发现与寻求一致点，

只要找到了与应试者一致的谈话点,就容易打动对方的心,增加亲密感。应试者处于一种和谐、轻松的心境中,言行自如,潜能、素质与水平就能正常发挥与展现。发现一致点与强化共同点的心理基础是主试人对应试者表示理解、同情与关心。理解与同情是沟通情感的基础,如果主试人拥有一颗同情心并理解应试者,能够变换自己与应试者的位置,置身于应试者的位置上来分析与考虑面试的内容与方式,那么主试人就有可能获得其他人无法获得的或自己意想不到的信息。

(八)标准式与非标准式相结合,结构式与非结构式相结合

标准式,是指按照预先确定的统一程序与问题逐步进行,面试过程结构严谨、层次分明。这种提问方式有利于保证面试的公平性与可比性。所谓非标准式提问,则是指主试人所提问题是因人因事因情境与需要而决定的,没有固定的模式,气氛活泼,内容广泛。这种提问方式针对性强,灵活机动。面试中的提问应两者相互结合,在标准式中非标准化,即问题的内容可大体规定几个主要方面,包括对经历、学历、背景、适应力、应变力等的测评,但提问的方式与次序可灵活掌握,顺其自然;要给提问的数量与时间留有一定的机动性与余地。

结构式,是指主试人对问题回答的模式与标准有一定的规定性,应试者的回答一旦离题,主试人马上进行"导引",也就是在结构式面试中,主试人询问"特定"的问题,应试者只能作"特定"的回答,问一问答一答,不问不答。非结构式则不然,主试人所提问题内涵较丰富,涉及面较广泛,考生回答时可以充分发挥,尽量说出自己的感受、意见与观点,没有"特定"的回答方式。

结构式与标准式的区别是,结构式是相对问题回答情况来说的,而标准式是相对整个面试的设计与安排来说的。当然标准式对问题的回答标准也有统一的规定。显然非标准式面试与非结构式面试也是不相同的。

面试中,结构式应与非结构式相结合,不能所有的问题都是非结构式的,否则很可能时间不够,评判困难。

(九)坚持问准问实原则

前述八条大都是告诉主试人如何问"好"问"巧",要提高面试的效度与信度,还要问"准"问"实"。面试提问的目的是通过应试者对问题的回答进一步考查其思想水平和能力素质,以实现面试的目的。因而主试人通过提问要探"准"探"实"应试者的素质及其优势与差异,而不是去问"难"问"倒"(压力面试除外)应试者。提问必须有利于挖掘应试者的品德与能力素质,有利于应试者的经验、潜能与特长的充分

展现，有利于应试者真实水平的发挥。

（十）注意为应试者提供弥补缺憾的机会

由于应试者在面试中处于被动地位，尤其那些初次面试的人会过于紧张，开头几个问题往往发挥不出自己应有的水平。因此主试人在提问过程中要注意给应试者创造弥补缺憾的机会。第一，主试人要善于观察，善于提问，提高消除紧张与弥补缺憾的技能；第二，对难度较大的问题要适当启发或给予适当思考时间；第三，面试结束前提一两道可使应试者自由发挥的问题，如"你认为自己的特长是什么？"

在这里，简要介绍一下"八步问题交谈法"。该法是美国著名工程师约卡普提出的，用于测评工程技术人才，其具体步骤如下所述。

第一步，询问应试者是否具备某种创造才能。一般情况下，应试者回答时持慎重态度，但也不能排除某些外向的、急于显露身手的人作出肯定性回答。

第二步，请应试者提供有关方面的论文、著作，了解其数量和质量，如应试者获得过的专利，或受到某种表彰、奖励也应予以记录。

第三步，考查其思维独立性。尤其对刚参加工作的应试者，可以让他回忆一下，在校读书期间哪些事给他留下了深刻的印象，还可以让他谈谈当前的工作情况。通过谈话可以判断应试者是喜欢钻研难题，还是乐意驾轻就熟。值得注意的是，一个有才干的人，比较倾向于谈论不明白的问题和棘手的事，而一味奢谈确定无疑的东西是才智平庸的表现。

第四步，考查其想象力，因为它是创造活动中一项基本的因素。

第五步，摸清个性倾向。不同的职业对从业者有不同的个性要求。如具有喜好感情活动（如音乐美术）个性倾向的人，将有益于其技术才能的发展。

第六步，深入专业领域。在这样的交谈中，有的应试者喜欢引经据典，但不太表达自己的见解与判断。这种人智商或许较高，但不一定能承担创造性高的工作。

第七步，给应试者出一个具体的试题。可以结合其所学专业提出一个要求多思路回答的题，有才能的人提出的解题办法比较多，并且不怕提出假设性的想法。

第八步，请一位有关的专家与应试者交谈，并请他发表意见。

二、如何"听"

（一）要善于发挥目光、点头的作用

人的眼睛不仅有观察的功能，而且还有表达的功能。面试中，主试人的目光在听

应试者回答时要恰到好处、轻松自如。俯视、斜视、直视应试者回答问题，都将使应试者感到紧张，从而产生一种压力，使身心处于一种不自在、不舒服的状态。

一般来说，在室内，两人的目光距离应为1米至2.5米，主试人的目光大体要在应试者的嘴、头顶和脸颊两侧范围活动，给对方一种你对他感兴趣、在很认真地听他回答的感觉，同时伴以和蔼的表情、柔和的目光与微笑。

听应试者回答问题时，主试人还应伴以适当的点头，因为点头是一种双方沟通的信号；点头意味着你在注意听而且听懂了他的回答，或者表示你与他有同感，从而给对方营造心情愉快的气氛。但是要选择在无关紧要处点头，这与听演讲报告、讲课时的点头不同，否则容易泄露答案，带来麻烦。点头也可以用"嗯""啊"等其他示意行为代替。

（二）要善于把握与调节应试者的情绪

在倾听应试者回答问题的过程中，主试人要善于把握与调节应试者的情绪，使之处于良好的状态，正常发挥。

当应试者在回答问题过程中突然出现紧张、激动状态时，主试人可以通过反复陈述对方的话或慢慢记录等方式，先稳定对方的情绪，待其冷静后再进入正题。

当发现应试者一见面就处于紧张状态时，可以采取前面提过的"暖身"题的办法给应试者一种"温暖"感。也可以采取"示弱"、亲切称呼与"请教悦心"等技巧。示弱，即在应试者面前装着不懂，例如，"你是这方面的高才生（专家），我是门外汉……不太懂"。"亲切称呼"，即指称呼"小李""老张"之类的简称，或直呼名不称姓。这种称呼应试者听起来比正正规规的全称亲切多了，正常情况下心里会感到比较愉快。"请教悦心"，是指面试时主试人可以适时地以请教的口气同应试者交谈，这有利于唤起应试者的优势感，使其戒心松弛，既便于应试者正常发挥，又便于主试人了解。例如，"据说你非常擅长于……能否谈谈……""我曾经遇到过这么一个问题：……你专门学过，我想请教一下你"。

当应试者情绪过于低沉时，可以采取"夸奖""鼓励""刺激"等方法。当应试者因刚回答的一个问题没答好而情绪低落时，可以采取鼓励支持的方法。你可以说："我觉得你的实力可能不止于此，要争取把潜力发挥出来。"或者说："下个题对于你来说可能难了些，但好好努力，能答好的。"如果说："别失败要小心点。"反而会适得其反。

当应试者处于高度警戒状态而紧张时，主试人可以采用夸奖技巧。因为某方面的夸奖尤其是应试者自己感到名副其实时，会产生一种兴奋感，警惕的心理随之逐渐放松下来,并对夸奖者产生一种亲和感。例如,"你口音不错,一点也听不出你是××地方人"。

(三)从言辞、音色、音质、音量、音调等方面区别应试者的内在素质

研究表明,一个人说话快慢、用词风格、音量大小、音色柔和与否等都充分反映了一个人的内在素质。例如,说话快且平直的人一般心情急躁,缺乏耐心,动作较为迅速。

三、如何"观"

"问""听""观"是面试中主试人的三种基本功,其中"观"是十分重要且关键的。

(一)谨防以貌取人误入歧途

容貌本来与人的内在素质没有必然的联系,但是由于日常生活中的心理定势、小说电影电视艺术造型以及理想化的影响,人们面试时难免先入为主,未见面前就想象该人应该如何如何,什么样的人有什么样的素质特点。因此,以貌取人的现象经常发生,古今中外都有教训。

之所以要谨防以貌取人,是因为在问、听、看三者中,由看获得的信息往往在我们的评判中先入为主。任何人见面都是先看清面目相貌才会问话,问话后才能听到声音,即使是老熟人也是这样。问与听的滞后性与面貌信息的大容量特点使主试人"防不胜防",往往在应试者未开口前便把他(她)与心目中"某类"人归并在一起。

(二)坚持目的性、客观性、全面性与典型性原则

目的性原则,就是主试人事先要明确面试的目的、面试的项目以及观察的标志与评价的标准。面试中要使自己的面试活动紧张围绕面试目的进行,只有这样,面试中主试人才能从应试者诸多的行为反应中迅速而准确地捕捉到具有揭示内在素质和评价意义的信息。

客观性原则,就是主试人在面试中不要带着任何主观意志,一切本着实事求是的态度,从应试者实际表现出发进行测评。提高面试的客观性要注意选择一些显性的外观标志作为评判指标。

全面性原则,就是主试人应该从多方面去把握应试者的内在素质,应从整体的行为反应中系统地、完整地测评某种素质,而不能仅凭某一个行为反应就下断言。不但

要从一般的问题中考查应试者的素质,而且还应该创造条件在激发、扰动的状态下考查应试者的素质。

典型性原则,就是要求主试人要抓准那些带有典型意义的行为反应。面试中应试者面对主试人的提问会作出许许多多的行为反应,实际上其中真正能够从本质上揭示素质的行为反应非常少,我们把这部分行为反应叫作典型行为反应。面试时,主试人就要注意捕捉这种典型行为反应。

(三)充分发挥感官的综合效应与直觉效应

笔试的判断是依靠大脑的思维分析与综合,而观察评定主要是靠视觉与大脑推断的共同作用,面试则因为集回答、面视、耳闻与分析于一体,所以各感觉有一种共鸣的综合效应,其中直觉效应尤为明显。这是其他测评形式所没有的。因此对于那些有丰富面试经验的主试人来说,要充分发挥其直觉的作用。然而直觉不一定是绝对可靠的,因此,直觉的结果应该尽可能获得"证据"上的支持,应该通过具体的观察去验证、去说明。

主试人应认真研究应试者典型的体态语言。例如,面部涨得通红、鼻尖出汗、目光不敢与主试人对视,一般说明应试者心情紧张,自信心不足。

四、如何"评"

面试经过"问""听""看",最后都必须归结到"评"上来,为了提高"评"的效率与效果,可以采取以下方法。

(一)选择适当的标准形式

面试测评的标准是一个体系,它一般由项目、指标与标度共同构成。项目规定所测素质的性质、内容与范围;指标揭示所测素质的形式、特征与标志;标度规定所测素质的级别、差异与水平。

测评指标有三种形态。第一种是应试者行为反应中具有典型意义与客观识别的行为,如"出汗""眼睛不敢正视主试人""回答拖泥带水"等。第二种是从测评项目演绎出的"要素"或"着眼点",例如,"态度"项目的三个"着眼点":回答问题是否认真;表情与动作是否自然;是否沉着。第三种是现象描述语,用于衡量应试者的现实行为。例如,"语言表达力"一项的测评指标:表达是否简明,措辞是否恰当,讲话是否逻辑通顺,内容是否正确;"分析能力"测评指标是对问题认识的深度,综合分析的全面性,对概念阐述是否清楚。

标度形式有五种。（1）词语描述式。如分析问题能抓住实质、接触到实质、抓不住实质。（2）程度级别式。如在"好"前加"很""较""不"等。（3）符号等级式。例如"甲、乙、丙、丁"或"A、B、C、D、E"。（4）分数式。（5）数轴或其他图式。

一般来说，应该以面试测评表格的形式把项目、指标与标度集中起来，这样既简洁又方便，见表4-3。

表4-3　　　　　　　　　　　　　面试评判表

[实施　年　月　日]	[考生姓名]	[考官姓名]
	[评定]　a. 优秀　b. 良好　c. 普通　d. 较差　e. 差	
评定项目	着眼点	评定
协调性	合作意识怎么样？ 见解、想法固执吗？ 自我认同感强吗？	记录　a b c d e
积极性	有进取心吗？ 能积极陈述自己的见解、想法吗？ 有朝气、有活力吗？	记录　a b c d e
坚实性	诚实、责任感很强吗？ 有没有轻率的行为，值得信赖吗？ 有忍耐力，够坚强吗？	记录　a b c d e
表现力	能简洁明白地表达吗？ 对于提问，回答的正确性高吗？ 讲话逻辑通顺吗？	记录　a b c d e
态度	回答问题认真吗？ 表情和动作自然吗？ 沉着吗？	记录　a b c d e
判定	[与判定相关事项的备注]	[对于拟任职务的适合性] 非常好　相当好　可以　尚待深究　不行 A　　B　　C　　D　　E
[3位考官的综合判定]		A　B　C　D　E

（二）分项测评与综合印象测评相结合

面试时测评的内容与感觉到的信息比较多，为了提高评判的准确性，进行分项评判是必要的。对由于对象的整体性与行为反应展示信息的辐射性，应该设计一个综合印象评判项目，对应试者进行整体性的评判。这不但发挥了感官直觉的作用，而且也突出了多种感官综合共鸣的特点，有利于面试效果的提高。

（三）横观纵察比较评判

面试中有些素质本身模糊不清，难以揭示与把握，此时我们应采取横纵比较的方式，使几个应试者同时位于考场，进行集体面试，通过应试者之间的比较进行评判。横观是指不同应试者在同一项目上的行为反应比较；纵察是指同一应试者在前后不同问题上行为反应的比较。

（四）注意反应过程与结果的观察

面试与笔试的不同在于，它既要注意行为反应的结果又要注意反应的过程，而且更重要的在于过程。主试人提问之后，不要仅仅注意应试者最后回答是对还是错，而要特别注意："他是怎么回答的？思路是什么？回答过程表情如何？表现如何？"许多有价值的信息是在回答的过程而不是回答的结果中获得的。

五、提高面试质量的方法

面试从设计、组织、实施到最后录用，是一个系统的工程，要提高面试的质量，应该按一定的程序进行。面试的组织与实施可参考以下程序：（1）精选考官；（2）对考官进行培训；（3）给每位考官提供一份好的职位说明书；（4）告诉每位考官观察什么；（5）告诉每位考官注意听什么；（6）告诉每位考官如何有效地利用所"看"到与"听"到的信息，正确、客观地解释考生的行为反应；（7）采取评判表的形式使各位考官的评判方式趋于一致；（8）对整个的面试操作提出统一的原则性要求。

要提高面试的质量，除宏观上按上述步骤实施外，关键要做好以下三项工作。

（一）考官的选择与培训

面试是一种对考官素质依赖性比较强的测评形式，考官素质高低、经验丰富与否直接决定着整个面试的质量。刘劭就曾深有体会地说："一流之人能识一流之善，二流之人能识二流之善。"

考官的素质主要由三个方面构成：一是思想作风是否正派；二是对拟聘岗位的工作要求是否熟悉；三是对面试的理论与实践是否均有一定的掌握，富有操作经验。

考官素质除个体要求尽可能高外，还要求整体上结构合理，各有侧重。统计结果表明，最常见的是5~7人组成，由用人单位主管、人力资源管理处（科）长、专业（职位）技术专家以及面试技术专家四方面的人员构成。

考官无论有无经验，在面试正式开场前均应接受培训，时间可长可短，视需求而定。

培训的目的是要统一标准尺度与操作方式。培训的内容包括方法、技能培训以及标准要求操作培训。从英国与日本等国的情况来看，培训的方法有讲解、案例观摩、操作实习、研讨四个环节。例如，英国对考官的培训分三轮进行：第一轮是讲解，用一天时间要求考官了解面试的目的、内容、程序与日程安排，并发放《考官手册》；第二轮是观摩，让考官参加一次例会，为期3天，进一步听讲、观摩面试的程序和技法，对照面试录像，分析并熟悉操作程序及操作方法，并进行模拟面试练习；第三轮是研讨，利用3天时间先进行小组讨论，然后要求每个考官就面试的程序、技术写出报告，包括自己对所观摩案例中面试考官的评价。

（二）考生的筛选

面试与其他测评形式相比，要多花费些时间与人力，面试一天下来考官常常是疲惫不堪。因此应根据拟聘职位要求先进行一次筛选，以减少面试人数，从而提高面试的效率与效果。筛选的方法很多，比较可行的方法是资格审查、体检、笔试。

（三）考场选择与设置

考场应尽可能选择宽敞明亮、阳光充足、安静通风的地方。考场布置应活泼一些，可以考虑放些盆景，洒点香水。座位安排时应注意，考官不要坐在背对光源处，这样会使考官形象放大，对考生产生不利影响。考生不宜放在中央，离考官太远，这样也会使其产生一种孤零不安的感觉。但也不宜太近，一般相互距离在2米左右为宜。具体设置方式有如图4-4所示的六种方式供选择（图中数字代表考官位置，字母代表考生位置，黑点代表观众）。

其中，(1)(2)代表审讯式。这种形式突出了考官的地位，居高临下，适合于答辩与问答式面试。

(3)代表座谈式。这种形式强调考官与考生之间的平等关系，适合于交谈问答式面试。

(4)代表会客式。半圆形的设置，像家常会客，比较亲切。

(5)代表公堂式。比较庄严，适合于辩论式、答辩式面试。

(6)代表舞台式。考生在台上，考官、观众在台下，适合于演讲、答辩、辩论及其他表演性面试。

如果是一个考官对一个考生，则有并排、斜对、正对、掎角四种形式。掎角即两个人各坐在直角的两个边上。

提高面试质量还有其他技巧，具体操作还可以参考本章第四节"面试设计与实施"的相关内容。

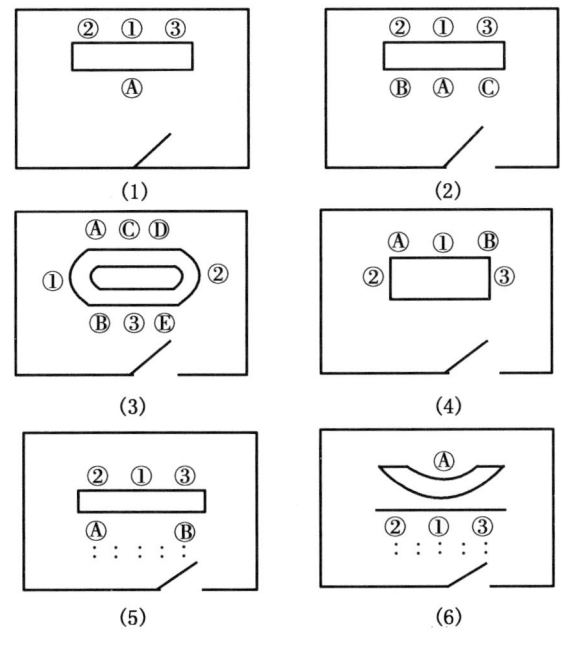

图 4-4 面试考场座位安排方式

第四节 面试设计与实施

面试的设计与实施不仅是面试过程的关键环节，在人力资源管理过程中也具有重要的地位。但面试毕竟是一种主观测量，无法像物质测量那样直接、准确，成功进行面试的设计和实施，提高面试的信度和效度，可以遵循以下几个步骤。

一、分析面试客体与对象

（一）应聘职位的工作分析或回顾

面试是通过面试者和应聘人面对面的交流沟通，将应聘人的个人条件与职位要求相对比，从而进行选拔性决策的一种人员测评方法。职位的客观要求决定着对应聘人素质的需求情况,是判断应聘人能否胜任该职位的依据,因此,对职位进行工作分析,全面了解职位信息是面试的第一步。

在回顾职位的工作描述和工作说明书时,要侧重了解该职位的主要职责,对任职者在知识、能力、经验、个性特点、职业兴趣取向等方面的要求,工作中的各种关系、环境因素、晋升和发展机会、薪酬福利等。具体操作上可以将这些要求一一列出,然后对这些素质、要求按重要程度进行排序和分类,分出哪些是必须的、主要的要求,哪些是次要的要求,从中提取面试的评价要素。这些内容直接决定了对应聘人个人信息的提取,以及面试试题的制定。

(二) 应聘人材料分析

受到考官人数和招聘经费的限制,不可能对所有的应聘人面试,因此需要根据工作说明书的要求对应聘人材料进行分析,做出初步筛选。

应聘人虽然都会递交个人简历,但根据应聘职位要求设计一份报名登记表,可以方便人力资源管理人员审阅,快速提取有效信息,节约筛选时间。报名登记表的内容通常包括以下内容。

1. 基本情况,如年龄、性别、身体状况等。

2. 教育和培训情况,包括应聘人的学历、毕业学校、所受教育和培训的深度和广度以及成绩等。

3. 工作经验,应聘人要列举曾任职务、时间、服务单位、担任职责、薪资以及离职意愿等项;对应届毕业生则主要填写校内学生活动和实习经验。

4. 过去最突出的成就。

5. 具备的特殊技能。

有时报名表还包括应聘人个人的技术专长、性格特征及兴趣爱好等内容。此外,报名表填写得完整与否,通常可反映该应聘人是否乐于遵守用人单位的规定或要求。[①]有时应聘人会附上一份自传,但要注意自传虽然是一份有用的资料,但仍然只能作为补充材料,不能取代报名登记表。

通过审阅报名表,考官可以立即淘汰个人条件与职位要求明显不匹配的应聘人,判断应聘人个人是否确有应聘的诚意,决定某些应聘人是否应给予礼貌性的面试。确定符合应聘条件的面试人选后,有时还加入一些有关知识、能力和技巧方面的考试和测验,其主要作用也是为了进一步掌握应聘人的情况。面试人选定后,由人力资源部

---

① 张顺. 成功招聘 [M]. 深圳:海天出版社,2002:177.

门向应聘人发出面试通知。

二、设计面试大纲与面试问题

在通过工作分析，明确了工作内容和任职资格之后，需要设计面试大纲。在设计面试大纲时，应注意把重点放在工作能力和工作动机上。对于与相对重要的工作内容和职责相联系的任职资格的考察，可以加大题量，加深内容，多角度、多层次地反复深入面试。结构化面试的大纲一般包括情境模拟处理问题、工作所需必备知识问题，以及反映应聘人工作动机、意愿、积极性、主动性等对于工作绩效有很大影响的一些问题。另外，还可以在设计面试大纲时加入一些敏感性或情理性事件的处理问题，以考察应聘人在特殊情况下处理问题的原则性和灵活性等能力。例如，"你的爱人和小孩都病倒在床上，此时没有人帮助你照看他们，上班时间快到了，今天你还有一个重要的会议，你在这种情况下怎么做？"

面试问话提纲是面试大纲的主要组成部分。问话提纲主要依据所选择的评价要素以及从不同的侧面了解应聘人的背景资料来设计，它由两部分构成：一是通用问话提纲，二是重点问话提纲。

通用问话提纲适用于所有应聘人，由于涉及问题很多，要求考官根据应聘人的具体情况选择提问，它主要是通过广泛的问题了解应聘人情况。而重点问话提纲则针对每一位应聘人，它是在总结报名登记表和各项考试结果材料的基础上发现问题，在面试中提出问题，以便更深入了解应聘人。面试题目同笔试题目相比具有不确定性，面试的提问对各个应聘人来说应该是不一样的，它并不能全部预先编制设计好。有的试题必须根据面试过程的具体情景由考官临场设计与提问，所以面试更强调考官在实施环节上的临场经验和操作技巧。尽管如此，事先就面试提问做好充分准备仍是实施一场成功的面试所不可缺少的前提条件。

设计好问话提纲后，应根据面试的问题设计面试评价量表。它是面试过程中考官现场评价和记录应聘人各项素质优劣程度的工具，应能反映招聘职位对人员素质的要求。在设计此表时，要注意这些评价指标必须是可以通过面试技巧进行评价的。由于面试没有标准答案，评分往往带有一定的主观性，为了使面试评分更具有客观性，在设计评价量表时，应使评分具有一个确定的计分幅度和评价标志。面试评价表通常按等级划分，一般可采用五级、九级或十级评定，每一级赋予特定的评价标准，评价等级越多，对考官的面试能力及技巧要求也就越高，通常采用的是五级评定法。有时可以将各等级进行量化，即对各评价标准等级予以标记。标记有两种基本形式：一是定量标记，就是采用分数形式进行标记，如百分制中的 90 分、80 分、70 分、60 分等；

二是定性标记,如采用"优、良、中、及格、差"等字符形式进行标记。①

三、制定面试方案

面试方案是整个面试过程的计划书,包括面试的时间、地点、方法和方式的选择,合理制定面试方案有利于面试高效有序地进行。

(一)面试时间的确定

确定参加面试的应聘人选之后需要通知应聘人具体的面试时间。面试时间应适合于面试双方的准时到场,并且是双方都可以全身心投入面试中的时间。公司作为面试时间安排的主动方,应注意保证考官有充足的面试时间,避免与其他重要工作的时间发生冲突。

(二)面试场所的选取

环境因素也会影响到应聘人的行为表现,为提高面试的质量,帮助应聘人充分展示自身素质,面试场所的选取可以参考本章第三节"方法技巧"的相关内容,但应注意以下几个方面。

1. 根据面试方式以及考官和应聘人的人数来选取面试场所。如个人面试可以选取较小的空间,而小组面试则要有较大的空间以容纳更多的人。如果应聘人数较多,还应该在面试场所附近安排休息室供应聘人在面试前可以进行短暂的休息和准备。

2. 面试场所要求安静、舒适、宽敞、整洁、灯光柔和。这些环境设计可以使应聘人心情放松,能够充分地沟通与交流,从而令考官对应聘人的能力、专长和个性等进行全面了解。

3. 不可在有人办公的办公室进行面试。一般而言,以一间具有隐秘性的私人办公室或布置一间会议室作为面试场所为宜。许多公司较高职位的经理或主管的办公室一般设有一间会客室,以此作为应聘人面试场所也相当理想。

4. 考官与应聘人之间保持有助于沟通的距离。

5. 给双方安排舒适的座位,双方座位的安排应有一个角度,这样既可以进行目光交流又不会把应聘人直接置于考官办公桌的正面。

6. 减少各种干扰(电话铃声、引人注意的文件、计算机屏幕、外部噪声)。许多有经验的应聘人能够轻松地从反方向倒着阅读文件,因此要把所有可能分散面试中注

---

① 廖泉文. 人力资源招聘系统 [M]. 济南:山东人民出版社,1999:182.

意力的东西收起来。

7. 减少面试期间阻碍沟通的各种障碍（凌乱的办公室、气势凌人的座位安排）。

（三）面试方式的选择

面试方式的安排可以做种种变化。一般来说，方式的变化可以分为两类：一类是变化应聘人接受面试的次数，另一类是变化面试的形态。面试方式的选择请参见本章第二节"理论基础"，注意根据面试的实际情况，选择恰当的面试方式，也可以从以下六种面试的方式中进行选择。

1. 个人面试

（1）一对一面试。顾名思义，面试时只有一位考官，多用于小规模招聘以及较低职位员工的招聘。

（2）小组面试。由多位考官组成考官小组，同时对应聘人面试。每个考官从不同角度对应聘人提出问题，进行观察，从而对应聘人作出全面正确的评价。

2. 集体面试

当应聘人较多时，可以将其分为若干小组，就一些问题展开讨论，考官在一旁就应聘人的领导能力、逻辑思维能力、口才、处理人际关系能力和环境控制能力等进行观察评价，加以甄选。

3. 测验面试

一般在应聘职位对应聘人有某些技能要求时采用。测验一般在面试过程中穿插进行，并不一定采用规范化的测验技术。[①]

4. 结构式面试

面试时照例要对应聘人提出许多问题，但实际进行时难免遗漏，有些问题忘了提出，或对不同的应聘人提出的问题差别太大，基于此，才产生结构式面试法。它是在面试前，先将要面试的各个问题全部详细列举出来，一般分为四个类别，即针对职位因素的问题、针对教育程度的问题、针对特殊技能与经验的问题以及针对其他因素的问题。制定每个问题的基准答案或评判标准，对要素的评价按分值结构合成。问题应有相当弹性，考官依序将问题一一提出，应聘人依次回答。考官根据印象将应聘人的回答与答案做对比，给出应聘人每个问题的分值，然后按每套结构化的试题评分要求计算应聘人的总分，给出总评。

---

① 华茂通咨询. 现代企业人力资源解决方案 [M]. 北京：中国物资出版社，2003：231.

5. 渐进式面试

渐进式面试是一种多轮面试方法。每一轮面试都将淘汰不合格的应聘人，进入面试的轮次越多，说明面试等级也就越高。

6. 复合式面试

复合式面试是前面几种面试方式的组合，适用于高级职位的招聘，特点是面试内容多。

一般来说，面试方式的安排应视公司规模的大小、组织的结构以及应聘人职位的重要性等因素而定。

（四）面试考场的设置与方法的选择

面试的方法主要从"问""听""观""评"四个方面入手，请参见本章第三节"方法技巧"，注意根据问话提纲选择恰当的面试方法。面试考场的设置与选择可以参考本章第三节"方法技巧"，应注意交通方便，环境清静，空间宽敞，布置得当，标识明显，面试资料与信息保密安全，考官与考生生活设施周全。

四、选择与培训考官

考官的选择与培训，在本章第三节的最后略有涉及，由于十分重要，这里有必要再具体说明一下。

在分析清楚面试的客体与对象、设计好面试大纲和面试方案之后，需要选择这一系列方案的执行人——考官。前面的准备工作都是为了让考官能够顺利地实施面试，并给予应聘人较客观的评价。面试的结果由考官给出，考官各方面的素质、性格特征、工作能力直接影响到面试的质量。同时，应聘人人数众多，即使没有被聘用，他们也可能与您的公司形成其他关系（如客户关系），所以考官需要给他人留下积极专业的印象。因此，精选考官也就显得十分重要。

（一）考官必须具备的条件

1. 必须具备良好的个人品格和修养，为人正直、公正

因为在面试过程中，考官代表着组织，是组织文化的象征，他应使每位应聘人在与他们的接触中感受到彼此的价值。即使应聘人不被聘用，也会因考官的个人魅力对应聘单位产生一个好印象，有利于树立公司良好的形象，吸引更多的应聘人。

2. 具备相关的专业知识

起码在面试的小组中考官的知识组合不应有缺口。同时，由于在面试评价过程中，

定性的评价往往多于定量评价,这就要求考官具有丰富的社会工作经验,能借助于工作经验的直觉判断来正确把握应聘人的特征。

3. 了解组织状况及职位要求

招聘的目的是为职位服务,只有了解组织状况和职位要求,才能有针对性地提出问题,搜寻应聘职位需要的个人素质和能力,帮助公司选出真正需要的人才。

4. 能熟练运用各种面试技巧控制面试的过程

在面试过程中,面对各类应聘人,考官应能了解和感受应聘人心理上的恐惧和焦虑,妥善疏解应聘人的紧张,营造轻松的气氛,同时应具备驾驭全局的能力,使面试过程和目的免受破坏。

5. 有良好的自我认识能力

作为考官,应能公正、客观地评价应聘人,不受应聘人的外表、性格或背景等所留下的各项主观感受的影响。心理学研究表明,人们总是习惯以自我为标准去评价他人,作为考官,如果他不能对自我有一个健全、正确的认识,就无法正确地去评价他人。[①]

6. 掌握人员测评技术

这一点的要求关系到考官能否对录用与否作出果断的决定。

如果单个考官无法同时具备以上全部条件,则至少必须组织面试考官小组以满足这些条件,否则无法保证面试质量。

(二) 考官培训

考官精选之后就要进行相应的培训,具体说明可以参考本章第三节中相关内容。在培训中,重点提示考官避免以下几点问题。

1. 首因效应

考官往往在见到应聘人的几分钟之内就已经根据报名表和应聘人的外貌作出是否录用的判断,即使延长面谈时间也无济于事。许多研究表明,应聘人在测试中的成绩对考官在面试中判断应聘人有很大的引导作用。另外,一项研究发现,在85%的情况下,考官在面试的前15分钟就已经作出了录用决定。

2. 晕轮效应

在招聘面谈中,考官一般要考察应聘人多方面素质,并根据每个人在各个方面的综合表现来决定录用人选。但在实践中,考官往往因应聘人某一方面十分好或坏的表

---

① 廖泉文. 人力资源招聘系统 [M]. 济南:山东人民出版社,1999:180.

现而产生对应聘人的整体判断,结果导致录用偏差。

3. 刻板印象

刻板印象是指对某一类人或事物形成的一种比较固定、概括而笼统的看法。刻板印象表现为将交往对象机械地归入某一类群体中,并把自己对该类群体的习惯化概括附加到交往对象身上。因此,若考官能时时提醒自己把应聘人看成一个独特的人,就会大大弱化刻板印象。①

4. 强调应聘人的负面材料

考官比较容易受到应聘人负面材料的影响。这包括两个方面的含义:一是考官对应聘人的印象容易由好变坏,但不容易由坏变好;二是对于应聘人同样程度的优点和缺点,考官会强调其缺点而忽视其优点。这种负面效应之所以存在,主要是因为企业对考官招聘到合格的员工通常没有奖励,而对招聘到不合格的员工的考官容易进行批评或处罚。这种只有惩罚而没有奖励的不对称性奖罚使得考官一般都倾向于比较保守,不愿承担风险,结果面试经常被用来搜寻应聘人的不利信息。

5. 对职位缺乏了解

有时候,考官对招聘职位缺乏基本了解,也不了解什么样的应聘人才真正适合这个职位。在招聘的过程中,考官往往凭着对招聘职位的主观印象,想象需要什么样的应聘人。同时,提出的问题也与应聘职位关系不大,结果招聘到的人员不合适。

在一项研究中,专家对 30 名职业考官进行了研究,其中 15 名了解他们正在招聘的职位的详细职位说明,如有 8 名申请者正在申请的某国际航空公司的秘书职位要求每分钟打 60 个字符,要求能够用英文和中文接听电话等;而另外 15 名考官仅仅了解有关他们正在招聘的单位的职位的简单信息,如仅仅得知他们有 8 名申请者正在申请一个秘书职位。最终,15 个得到详细信息的考官圆满完成了任务。

6. 受录用压力影响

录用压力,是指招聘的急迫度对招聘面谈的质量也存在重要影响。当招聘的最后几天,招聘任务还没完成而公司又急需人手时,考官往往会放松标准,降低要求,对应聘人给予过高的评价,将招聘草草结束。

7. 面试次序的影响

应聘人的面试次序也会影响考官的评价。当连续几位应聘人表现都较差,而突然出现一位中等的应聘人时,考官往往会给他较高的评价。而同样是这位应聘人,如果他排在连续几位表现都较好的应聘人之后,那么他可能得到一个较低的评价。

---

① 陈学军,等. 管理心理学 [M]. 杭州:浙江教育出版社,2009:288.

8. 身体语言和性别的影响

考官对应聘人的评价会无意识地受到应聘人的点头、坐姿、微笑、专注的神情等身体语言的影响。另外，考官对应聘人的评价还会受到应聘人性别的影响。在美国，如果男性申请人寻找白领工作或者女性申请人寻找非管理工作时，其性别常常会有助于应聘人得到工作。但当一位富有魅力的女性寻找管理工作时，这种魅力往往对她有不利的影响，因为考官认为管理职位是一种阳刚型的工作，而她的吸引力常常被考官联想到阴柔娇气，在这种情况下，考官往往不重视她的实际工作能力。

在考官培训过程中，应该告知考官这些易犯的错误，注意避免，尽量减少面试的误差。

五、注意面试过程中一些事项

（一）主题明确

这一点十分重要。有的考官在面试时往往会岔开主题，这样就达不到面试的目标，有时，应聘人也会无意识地把目标引开。面试的时间有限，就需要双方在短时间内围绕面试主题充分交流，以获得对应聘人的正确评价。

（二）营造轻松、和谐的气氛

通常面试的气氛和谐时，可以让应聘人正常发挥，了解的信息就比较准确。如果为了了解在压力状态下应聘人的心理素质，也可以在面试的中后期制造一些压力气氛。一般情况下，尽可能在面试刚开始时和应聘人聊一些轻松的问题，以缓解面试的紧张气氛，使应聘人能在从容不迫的情况下，表现其真实的心理素质和实际能力。

（三）避免重复谈话

面试应该规定一个基本的时间界限，考官不要一扯开话题，就没完没了拖好几个小时，这样既影响下一轮的面试，又使面试的内容不容易集中。

（四）保证面试内容的一致性

在面试的过程中经常会出现前紧后松或前松后紧的现象。刚开始的几轮中，由于考官精力旺盛，思想较集中，提问较仔细，对应聘人测评比较准确；到了后几轮，由于长时间的工作，考官有可能因为疲倦草草了事，这样面试的结果就不够理想。考官要注意调整个人的精神状态，保证对各个应聘人面试内容的一致性。

(五）注意应聘人的肢体语言

最合理的语言行为往往是通过深思熟虑才讲出来的，尤其是面试的时候，应聘人往往事先做过充分准备，他讲话的时候往往把最好最合理的一面反映出来，有时包含了很多虚假的成分。要真正了解应聘人的心理素质，需要很仔细地观察应聘人的非语言行为，包括他的表情、动作、语调等。

(六）避免不恰当的提问方式

有的考官会对应聘部门经理的应聘人问这样一些重要问题："这个职位要带领十几个人的队伍，你认为自己有亲和力吗？""这个职位要和很多部门交流、沟通，你有人际合作精神吗？""这个职位压力很大，要经常出差，你适应高压下工作吗？"

应聘人的亲和力和人际合作精神也许真的都不错，但因为考官的问话明显的是希望他在亲和力和人际合作精神方面是好的，应聘人不可能看不出面试官的喜好；如果这个应聘人很不喜欢出差，但是考官的问话给了他暗示，他只能说喜欢出差，否则他会被淘汰。面试的结果就是应聘人的能力和偏好并没有被考察出来。主要原因是考官提问的方式不恰当，在应该用开放式问题来了解应聘人的地方用了封闭式问题，如果用"说说你以前的出差频率和经验"，来考查应聘人对出差的态度；用"在工作中的同事如果和你有工作以外的交流，会是哪些活动"，来考察应聘人的亲和力和人际交往能力，应聘人的真实情况就容易被发现。①

(七）尊重应聘人

有时考官在面试中会表现出对应聘人的一种漫不经心的态度，使应聘人感觉到自己受冷落，进而会有不积极的反应，这样就不能了解应聘人真正的想法和潜在的能力，从而影响面试评价。

六、面试的现场管理、记录与评分

面试现场要准备好面试必需的资料，安排好记录人员或准备好记录仪器，如录音机、录像机等，同时充分估计可能出现的各种障碍因素并设计好处理方案。另外，在面试前，应将工作分析、问话提纲、评价标准、应聘人背景资料等交到面试小组手中，并要求考官仔细阅读，做好面试准备。必须安排引导人员接待早到的应聘人，在应聘

---

① 顾沉珠，等. 人力资源管理实务 [M]. 北京：北京大学出版社，2011：64.

人休息场地等候。面试开始后要按计划依次进行，考官要注意把握好面试时间，将时间控制在预计范围，以免影响后面的面试。面试中由引导人员负责通知下一轮应聘人何时进入面试地点，尤其是当应聘人很多，面试分为几个办公室同时进行时，引导人员应注意说明每一位或每一组应聘人面试的办公室房间号，以保证面试紧凑有序地进行。面试结束后，考官应向应聘人说明之后的程序，并回答应聘人提出的问题。

面试过程由记录员或使用录音机、录像机记录下来，有助于面试回顾，以保证面试的公平性，也可以当作公司档案或面试培训的案例，尤其是当发生反歧视的招聘诉讼时，面试记录可以作为执法证据。记录内容主要是考官的问题和应聘人的回答。

具体评分应依照已设计好的面试评价量表的要求填写。评分的过程是考官素质的体现过程，对考官的技巧有较高要求，需要考官秉着认真公平的态度按评分标准给分。可以当场评分，也可以面试结束后仔细查阅面试记录，回忆整理一下刚才的面试过程再填写面试评价量表。

七、面试结果处理

面试结果处理工作主要包括三个方面的内容：综合面试结果、面试结果反馈和面试结果存档。

（一）综合面试结果

当考官只有一位时，面试结果由该考官给出。但为提高面试的效度，通常由面试小组负责面试，面试小组的每位成员都对应聘人有一份独立的评价结果。面试结束后，需要将多位考官的评价结果综合，形成对应聘人的统一认识。这个工作可以在综合评价表上完成。综合评价表将多位考官的评价结果汇总得出，有时根据需要还要将所有应聘人的面试评价结果排序。

国外常用一种面试结果总结单对应聘人进行评审（见表4-4、表4-5）。面试结果总结单是在全部面试结束后再填写，考官在填写总评一项时，不能仅以对某一应聘人的印象为基础，而应是将全部应聘人比较后得出的结论。根据这张表，可以将职位要求条件和应聘人的实际情况作比较，若发现应聘人某些方面较弱，考官可查询应聘人是否还有其他方面的经验作为补偿。若应聘该职位的人不止一人，考官还应对他们相互比较后再做最后的判断。在总结表中列有"其他因素"，它包括许多不同的项目，但并非全部其他因素均应等量齐观，只需要特别重视某些和应聘职位关系最为密切的项目。[1]

---

[1] 廖泉文. 人力资源招聘系统［M］. 济南：山东人民出版社，1999：210.

表 4-4　　　　　　　　　　　面试结果总结单一

应聘人：_____　　面试日期：_____

应聘职位：_____　　考官：_____

应具有技能_____ _____ _____ 应具备的教育程度 □ 类别_____ □ 等级_____ 其他职位资料_____ _____	_____ _____ _____ _____ _____ _____ _____ _____

表 4-5　　　　　　　　　　　面试结果总结单二

应聘人：_____　　面试日期：_____

应聘职位：_____　　考官：_____

个人情况	考官意见
过去工作经历	
过去重要成就	
其他因素	
□　仪表	
□　适应力	
□　稳定性	
□　领导能力	
□　创造力	
□　智力	
□　体力	
□　沟通能力	
□　自信力	
总评	

应聘人优点：

应聘人缺点：

□建议可予录用，还应予以训练

□建议不予录用，理由：

其他意见：

综合评审结束后，就要决定是否录用，这是至关重要的，必须着眼于应聘人长期发展的潜力，看是否符合组织的需要和利益。因此，有时某位应聘人其他各方面都比较理想，却因为缺少某一方面的条件而未被录用；而另一些其他条件较差的应聘人，却因为在某一方面有专长，在组织中有发展前途，反而获得录用。一般最后的决定权在应聘职位的部门主管或高层负责人手里。

（二）面试结果反馈

面试结果反馈，就是将面试的评价建议通知用人部门，经协商后作出录用与否的决定，随后通知应聘人。如果职位比较重要，虽已经决定录用某个人，但一般还得再邀请应聘人进行一次"录用面试"，这次面试实际是一次"面谈"，有关录用的各项事项均应在这次面谈中解释清楚，应聘人有什么问题也应在这次面谈中澄清。面试结果反馈的具体工作内容有以下三点。

1. 了解双方更具体的要求

这些内容主要包括待遇和福利事项、录用条件、更换工作地点问题、差旅问题、对方接受录用的期限、报到日期的规定等。此外，如是否需要值班和加班、工作条件是否比较特殊等，也要在面谈时向双方说明。

决定录用某人后，有的只用口头通知，有的用书面文件通知对方。对于比较重要的职位，还是用一份正式的书面通知较为恰当。

2. 关于劳动合同的协定

我国法律规定用人单位录用员工要签订劳动合同，对于那些担任重要职位或能接触组织业务机密的人员，合同条款往往会更严格一些，以束缚对方不得泄密。有的组织对高级管理或技术职位人员，在劳动合同中要加入"同业禁止"的相关条款；有的合同里还明确公司技术人员为公司设计的产品一旦获得专利，专利权归公司所有，设计人员不得持有异议等。

3. 对未被录用者的信息反馈

大多数组织的人力资源部门只将聘用（或试用）通知书发到聘用者手中，而往往忽视了对未被聘用者的辞谢通知。对于落选的应聘人最好要寄一封抱歉和慰问性的辞谢通知，这既是对未录用者的尊重，也是树立组织形象的一个环节，有利于组织维护潜在的劳动力供给市场。

（三）面试结果存档

以上工作全部结束后，需将有关面试的资料特别是面试结果总结单存档备案。它一方面是作为组织的人力资源档案资料；另一方面针对被录用的人，面试评价结果也是组织对这些新进员工的第一次全面评价，事实上组织对新进员工的系统考评正是从这里开始的。此外，通过将员工的日后绩效表现与面试评价相比较，也可以检验面试的有效程度，为进一步改进面试程序服务。至此，面试招聘的工作全部宣告完成。

八、招聘时应该注意的一些法律规定

1. 我国法律禁止使用童工

《中华人民共和国劳动法》（以下简称《劳动法》）第十五条规定，禁止用人单位招用未满十六周岁的未成年人。文艺、体育和特种工艺单位招用未满十六周岁的未成年人，必须遵守国家有关规定，并保障其接受义务教育的权利。2002年10月1日国务院发布的《禁止使用童工规定》规定，国家机关、社会团体、企业事业单位、民办非企业单位或者个体工商户均不得招用不满十六周岁的未成年人。禁止任何单位或者个人为不满十六周岁的未成年人介绍就业。禁止不满十六周岁的未成年人开业从事个体经营活动。父母或其他监护人应当保护其身心健康，保障其接受义务教育的权利，不得允许其被用人单位非法招用。文艺、体育单位招用不满十六周岁的专业文艺工作者、运动员的办法，由国务院劳动保障行政部门会同国务院文化、体育行政部门制定。

2. 我国法律规定妇女与男子享有平等的就业权利

《劳动法》第十三条规定，妇女享有与男子平等的就业权利。在录用职工时，除国家规定不适合妇女的工种或岗位外，不得以性别为由拒绝录用妇女或者提高对妇女的录用标准。

3. 对招聘台、港、澳地区居民及外籍员工的法律规定

虽然我国允许内地用人单位招收台、港、澳地区居民以及外国人来内地就业，但这并不是完全由用人单位自己决定的。为了维护国家利益，法律对内地用人单位招收上述四类人员做了一定的限制性规定。

根据2005年修订的《台湾香港澳门居民在内地就业管理规定》第九条的规定，用人单位应当持就业证到颁发该证的劳动保障行政部门办理聘雇台、港、澳地区人员登记备案手续。

但是，根据2010年11月12日中华人民共和国人力资源和社会保障部令第7号修正发布的《外国人在中国就业管理规定》，用人单位招聘外国人须具备下列条件：

（1）用人单位聘用外国人从事的岗位应是有特殊需要，国内暂缺适当人选，且不违反国家有关规定的岗位。

（2）用人单位除经文化部批准持《临时营业演出许可证》外，不得聘用外国人从事营业性文艺演出。

由此可见，虽然国家放宽了台、港、澳地区居民在内地就业的岗位条件，但聘用外国人时必须是从实际需要出发的，如果内地用人单位能找到适当人员，则不能聘用以上人员。而且内地用人单位聘用上述人员，不能损害到国家利益。①

4. 法律对雇用尚未解除劳动合同的劳动者的规定

《劳动法》及其有关法规政策规定，劳动者违反《劳动法》规定的条件解除劳动合同或者违反劳动合同中约定的保密事项，对用人单位造成经济损失的，应当承担赔偿责任。用人单位招用尚未解除劳动合同的劳动者，对原用人单位造成经济损失的，该用人单位应当承担连带责任。此外，招用尚未解除劳动合同的劳动者还容易导致关于侵犯商业秘密的诉讼。

 本章小结

本章从面试的概念出发，分析了面试的理论依据、功用和内容，介绍了面试的一些方法技巧，并具体阐述了面试的设计与实施。本章认为面试是一种经过精心设计，在特定场景下以面对面的交谈与观察为主要手段，由表及里测评应试者有关素质的方式。面试具有对象单一、内容灵活、信息复合、交流直接互动以及直觉判断五个特点。

面试的基本类型主要包括以下六种形式：（1）操作综合式；（2）压力面试；（3）结构面试与半结构面试；（4）小组面试；（5）依序面试；（6）逐步面试。

面试的设计与实施主要包括以下七个步骤：（1）分析面试客体与对象，包括对应聘职位和应聘人才的分析；（2）设计面试大纲与面试问题；（3）制定面试方案，确定面试时间，选取面试场所，选择合适的面试方式与方法；（4）选择与培训考官，避免考官易犯的一些错误；（5）注意面试过程中一些事项；（6）面试的现场管理、记录与评分；（7）面试结果处理，将面试结果存档。此外，招聘时还有一些应注意的法律事项。

---

① 张顺. 成功招聘［M］. 深圳：海天出版社，2002：242-245.

复习思考题

1. 请简述面试的概念、功用与特点。
2. 请简述面试的功用。
3. 请简述面试的主要内容。
4. 什么是结构化面试？
5. 面试的主要方式有哪些？
6. 如何提高面试中提问的质量？
7. 面试的题目主要有哪些类型？
8. 面试中考官应注意的事项有哪些？
9. 面试实施的步骤包括哪些？

MJ 公司人员招聘中面试

星期一早上，在上海 MJ 公司中国总部的一间办公室里，负责人力资源管理的副总经理马克正考虑着一会儿要进行的面试高级研究人员的一些事项。他的办公桌上放着三个人的材料，包括个人简历、相关证书以及一些素质测评的结论。这三个人是从 107 位应聘人中选拔出来的，每个人都有其独特之处。

A，男性，29 岁，应届博士生，毕业于名牌大学。其毕业论文中关于"氟化玻璃的硬度与纯度"的研究与公司下一步的技术开发方向十分吻合。去年 A 曾到 MJ 公司在中国的竞争对手 BK 公司的一个实验室里实习过一个月。马克派人了解过他的情况，那个实验室的人高度评价了 A 在专业方面的悟性和工作能力，但对他的骄傲自大颇有微词。"有才华的人总免不了有些骄傲的。"马科心想。

B，女性，35 岁，硕士。目前的身份是一家省级科学院的副研究员，在新型材料的市场调研和应用研究方面是专家，想进 MJ 公司就职主要为解决夫妻两地分居的问题。

C，男性，33 岁，硕士，自由职业者，有两项关于氟化玻璃的专利。

三个人的情况分析见表 1 内容。

表 1　　　　　　　　　　　　　应聘人基本情况分析表

候选人	性别	年龄	资历	测评分析	个性特征
A	男	29	名牌大学应届博士生，有一个月的实习经验	优点：具有此方面的悟性和工作能力 缺点：欠缺实践经验	骄傲自大，按部就班，没有主见，责任意识不强，缺乏职业道德
B	女	35	硕士，任职于省级科学院，在新型材料的市场调研和应用研究方面是专家	有丰富的实践经历，已婚，工作状态稳定	具有团队意识，人际交往能力强，稳重大方，善于总结
C	男	33	硕士，自由职业者，有两项关于氟化玻璃的专利	优点：丰富的专业知识 缺点：我行我素，欠缺实践经验	我行我素，以自我为中心，没有团队意识，推卸责任，毅力强但有点盲目行事

MJ 公司是一家化工类的大型跨国公司。其在中国的分公司的主要业务之一就是新型材料的研制与开发。MJ 公司推崇"求稳求实、团结协作、持续创新"的企业精神，要求员工信奉"公司至上、团队至上"的文化理念。这一年来，MJ 公司在技术开发和市场开发两个方面都受到了竞争对手的有力挑战，所以他们需要引进高层次的人才。这也是马克亲自主持这次面试的原因之一。从目前的情况看来，马克对三人的简历和专业情况很满意，已经做过的几个测评项目对他们的仪表、智力、反应能力、语言和文字表达能力及解决问题的能力等也作出了不错的结论。今天，马克打算着重对他们在组织责任感、团队协作精神以及克服困难的情况方面做一番探究，希望他们能符合公司文化的要求。如果顺利，马克愿意将三人都留下。

10 分钟后，马克和其他四位专家一起开始了对 A、B、C 三人的面试交谈。谈话中，除一些话题与个人情况密切相关外，有几项重要的提问对三人是相同的，但回答却大相径庭。现在，面试结束了，马克面对着几项问题相同而回答不同的记录，陷入了沉思。面试主要内容记录如下所述。

为什么要做氟化玻璃这个项目？

A 答：导师帮助确定的，定了我就做。其实换个题目我一样能做好，我有这个信心。

B 答：这是当前和今后几年里市场上的热点项目，技术上处在领先地位，获利将很高。

C 答：我做是因为我喜欢，我喜欢研究那些透明的晶体。目前我们国家的技术与国外相比还是不行，你注意了吗？国产的氟化玻璃总是有杂质，肉眼看去就很明显。

问：能否比较一下本公司与你以前工作过的单位？

A答：没法比，我实习过的那家公司糟透了，无论人员素质还是技术水平都太落后，我的才能只有在MJ这样的大公司里才能发挥出来。

B答：差不多，贵公司的技术条件与我们研究所差不多，资金实力还要雄厚一些。

C答：没法比较，我没有属于过哪家公司，贵公司可以提供给我继续工作的资金和场所仪器，所以我们还应该就待遇问题进一步谈谈。

问：你觉得愿意和什么样的人相处？

A答：什么样的都行，或者反过来，什么样的都不行。说实话，我不认为与什么人相处能对我的工作有所帮助，因为别人不可能帮得了我。我的工作主要靠我自己的努力。

B答：我希望与不太自私的人共事，因为这样大家才能协作得好，也有利于组织目标的实现，越是大公司越应注意到这一点。但不必担心，就我个人来说，一般情况下都能和大家合作好的。

C答：说实话，我与别人共事时不是经常能够融洽的。但我希望与我共事的人能以工作为重，否则我会很气愤，这会影响工作的。

问：能否评价一下你现在（或者前期）的领导，你与领导的关系怎样？

A答：我的领导就是我的导师，是个糟老头，又小气又固执。但是他对我不错。不过我很看不上他所做的那些事。

B答：我的领导就是我们室主任，我们相处得很好。我们的性格差距很大，他是个原则性极强、严谨得一丝不苟的人，有时显得迂腐。

C答：当年，我是因为与我们主任闹翻才辞职单干的。现在看来，原因不在那位领导，而是体制的问题。在那种体制下，我只有单干才能不受约束地搞我的研究。但今天我发现，只靠我一个人的力量也很难继续研究下去。我想，我会注意有意识地去搞好人际关系的。

问：如果你的研究项目失败，你会怎样？

A答：再换一个就是。我说过，不管做什么我都会成功的。

B答：多找一找原因，从技术、市场、材料、仪器等，还需要研究有无做下去的必要。如果有前景、有市场，当然应该继续做下去。

C答：我研究过这个项目的前景非常好。我会努力地做下去，我不怕失败、不怕困难。

（资料来源：本案例来自百度文库，内容有所修改。https://wenku.baidu.com/view/

68c63ab833d4b14e852468bc.html.）

讨论

1. 请你为这次面试招聘写一份分析报告，对于三位面试候选人的有关情况作出客观分析。

2. 如果仅凭以上面试并由你来拍板，你会录用 A、B、C 中的谁？为什么？

3. 如果三人中必须放弃一个人，你会放弃哪一个？为什么？

 建议阅读文献

1. 秦元元. 结构化面试：企业筛选人才的捷径 [J]. 中国人力资源开发，2004（6）：35-37.

2. 刘节，肖鸣政. 企业面试中存在的常见问题及对策浅析 [J]. 人才资源开发，2006（12）：25-27.

3. 张理义. 疫情期间海外院校在线面试技巧 [J]. 中国对外贸易，2020（9）：75.

4. 丁双凤. 某医院人才招聘结构化面试有效性问题分析及对策研究 [J]. 中国卫生标准管理，2020（8）：13-16.

5. 陈社育. 结构化小组面试的效度研究 [J]. 中国考试，2020（7）：42-46.

6. 周晓虹，徐高双. 企业招聘中的面试作伪行为及其应对策略 [J]. 中国人力资源开发，2017（9）：110-119.

7. 刘毓芸，程宇玮. 重点产业政策与人才需求——来自企业招聘面试的微观证据 [J]. 管理世界，2020（6）：65-80.

 习题

一、单选题

1. 面试与一般性的面谈、交谈、谈话的区别主要在于其（　　）的特点。
　A. 包罗万象　　　B. 精心设计　　　C. 面面俱到　　　D. 由表及里

2. 要提高测验问卷的测评效度，应该通过增加信息源（　　）来增加信息量，以增强效度。
　A. 种类　　　　　B. 来源　　　　　C. 数目　　　　　D. 信度

3. （　　）学说为面试提供了更充分的心理学依据。

A. 精神分析　　B. 体态语　　C. 条件反射　　D. 首因效应

4. 面试测评的标准是一个体系，它一般由项目、指标与标度共同构成。其中标度规定了（　　）。

A. 所测素质的性质、内容与范围　　B. 所测素质的形式、特征与标志
C. 所测素质的级别、差异与水平　　D. 所测素质的类型、要素与等级

5. （　　）是一种个人面试形式，与依序面试有点相反，需经过基层、中层、高层领导去考察，适合于重要职位人选的面试。

A. 压力面试　　　　　　　B. 结构面试
C. 操作综合式面试　　　　D. 逐步面试

6. 当觉察应试者不太愿意回答某个问题而你又想有所了解时，可以采取（　　）的策略。

A. 循序渐进　　B. 突然发问　　C. 沟通感情　　D. 声东击西

7. 主要用于征询应试者的某些意向、需求或获得一些较为肯定的回答的提问方式被称为（　　）。

A. 开口式　　B. 假设式　　C. 引导式　　D. 连串式

8. （　　）的考场安排方式，强调主试人与被测试者之间的平等关系，适合于交谈问答式面试。

A. 审讯式　　B. 座谈式　　C. 会客式　　D. 公堂式

9. 考官因应聘人某一方面十分好或坏的表现而产生对应聘人的整体判断，结果导致录用偏差，是由于（　　）。

A. 第一印象效应　　　　B. 强调应聘人的负面材料
C. 晕轮效应　　　　　　D. 受录用压力影响

10. 《劳动法》第十五条规定，禁止一般用人单位招用未满（　　）周岁的未成年人。

A. 15　　B. 16　　C. 17　　D. 18

11. 所有测评方式中，信息量最多，利用率最高的是（　　）。

A. 心理测验　　B. 技能测试　　C. 面试　　D. 笔试

12. 以问答形式为基础，把交谈、辩论、讨论、演讲、情境模拟、实践操作等形式也结合起来的面试形式是（　　）。

A. 操作综合式　　B. 小组面试　　C. 压力面试　　D. 逐步面试

13. 主持人所提问题是因人、因事、因情境与需要而决定的，没有固定模式，气氛活跃，内容广泛，这种提问方式是指（　　）。

A. 标准式　　　B. 非标准式　　　C. 结构式　　　D. 非结构式

二、多选题

1. 相较于其他素质测评形式，面试的特点在于（　　）。

   A. 对象的单一性　　　　　　　B. 内容的灵活性
   C. 信息的复合性　　　　　　　D. 交流的直接互动性
   E. 判断的直觉性

2. 面试是在特定的时间、空间与情境下，以行探行、以问试答，听其言、（　　）的过程。

   A. 观其行　　　B. 察其色　　　C. 析其因　　　D. 觉其征
   E. 推其质

3. 测试被测试者的反应能力与应变能力主要看其对主试人所提问题回答的（　　）。

   A. 迅速性　　　B. 全面性　　　C. 准确性　　　D. 确定性
   E. 细致性

4. 面试中的提问方式大致有收口式、开口式以及（　　）。

   A. 连串式　　　B. 压迫式　　　C. 委婉式　　　D. 引导式
   E. 假设式

5. 面试中的"观"十分重要，需要主试人坚持（　　）的原则。

   A. 目的性　　　B. 客观性　　　C. 全面性　　　D. 典型性
   E. 主观性

6. 为了提高面试的质量，关键要做好（　　）。

   A. 职位说明书的编写　　　　　B. 考官的选择与培训
   C. 考生的筛选　　　　　　　　D. 考场选择与设置
   E. 面试方式的选择

7. 面试官主要由（　　）四个方面的人员构成。

   A. 用人单位主管　　　　　　　B. 人力资源管理处（科）长
   C. 专业（职位）技术专家　　　D. 面试技术专家
   E. 管理人员

8. 面试方案是整个面试过程的计划书，包括面试的（　　）和方式的选择。

   A. 时间　　　B. 地点　　　C. 方法　　　D. 对象
   E. 流程

9. 面试结果的处理工作主要包括（　　）方面的内容。

A. 综合面试结果　　　　　　B. 面试结果评估

C. 面试结果反馈　　　　　　D. 面试结果对比

E. 面试结果存档

10. 面试的比例应该由（　　）决定。

　A. 面试项目涉及的素质范围大小

　B. 面试项目在素质测试中重要与否

　C. 面试项目在整个素质测评项目中所占的比例

　D. 面试项目在任职要求中所处地位

　E. 面试项目的结构化程度

11. 以近几年的面试实践来看，面试的发展出现了（　　）趋势。

　A. 形式多样化　　B. 试题顺应化　　C. 结果多样化　　D. 程序规范化

12. 就一般的项目而言，（　　）内容是面试项目应该集中测试的。

　A. 仪表风度　　　　　　　　B. 知识的广度与深度

　C. 事业进取心　　　　　　　D. 口头表达能力

13. 以下哪些选项属于面试官的素质？（　　）

　A. 思想作风是否正派

　B. 对拟聘岗位的工作要求是否熟悉

　C. 对面试的理论与实践是否均有一定的掌握

　D. 职位等级是否较高

三、判断题

1. 与笔试、行为观察、情境模拟相比，面试所依据的测评信息的来源与获得具有表面性与短暂性。（　　）

2. 面试的类型从结构与实施程序来划分，有逐步面试、依序面试与结构面试。（　　）

3. 面试问话提纲包括通用问话提纲与重点问话提纲。（　　）

4. 可在有特殊需要、国内暂缺适当人选且不违反国家有关规定的情况下，聘用外国人从事营业性文艺演出。（　　）

5. 笔试与面试相互排斥，情境模拟的测评方式也是面试的一种。（　　）

6. 面试结果的比例占得越大越合适。（　　）

第五章
评价中心技术

>> **教学目标与方法建议**

通过本章教学,应该把握以下五点内容。
1. 掌握评价中心技术的基本概念和主要特点。
2. 掌握评价中心技术的主要形式。
3. 掌握评价中心技术的应用程序。
4. 全面分析评价中心技术的优劣。
5. 了解评价中心技术的设计程序。

评价中心技术(assessment center)是现代人员素质测评的一种主要形式,也是人力资源开发的一种重要形式。与面试一样,它有着自己独特的形式与功用,是人力资源领域较为特别的一种测评方法。

教学方法建议:建议将课堂讲授与案例分析相结合,应用评价中心技术于不同的情境中,应用评价中心技术于人员的考察中。

第一节 概 述

评价中心对我国许多人来说还是一个陌生的名字,评价中心是什么?有哪些形式?起源于何时?有什么特点?诸如此类问题人们都还不太清楚。

一、历史探讨

评价中心被认为是现代人员素质测评的一种新方法，起源于德国心理学家1929年建立的一套用于挑选军官的在当时非常先进的多项评价程序。其中一项是对领导才能的测评，测评的方法是让被测试者指挥一组士兵，他必须完成一些任务或者向士兵们解释一个问题，在此基础上评价员对士兵的面部表情、讲话形式和笔迹进行观察。评价中心在我国的历史可以追溯到公元前21世纪尧对舜的德才考察。当时尧对舜进行了六次情境模拟测评：一是尧把自己的两个女儿嫁给舜为妻，通过舜对待妻子的态度来考察其德行。结果舜对两位妻子体贴备至，施以礼遇，而且使她们"不敢以贵骄事舜亲戚，甚有妇道"，故"尧善之"。二是让九位男子与舜相处，以观察舜如何对待他人。结果舜"内行弥谨"，而九人皆受舜德行的感染从而很尊敬他。三是使舜"慎和五典"，管理阴阳、术数、天文、历法、官员，舜管理有方，"五典能从"。四是让舜察举和管理有才德者为百官，结果"百官时序"。五是让舜铲除当时的四大劣迹昭著者，舜做到了，远近诸侯闻风而敬舜。六是让舜入山林川泽，经受暴风雷雨，"舜行不迷"。以上六种情境模拟测评历时三年，最后尧认为舜德才兼备，可以承担帝王重任。舜后来果真像尧一样有德行才干，功绩突出。

《史记·孙子吴起列传》记载了吴王以情境模拟考察孙氏带兵打仗本领的事例。唐代武举中的外场考试，更加充分地表现了军事才能模拟测评的形式。例如，马枪情境测试的设计形式是，制作四个木偶，各擎一块边长2.5寸的方板，四个木偶交互放在两道平行的土墙上。考生策马进入两墙之间，运枪左右刺，板落而木偶不倒为刺中。刺中三板或四板，为上等；刺中两板，为二等；刺中一板或全没刺中，为三等。现代的汽车司机执照考试，也是一种对汽车驾驶能力的情境模拟测评。情境模拟测评在现代公务员招聘录用中起着越来越重要的作用。

评价中心的起源在国内外有所不同。从我国古代与现代的情况来看，主要是以此代替或简化实践考查的形式，测评被测试者的实际工作能力。但是更直接的原因则是源于对管理能力的测评。

二、基本概念

在概括与建构基本概念之前，让我们先描述一下现代评价中心的形式。有12个被测试者（提升候选人）和6个主试人。主试人事先已接受过专门的培训，被测试者也知道测评的基本程序。他们得到进行评价中心测评的通知后的第三天，评价中心开始测评。测评时12个被测试者分成两个组，6个人一组。在其中一组进行小组问题讨论的同时，另外一组中的每个被测试者则单独地进行个案分析，并要求准备一份书面分析报告。然后要求每个被测试者与一个有问题的职员面谈，提出一个可行的解决方案，处理一大堆案头文件。

对于每个被测试者的上述表现行为，6个主试人一边观察一边记录，每个活动完结之后都要写出一份总结报告。每个被测试者至少由3名主试人观察，观察结束后，主试人要花费两天的时间交流讨论各自的观察情况并对被测试者的管理潜能作出评价。

针对每个被测试者进行讨论后，所有主试人一起依据评价标准把所观察到的行为归结表述在对应的标准之下，然后对每个被测试者依据评价标准及其相应的行为表现作出五级评分，所有这些内容都集中在一个表格内。主试人之间一旦存在分歧，则要进行讨论直到大家意见一致（有的以平均分作为统一意见）。最后把评价结果通知被测试者与单位负责人。

从上述有关评价中心的形式描述中可以看出，评价中心既源于情境模拟，但又不同于情境模拟。

我们不难发现，评价中心是多种不同的评价方法相互结合在一起，包括几种不同的测评方式，如测验、情境模拟测评、面试等。其中的情境模拟测评可能不止一个。评价结果是在多个主试人进行系统观察的基础上综合得到的。

因此评价中心可以定义为：评价中心是一种程序而不是一种具体的方法，在这种程序中，主试人针对特定的目的与标准，采用多种评价技术评价被测试者的各种能力。

根据上述定义我们可以把评价中心法具体定义为：评价中心是以测评管理素质为中心的标准化的一组评价活动。它是一种测评的方式，不是一个单位，也不是一个地方。在这种活动中，包含着多个主试人采取多种测评方法对素质测评的努力，所有这些努力与活动都围绕着一个中心，这就是管理素质的测评。

有的人认为，心理测验过于抽象，是对一些品质的测评，测评结果与实际行为并不那么一致。面试依据的主要是主试人的直觉判断，也是把测评结果建立在一些似乎与工作绩效毫无联系的信息基础上的。观察评定，虽然是建立在对实际工作行为评定的基础上的，但整个测评过程缺乏科学性与系统性，不但无法评定隐蔽的行为，而且显现出来的行为因为每个人评定的主观随意性也往往导致评定结果的不一致。因此有必要创立一种有别于上述各种方法又在某一方面优于它们的评价方法。

三、主要特点

评价中心最主要的特点之一就是它的情境模拟性。它是通过多种情境模拟测评形式观察被测试者特定行为的方法。这些情景模拟测评包括写市场问题分析报告、发表口头演说、处理一些信件与公文、处理某个用户产品质量投诉问题等。情境模拟测评还可以让几个被测试者共同讨论组织生产问题或销售策略问题。正是这些情境模拟给主试人提供了观察被测试者如何与他人相处、如何分析问题和解决问题的复杂行为的机会。除此之外，评价中心还有以下几个突出特点。

（一）综合性

与其他素质测评方法相比，评价中心最突出的特点之一是它对其他多种测评技术与手段的综合兼并。如对于问卷、量表、测验、投射、面试、小组讨论、公文处理、角色扮演等测评技术，它往往择其中多种综合实施而不是只选择其中一种，从而取各种测评技术之长补它们独立使用之短。被测试者在这些测评形式中行为反应的多样性与广泛性使评价中心测评的效度与信度大大提高。有关研究表明，其预测效度系数时常在 0.60 以上。

（二）动态性

评价中心的第二个显著特点是它表现形式的运动变化性。与问卷测验、观察评定、面试投射相比，评价中心中被测试者处于最兴奋状态。评价中心通过一系列的活动、安排、环境布置与压力刺激来激发被测试者的潜在素质，使其得到充分的表现，使主试人对其有一个真实、全面的把握，真正体现了在运动中测评素质的特点。事物只有在运动中才能显露其特点与本质，被测试者只有在活动中才能充分表现其内在素质。

动态性的另一表现是，评价中心的操作不像其他测评方法那样要求有一个统一的规定，它操作的具体内容、时间与程序可以灵活变动，没有固定的模式。

（三）标准化

与行为观察、面试相比，评价中心更具有标准化的特点。评价中心虽然活动频繁，形式多样，时间持续从几个小时到 1 周不等，但每个活动都是按统一的测评需要设计的。一般来说，测评的内容不是随意而定的，而是通过工作分析来确定的。整个测评活动安排，所有的主试人与被测试者的活动，都是以工作分析所确定的素质为考察目标进行的。

这种标准化的特点还体现在对被测试者刺激与反应条件的同一性上。在评价中心的活动中，每个被测试者都处于竞争机会均等的情境中，并可以获得同等表现自身素质的条件，在练习指导、期限、主试人与被测试者（候选人）的沟通交流等方面都是同一的。当然，这种标准化的程度介于心理测验与实际观察评定之间。

此外，每个主试人都要接受统一的培训，以保证操作过程的一致性。

（四）整体互动性

与其他测评形式相比，评价中心的测评体现了整体互动的特点。主试人对被测试者的测评，大多数是置于群体互动之中进行的比较性的整体测评。对于每项素质的测评，不是进行抽象的分析，而是将对象置于动态的观察之中，联系活生生的行为举动作出评定。人的素质测评非常复杂，要想对其作出准确、真实的测评，只有静止、分解与孤立的分析往往难以达到这一要求，常常需要在相互比较的实际活动中作整体测评。

（五）全面性

与其他测评方式相比，评价中心的第五个特点是它的全面性。它既不是个别人评定说了算，也不像面试那样仅仅以谈话方式进行，而是综合多种测评活动由多个主试人共同测评。测评方式上突破了前述各种形式的限制，测评内容涉及监督、管理与决策各个方面的技能，一方面给测评双方提供了多种表现或观察的机会，另一方面又增强了测评的公正性与客观性。就被测试者来说，在测评活动 A 中行为失控可在测评活动 B 中弥补，在 C 活动中可侥幸过关，在 D 活动中就不一定了。就主试人来说，不是一个人一言堂，而是由直接主管与测评专家多方组成，人员比例介于 1∶1 至 3∶1 之间；个别人的主观偏向可以通过其他主试人的整体平衡来控制；主试人的多向结构也保证了观察范围的广阔性。

（六）以预测为主要目的

评价中心主要是对管理人员进行管理能力考察与绩效预测，因此它的测评内容主要是管理人员的管理素质与潜能。被测试者一般限于管理人员，规模较小，每次的人数为 6~12 人，测评的目的主要是选拔主管人员。评价中心目前应用范围日益扩大，已被人们用于能力培训与开发、职业能力测评、职业规划以及人力资源研究等领域。

（七）形象逼真

与心理测验、观察评定以及面试相比，评价中心的另一个显著特点是形象逼真，如管理游戏。下面即为一个实例。

被测试者的任务是用木料建造一个很大的木头结构的房子。两名辅助人员 A 和 B 被指定作为"农场工人"接受被测试者的指挥，协助他建造"房子"。按照预定的目的与安排，A事事时时表现出被动懒惰，如果没有明确的指令他就什么事也不干；B则表现出好争斗与鲁莽的特征，总是用不现实和不正确的建造方法工作。A和B事先并不与被测试者接触，只是按主试人指令以多种方式干扰和批评被测试者的想法与建造方案。这种管理游戏的目的是测评管理活动中被测试者的情绪控制能力与指挥技能。测评结果表明，多数被测试者无法圆满完成建筑任务，许多人变得易怒、痛苦和心烦，宁愿自己单独干也不愿使用和理睬A与B，甚至有人放弃任务。只有少数确实具有领导指挥技能的被测试者才能最后完成任务。这种管理游戏显得自然逼真、生动形象，像实际工作但又不等于实际工作。实际上，在测评功能与技术上，它远远高于实践考查。

评价中心的每一个情境测试，都是从许多实际工作样本中挑选出来的典型，经过测评技术的处理，使许多与测评无关的因素得到了有效的控制。经过组合加工，还可以把分属于不同工作的活动综合联结在一起，既提高了测评的准确性又扩大了测评的内容与范围，可以在同一种情境模拟中测评多种管理素质。

由于评价中心的试题与实际工作的高度相似性，使得它所测评的素质往往是分析和处理具体工作的实际知识、技能与品德素质，使评价中心具有较高的效度；由于评价中心活动的形象性与逼真性，使得整个测评过程生动活泼，不像笔试那样死板，能引起被测试者更大的兴趣，发挥潜能；由于被测试者"作答"的过程就是完成任务的过程，也是充分表现实际素质的过程，整个测评显得形象直观。

（八）行为性

与笔试相比，评价中心还有一个显著的特点，即行为性。测评中要求被测试者表现的是行为，主试人观察评定的也是行为。这种行为与笔试中书写的行为显然不同：一是它的复杂性，它不是机械地书写与语言上的诠释，而是多种素质的综合体现；二是它的直观性，可以直接看到被测试者的行为表现；三是它的生动性，不像书面答卷抽象静止、枯燥无味。

第二节 主要形式

前面已说明，评价中心是以评价管理者素质为中心的测评活动，其表现形式是多种多样的。从测评的主要方式来看，有投射测验、面谈、情境模拟、能力测验等；但从评价中心活动的内容来看，主要有公文处理、无领导小组讨论、管理游戏、有领导小组讨论、演讲、案例分析、事实判断等形式（见表5-1）。

表 5-1　　　　　　　　　　各种评价中心形式使用频率

复杂程度	评价中心形式名称	实际运用频率（%）
更复杂 ↑ ↓ 更简单	管理游戏	25
	公文处理	81
	角色扮演	没有调查
	有领导小组讨论	44
	无领导小组讨论	59
	演说	46
	案例分析	73
	事实判断	38
	面谈	47

一、公文处理（in-basket）

公文处理是评价中心中用得最多的一种测评形式，从表 5-1 可以看出其使用频率高达 81%，也是被认为最有效的一种形式。在这种测评活动中，被测试者假定为接替或顶替某个管理人员的工作，在其办公室的桌上堆积着一大堆亟待处理的文件，包括信函、电话记录、电报、报告和备忘录，它们分别来自上级和下级、组织内部和组织外部的各种典型问题和指示、日常琐事和重要事件。所有这些信函、记录与急件都要求在 2~3 小时内完成（美国电话电报公司要求 3 小时内处理 25 件公文）。处理完后还要求被测试者填写行为理由问卷，说明自己为什么这样处理。对于不清楚的地方或想深入了解被测试者，主试人还可与被测试者交谈，以澄清模糊之处。然后主试人把有关行为逐一分类，再予评分。

通过以上一系列测评活动，主试人观察被测试者对文件的处理是否有轻重缓急之分；是有条不紊地处理并适当地请示上级或授权下属，还是拘泥于细节，杂乱无章地处理。由此测评被测试者的组织、计划、分析、判断、决策、分派任务的能力和对于工作环境的理解与敏感程度。

公文处理的形式，按其具体内容，又可以分为以下三种形式。

（一）背景模拟

背景模拟是在正式开始前便告诉被测试者所处的工作环境，组织所处的地位，所要扮演的角色，上级主管领导的方式、行为风格，情境中各种角色人物的相互需求等信息，用以测评被测试者的准备与反应的恰当性。

(二)公文类别处理模拟

在公文类别处理模拟形式中,所要处理的文件有三类:第一类是已有正确结论,并已经处理完毕归档的材料,因为这类文件已有结论,容易对被测试者处理的有效性作出判断;第二类是处理条件已具备,要求被测试者在综合分析基础上进行决策;第三类是尚缺少某些条件和信息,看被测试者是否善于提出问题和获得进一步信息。

(三)处理过程模拟

处理过程模拟要求被测试者以某一领导角色的身份参与公文处理活动,并尽量使自己的行为符合角色规范。当被测试者在规定时间内读完背景材料后,主试人即宣布测评活动开始,并告诉被测试者递交处理报告的时间,递交报告后即进行讨论。主试人可参与讨论或引导讨论。讨论中被测试者可自由发表观点,并为自己的决策辩护。在讨论中不仅要得出答案,而且主试人要让被测试者预测自己的想法可能带来的后果,并自我纠正自己的错误观点和决策,以激发其潜在的智能。

公文处理与评价中心其他形式相比,便于操作、效度较高,因为测评情境与实际工作情境几乎一致。而且主试人观察之后还要对被测试者进行访谈,了解被测试者所选工作方式的原因,并澄清一些问题。有人曾观察过 51 个人的工作实绩,发现与其公文处理的成绩高度相关。

研究同时发现,公文处理的信度也相当高,对于被测试者处理方式优劣的评价不是个人说了算,而是由几位主试人共同讨论决定。测评中每个被测试者所处的条件也是相同的,因此这有助于提高公文处理的信度。布雷与格兰特研究发现,两个主试人对于同一个被测试者公文处理案卷及其解释的评价,相关系数高达 0.92。

二、小组讨论 (group discussion)

小组讨论中典型的形式是无角色小组讨论,由表 5-1 可以看出它的使用频率为 59%,也是评价中心常用的一种形式。这种形式把被测试者划分为不同的小组,每组 4~8 人不等,不指定负责人,大家地位平等,要求就某些争议性大的问题,如额外补助金的分配、任务分担、干部提拔等问题进行讨论,最后要求每个小组形成一致意见,并以书面形式汇报。每个组员都应在上面签字,以表明自己同意所作的汇报。

主试人一般坐在讨论室隔壁的暗室中通过玻璃洞或电视屏幕观察整个讨论情形,通过扩音器倾听组员们的讨论内容(当然也可以用录像机、录音机录制),看谁善于驾驭会议,善于集中正确意见并说服他人达到一致决议。为了增加情境压力,主试人还可以每隔一定时间给讨论小组发布一些有关议题中的各种变化信息，迫使其不断改变方案并引起小组争议。当情境压力增加到一定程度时，有的被测试者就会显得焦躁不安，甚至发脾气，而有的则显得沉着灵活，处置自如，这样就能把每个人的内在相关素质暴露无遗。

在这种形式中，主试人评分的依据标准是：发言次数的多少；是否善于提出新的见解和方案，敢于发表不同意见，支持或肯定别人的意见，坚持自己的正确意见；是否善于消除紧张气氛，说服别人，调解争议问题，创造一个使不大开口的人也想发言的气氛，把众人的意见引向一致；能否倾听他人意见，是否尊重他人，是否侵犯他人发言权。还要看语言表达能力如何，分析问题、概括或总结不同意见的能力如何，发言的主动性、反应的灵敏性如何等。

小组讨论的形式有两种：一是角色指定形式，二是角色自由讨论形式。前者的代表是有领导小组讨论，后者的代表是无领导小组讨论。

有关研究表明，无领导小组讨论对于管理者集体领导技能的评价非常有效，尤其是适用于测评分析问题、解决问题以及决策等具体的领导者素质。然而事实表明，无领导小组讨论也有不足之处。例如，组与组之间由于人员素质不同、气氛不同，有时难以比较。此外，无领导小组讨论与实际情况不符，实际中都是有领导的小组讨论。因此无领导小组讨论的效度和信度没有保证。

在有领导小组讨论中，主试人指定一个被测试者作为小组中的领导，然后给小组一个任务或一个问题。被指定的领导可以对其他人进行中层领导职位的分派。这种形式与实际情形较为接近，能够测评领导者的各种管理技能。但是时间花费上要比无领导小组多得多，因为在有领导小组讨论中，应该给每个被测试者一次做领导的机会。

无论有领导小组讨论还是无领导小组讨论，除上述测评内容外，通常还要看被测试者是否善于理解与领会领导的意图。任何一种小组讨论，通过分析不难发现以下几点情况。

第一，当小组成员在地位、经历上迥然相异或在成员间有拘束的场合，小组讨论可能不会成功，因可见的技巧太低，或表露出来的能力是众所共有的。

第二，小组讨论和日后的工作任务无多大关系时会降低效度。

第三，无领导小组讨论主要测评了个人突出的程度、小组目标达成的程度和社交能力，以及进入领导角色的速度；而有领导小组讨论则主要是测评被测试者的固执性、独立性、理解领导意图的能力等。

第四，有人认为小组讨论缺乏代表性。在讨论中所测评的仅是当时情况下自然的领导行为反应，而非伴随某职位特定的领导技能。

第五，小组与小组之间缺乏可比性。小组是多变的，有些小组竞争性很强，而有些则富有合作精神。显然在这样两种小组讨论中，所需要表现的领导技巧是不同的。

三、管理游戏（management games）

管理游戏也是评价中心常用的方法之一。在这种活动中，小组成员各被分配一定的任务，必须合作才能较好地完成，如购买、供应、装配或搬运等。有时引入一些竞争因素，如三四个小组同时进行销售或市场占领，以分出优劣。有些管理游戏中包括劳动力组织与划分动态环境相互作用，以及更为复杂的决策过程。通过被测试者在完成任务的过程中所表现的行为来测评被测试者的素质，有时还伴以小组讨论。下面是两个案例。

案例一

小溪任务。给一组被测试者一个滑轮及铁管、木板、绳索，要求他们把一根粗大的圆木和一块较大的岩石移到小溪的另一边。这个任务只有通过被测试者的努力协作才能完成。主试人可以在客观的环境下有效地观察被测试者的领导特征、能力特征、智慧特征和社会关系特征等。

案例二

键盘销售。六个被测试者一组扮演小型企业的管理委员会，他们经营计算机产品所用的键盘支架的买卖业务。对于给定的具有不同利润的键盘，每个小组成员要就投资、购买、股票控制及销售问题发表意见。主试人通过对被测试者行为表现的观察，关注小组讨论中自然形成的领导人以及其他成员的组织能力、财政敏锐性、思维的敏捷性及压力条件下的工作情况。注意，当红利产生后则出现了如何分配利润的问题。

由此看来，管理游戏是一种以完成某项"实际工作任务"为基础的标准化模拟活动，通过观察来测评被测试者实际的管理能力。

管理游戏的优点有以下三个。

首先，能够突破实际工作情境时间与空间的限制。许多行为在实际工作中也许要几个月甚至几年才会发生一次，在这里几小时内就可以发生。

其次，具有趣味性。由于它的模拟内容真实感强，富有竞争性，又能使参与者马上获得客观的反馈信息，故能引起被测试者浓厚的兴趣。

最后，具有认知社会关系的功能。它能帮助被测试者对错综复杂的组织内部各单位之间的相互关系有一个更加深刻的了解。

但是管理游戏本身也存在以下缺点。

首先，被测试者专心于战胜对方从而会忽略对所应掌握的一些管理原理的学习。

其次，压抑了被测试者的开创性。因为富有开创精神的经理，容易在游戏中遭受经济上的惩罚或亏本。

再次，操作不便，难以观察。在管理游戏活动中，被测试者因为完成任务需要来回走动，这就使观察难以进行。假若主试人需要观察几个被测试者的行为，问题就更为复杂了，因为很可能某个被测试者在房子的这一头，而另一个被测试者却在房子的那一头。

最后，花费时间长。要组织好一次管理游戏，通常需要花费很长的时间准备与实施。

四、角色扮演（individual presentations）

角色扮演是主要用来测评人际关系处理能力的情境模拟活动。在这种活动中，主试人设置了一系列尖锐的人际矛盾与人际冲突，要求被测试者扮演某一角色并进入角色情境中去处理各种问题和矛盾。主试人通过对被测试者在不同角色情境中表现出来的行为进行观察和记录，测评其素质潜能。下面是一个10分钟的角色扮演案例。

案例三

指导语：你将与其他两个人共同合作，而且你们三个角色的行为是相互影响的。请快速阅读关于你所扮演角色的描述（脚本），然后认真考虑你怎样去扮演那个角色。进入角色前，请不要和其他两个被测试者讨论即席表演的事情。请运用想象使表演持续10分钟。

图书直销员（角色一）：

你是个大三的学生，你想多赚点钱养活自己，一直不让家里寄钱。这个月内你要尽可能多地卖出手头的图书，否则你将发生经济危机。你刚在党委办公室推销。党委办公室主任任凭你怎样介绍书的内容，他都不肯买。现在你恰好走进了人力资源部。

人力资源部主管（角色二）：

你是人力资源部的主管，刚才你已注意到一位年轻人似乎正在隔壁的党委办公室推销书，你现在正急于拟定一个人力资源考核计划，需要参考有关资料。你想买一些参考资料，但又怕上当受骗，你知道党委办公室主任走过来的目的。你一直忌讳别人觉得你没有主见。

党委办公室主任（角色三）：

你认为推销书的大学生不安心读书，想利用推销书的办法多赚一点钱，以使自己的生活过得好一点。推销书的人总是想说服别人买他的书，而根本不考虑买书人的意愿与实际用途。因此你对大学生的推销行为感到恼火。你现在注意到这位大学生走进了人力资源部的办公室，你意识到这位大学生马上会利用你的同事想买书的心理。你决定去人力资源部阻挠那个推销员，但你又意识到你的行为过于明显会使人力资源部主管不高兴，认为你的好意是多余的。

角色扮演要点参考（仅供评分人参考）：

角色一应把握的要点：（1）避免党委办公室情形的再度发生，注意强求意识不要太浓；（2）对人力资源部主管尽量诚恳有礼貌；（3）防止党委办公室主任的不良干扰（党委办公室主任一旦过来，即解释说，该书对党委办公室的人可能有点不适合，但对人力资源部人员则不然）。

角色二应把握的要点：（1）应尽量检查、鉴别书的内容与适应性；（2）尽量在党委办公室主任说话劝阻前作出决定；（3）党委办公室主任一旦开口，你又想买则应表明你的观点，说该书不适合党委办公室是正确的，但对你还是有用的。

角色三应把握的要点：（1）装着不是故意来捣乱为难大学生的；（2）委婉表明你的意见；（3）注意不要惹恼大学生与人力资源部主管。

主试人对扮演各种角色的评价应事先设计好表格。一般评价的内容分为四个部分。

一是角色的把握性。被测试者是否能迅速地判断形势并进入角色情境，按照角色规范的要求采取相应的对策行为。

二是角色的行为表现。包括被测试者在角色扮演中所表现出的行为风格、价值观、人际倾向、口头表达能力、思维敏捷性、对突发事件的应变性等。

三是角色的衣着、仪表与言谈举止是否符合角色及当时的情境要求。

四是其他内容。包括缓和气氛化解矛盾的技巧、达到目的的程度、行为策略的正确性、行为优化程度、情绪控制能力、人际关系技能等。

角色扮演的效度不一定高。未能进入角色的人并不一定意味着以后不行，角色扮演很好的人也并不一定保证日后什么都行。

五、其他形式

（一）面谈模拟

面谈模拟，是指一种特殊的情境模拟。在这种模拟中，被测试者（一位）要求与另一位下属、同事或顾客进行对等性的谈话。其具体形式有许多种（见表5-2）。

表 5-2　　　　　　　　　　　　面谈模拟实例

拟聘职位	被测试者面谈对象	面谈内容
中层行政管理	电视编导	环境污染调查
高层主管	下属	讨论绩效问题
电话推销员	顾客	推销产品
消费者服务代理	发怒的用户	抱怨毛病多的产品
财政主管	新财政计划制订者	新税收制度问题

在上述各种面谈模拟中，面谈对象接受过专门训练，要求按照标准化的方式向被测试者提问、建议和回答问题，甚至作出一些令被测试者心烦意乱的行为，具体表现出哪一种行为视面谈模拟的具体要求而定。主试人在暗处观察被测试者如何与面谈对象面谈和如何解决有关问题。面谈模拟对于测评被测试者的口头交流技能、灵活性与应变能力、解决人际关系问题的能力等非常有效。

这种面谈模拟时间一般不长，只需要15~30分钟，准备时间为8~10分钟。因此几个不同内容的面谈模拟可以联合进行。

（二）事实判断

在事实判断形式中，被测试者只能看到少量的有关某一问题的信息资料，然后被测试者可以通过问有关人员一些问题获得其他的信息；被测试者所问的人可能是一些事先接受过专门训练的辅助人员或主试人。事实判断非常适合于测评被测试者搜集信息的能力，尤其适合于测评被测试者如何从那些不愿意或不能够提供全部信息的人那里获取信息并最后把握事实的能力。主试人也可以通过事实判断法测评被测试者的决策技能和压力承受能力。事实判断法的缺点是在设计与实施上都比较困难。为了保证事实判断活动对被测试者有一定的挑战性，准备的材料信息必须充分周全，主试人必须预测被测试者可能会作出的许多判断或会遇到的问题。此外，辅助人员或主试人为了及时地回答被测试者的问题，必须对有关问题的信息内容非常熟悉。像面谈模拟一样，辅助人员难以在所有被测试者面前表现出一致的行为。

（三）书面案例分析

在这种形式中，先让被测试者看一些有关某个组织管理中的问题材料，然后要求向高层领导提出一个分析报告。案例中的问题一般是财经、制度或过程分析。

这种方式的优点是操作相当方便，而且可以组合用于测评一般的能力（如组织一个生产活动）和特殊技能（如计算投资效益）。分析结果既可以采取口头报告的形式也可以采取书面报告的形式。当书面分析报告提交之后，主试人可以从报告的形式与内容两个方面进行分析评价。缺点是评分比较主观，难以制定一个客观化的评分标准。

第三节 设计与应用

如何设计与应用评价中心，这是学习与掌握评价中心的关键，涉及情境设计、操作程序和应用形式等问题。

一、情境设计

情境设计应注意以下几点事项。

（一）相似性

相似性，是要求所设计的情境要与拟聘职位的工作实际具有相似性。其具体表现在素质、内容与条件三个方面。

素质相似，是指情境模拟中所测评的素质与实际工作中经常需要的工作素质相一致。

内容相似，是指情境模拟中被测试者所要完成的活动与实际工作的内容相一致。例如，司法部公文处理情况设计中要求被测试者所处理的文件应该是司法部办公室或秘书人员经常要处理的一些文件。

条件相似，是指情境模拟中被测试者所拥有的工作条件与实际工作中人们所拥有的工作条件相一致。例如，调研模拟，只给被测试者一个调研任务，而对于调研途径、方法及调研对象不予给定。这与实际工作中调研情形是一致的，使被测试者有一种"现实"感。

（二）典型性

典型性，包括两个方面的含义：一是所模拟的情境是被测试者未来任职工作中最主要、最关键的内容，而不是那些次要的、偶然的事情；二是所设计的情境不是原原本本地从实际工作中节选的一段，而是把实际工作情形中多种关键的、最具代表性的情形，归纳、概括、集中在一起，使本来不同时间、不同情形下发生的事情集中在一起出现。

（三）逼真性

逼真性，是指所设计的情境，在环境布置、气氛渲染与评价要求等方面都必须与实际相仿,否则情境模拟就失去了它的测评价值。

逼真与真实还是有一定距离的,这是指所设计的情境是根据一定工作原型与生活规律经过加工创造的"情境"。它们来源于工作实践,受实践规律的制约,是一种相对的"真实"而并非绝对的"真实",是现实的"写照"而不是现实的"摄照"。

(四) 主题突出

虽然所模拟的情境一般包括多种活动,要测评被测试者的数种素质,但这并非是说所有这些活动主次不分、杂乱无章。整个情境设计应该使被测试者的行为活动围绕一根"主线"进行,突出表现所测评的素质,不要让一些不相干或干系不大的细节浪费了宝贵的测评时间。

(五) 立意高,入口小,挖掘深,难度适当

设计的情境的立意要从高处着眼,从素质的宏观结构与深层内涵出发,要根基深,使整个情境模拟的每一步都有根有据,可以考察较复杂的素质。但是留给被测试者问题的入口要具体一些、小一些,使被测试者可以从小处着手,不会感到漫无边际、无从下手。问题的入口要小一些,要求上有一定的弹性,水平高的被测试者可以深挖,水平低的可以浅挖。问题不是所有的被测试者都一下子就能回答的,而是"仁者显仁,智者显智;能者显能,劣者显劣"的。情境设计要看似容易深入难,不同水平的被测试者都能有所领悟、有所表现,而优秀的被测试者也能脱颖而出。

例如,上海任职资格考试中心研制了一种外汇银行业务员能力仿真测评系统软件,以外汇银行柜台业务员的实际工作状态为原型,利用微型电子计算机手段设计了七项基本业务交易活动,包括外汇汇出、汇入,打印英文业务电稿,两种外汇存款、取款,会计科目分录,英文业务交易处理等。同时,让有关任务或问题随机出现,使每笔业务交易都像实际工作那样处于变化状态。此外还设计了一个半小时的噪声干扰。它以与外汇银行业务员绩效相关的 10 种能力为测评项目,包括手眼配合灵活性、手指运动灵活性、注意力集中性、观察灵敏性、数字敏感性、运算能力、英文打字能力、银行初级外语能力、外汇会计知识运用能力、适应新环境的能力等。

二、操作程序

这里所介绍的操作程序是针对主试人来说的,是一种具体的操作程序,不是针对整个评价中心组织与实施的操作程序。

(一）观察被测试者的行为表现

每位主试人一般要观察评定 1~2 个被测试者的行为表现。每个被测试者由 3 位主试人观察评定。例如：在情境模拟 A 中，被测试者由主试人 A 评价；那么在情境模拟 B 中，被测试者则由主试人 B 评价；在情境模拟 C 中，被测试者由主试人 C 评价。其余依次类推。观察评定要求每个主试人用客观性的语言描述所观察到的具体行为现象，不允许做任何解释。观察评定的内容一般规定为与所要测评素质相关的行为，这些内容也可以事先以评定表的格式固定下来。

（二）对所记录的行为进行归类

主试人记录完所观察的行为之后，要立即进行归类，把每一种行为表现归类到相应的素质测评项目中。素质测评项目及其内容特征一般事先有统一的规定。

关于归类的项目美国做过专门研究，调查了 200 多家企事业单位，发现项目数为 12~18 个不等。大多数人趋向于 11 个，但如果想要提高观察评定的效果，以 7 个项目为宜。

（三）给每个素质测评项目评分

主试人归类了所有观察记录的行为之后，就要对每个素质测评项目进行分析研究，根据素质特征、被测试者行为表现以及评分规定逐项评分。评分一般为 0~6 分不等，共六个等级。具体评分标准如下。

5 分：被测试者所表现的素质远远高于工作本身的要求。
4 分：被测试者所表现的素质略高于工作本身的要求。
3 分：被测试者所表现的素质达到实际工作的要求。
2 分：被测试者所表现的素质略低于实际工作的要求。
1 分：被测试者所表现的素质大大低于实际工作的要求。
0 分：被测试者所表现的行为根本没有显示实际工作所要求的素质。

（四）指定观察评分人报告评定结果

指定观察评分人是指对被测试者 A 事先安排好的三位主试人（甲、乙、丙）。三位指定观察评分人顺次向其他主试人报告自己对被测试者 A 观察到的行为、归类过程、每个素质测评项目的评分及总体评分（在项目评分基础上作出的）结果。只有三位指定观察评定人一一报告完毕，才能进行另一个被测试者的报告工作。

(五)其余的主试人记录报告中的有关事实

当指定观察评分人报告自己关于某被测试者的评定情况时,其余的主试人在事先制定好的一张特殊的记录表上记录某些重要的事实,并在此基础上独立地就每个素质测评项目作出自己的初步评定。其余的主试人可以向报告人提问以澄清事实,但是不能讨论也不能对报告人在该点上对评分的解释提出质问。

(六)要素综合评分

每个主试人听完了三位指定观察评分人的报告后,根据自己记录的事实对每项素质测评的分数(自己评定的与别人评定的)进行独立的考察,然后在此基础上综合所有项目测评结果评定一个总分数。在综合评定总分数的过程中,要考虑不同项目的权重,不要对各个项目简单平均地求出总分。

(七)公布每个主试人对每个人的评分结果

采取表格形式公布主试人对每个人的评分结果。表格按被测试者逐个张榜公布。表格左边列素质测评项目,从上至下排列;表格的上端横栏从左至右逐个列出主试人的名字;表内是每个主试人对每个项目的评分;表格最底下一栏(行)是每个主试人的综合评分。从这张综合评分表格中人们可以马上看出一致与不一致的地方。

(八)主试人讨论

公布每个主试人的评分结果后,所有主试人应该就不一致的地方进行讨论,直到达成一致意见。不过也可以采取平均分数来代表大家的一致意见。然而一般很少这样做,因为讨论过程不仅仅是达成一致意见,而且可以更深入地认识测评对象,提高测评的准确性。

(九)其他评语

除表格中规定的测评项目外,主试人还可以就其他重要(突出)的素质作出评论。

上述九个步骤是就评价中心活动开始后主试人的操作程序而言的。实际上在评价中心活动正式开始前应该做好一些准备工作。其程序如下:(1)确定评价中心活动中所要测评的素质项目;(2)对于每个素质项目找出一些便于区分与辨认的代表行为;(3)根据拟聘职位要求选择适当的评价中心形式;(4)对于每个素质测评项目确定不同水平等级区分的标志;(5)确定评分标准;(6)制定评价中心活动需要的有关方案、计划与实施要求。

三、应用形式

就一般情况来看，评价中心主要是用作高层管理人员的选拔与晋升时的考核手段，有人调查了 1 000 家企事业单位所进行的评价中心，其中 95% 属于这一类。

然而事实表明，评价中心近来除用于选拔预测外，还广泛用于素质开发、标准研究、职业规划、非传统（特殊）管理评价等方面。

例如，长期以来，人们对人员培训计划有效性的鉴定一直是一个难题，许多人都提出要进行专门研究，但见效甚微。纽约市大都会公交当局于 1972 年首次把评价中心的结论作为培训效果鉴别标准。具体做法如下：

两个小组各有 12 位总监，按照年龄、贡献、管理经验、文化程度以及表现两两配对，使两个组"等值"，然后一个小组接受培训，另一个小组不接受培训，培训结束后进行一次评价中心的测评；接着让未接受培训的小组接受培训计划，另一组培训停止，事后对两个小组进行第二次评价中心的测评。分析与比较两次评价中心的结论就可以鉴定培训计划的质量优劣。

评价中心的结论有时还被人用来作为某种测评方法质量鉴定的标准，用作效度分析的关联效标。

四、问题与改进

任何一种方法都有利有弊，评价中心也不例外。就一般调查来看，人们发现评价中心存在以下一些问题。

第一，花费大，代价高。与其他素质测评形式比较，在人力、物力、财力与时间成本上评价中心都高于其他方法。

第二，应用范围较小。应用范围小主要体现在测评的素质与人数上。评价中心主要用于对管理能力的测评。

第三，难以操作。虽然我们前面说过面试难以被一般人操作，实际上评价中心操作的难度远远高于面试。如果草率运用，盲目接受评价结果危害极大。

第四，质量难鉴定。虽然评价中心结果可以用来作为鉴定其他测评方法或培训计划的效标，但其本身质量的好坏却很难找到参照效标。近期观察素质尚可充分显示出来，远期观察的结果中则已包括其他因素的影响。

第五，存在一些不可克服的误差。一方面，被测试者目前的工作行为表现并不一定能揭示他在以后新的工作中的管理能力；另一方面，主试人在观察评定中存在错误与偏见。例如，当被测试者即将上任的工作与评价他的主试人的工作完全两样时，主试人总是用自己的行为模式来衡量被测试者的优劣。

第六，法庭纠纷案例中所揭示的问题。

案例四

[美]巴里是奥马哈市警察局一位副局长候选人，因竞争失利，他指控评价中心方法运用不当，是不公平的。这是评价中心第一次被人指控上法庭。诉状中对操作评价中心的主试人的能力以及评价中心的实施提出了一系列问题，主要是对评价中心的标准化和公平性提出了质疑。

(1) 主试人的培训是否充分？

(2) 评价中心中的活动是否充足（无领导小组讨论、公文处理、背景面谈是否给了被测试者充分表现内在素质的机会）？

(3) 认识某些被测试者的主试人是否应该回避？

(4) 公文处理与面谈之间间隔了好几天，这是否会影响最终的结论？

(5) 某些主试人过去的评价经验是否会影响最终的结论？

以上指控都归结为一点，即指控三类评价小组所持的标准不同，这样有些人接受评价时的标准就比别人严格了（后来法庭组织一批不了解奥马哈市主试人结论的熟练的评价员组成一个独立小组，对书面证据进行鉴定，包括公文处理、指定观察评分人报告及其余主试人记录结果、背景面试记录等材料，法官在得高分的15名候选人中抽取了10名再次独立地进行排序，结果发现4名来自第一组，3名来自第二组，3名来自第三组）。奥马哈市的排序与法官的排序之间存在很高的一致性。两张名单上的前4名完全相同，并且奥马哈市的三类评价小组之间也存在着很高的相关性。

这一案例启示我们，评价中心的实施与结果必须充分保证一致性与公平性。

案例五

[美]密歇根州警察局晋升警长时采取了评价中心形式。密歇根州地方法律规定，晋升必须建立在功绩（任取的时间和质量），效率（有效地完成任务、履行职责），适合性（能够达到身体和技能要求）等基础上。由于评价中心只考虑了管理技能（适合性），晋升程序忽略了功绩和效率，法院裁定晋升无效。

这一案例启示我们，不管评价中心的某一部分多么有效，整个体系必须完美无缺，且要注意与其他方法、法律相配套，否则就会不堪一击。

在案例五中，专家的有关证词还揭示了评价中心的潜在弱点和一些谬误：(1) 表现效度高但不能保证实际效度，实际效度的证明依靠评价中心本身很难进行。(2) 工作分析与情境模拟是评价中心内容效度的保证，但工作分析本身即受到指控，因为它没有证明从工作信息（为什么入选的是最后那些要素而不是其他要素）或者工作职责与评价关系中遴选要素的过程的合理性。情境模拟被认为是不现实的。例如，要求在一个半小时内分配 1 000 万美元的预算，这是违背常理的。证人还对情境模拟的可比性提出了质疑，因为被试小组之间存在差别。(3) 评分的主观性和评价小组之间的差异也存在疑问。有迹象表明，随着时间的推移，评价标准发生了变化，并且某些主试人在严厉程度上的差别也失去了控制。持续 5 个月总体评分的平均数不断上升。另外，鉴定结果发现，被告中 3 名主试人所给出的评分总是显著地低于其他 11 名主试人。

这些现象启示我们，应对进行中的评价中心实行质量监控，加强对主试人差别的控制与调整。

此外我们发现，主试人的行为不一致、不统一的原因主要在于在如何确认内容效度的许多问题上没有建立明确的、无歧义的规则（标准），因此，美国制定了《评价中心实施标准和道德准则》，并于 1978 年修订了该准则，其目标是建立评价中心的最低专业标准以利于以后的实施，而不是具体地规定某些做法或方法。其中最为关键的部分是定义评价中心是什么以及不是什么。在该标准下，要成为一个有效的评价中心，必须做到两点：一是多种方法评价；二是主试人必须接受培训。培训内容包括了解要素、方法、程序以及本计划的方针，培养观察、记录、划分以及汇总信息的行为技能。时间可长可短，但必须保证主试人达到胜任其评判工作所要求达到的标准。

五、失败原因分析

美国有研究认为，之所以许多评价中心陷入困境，原因大致有以下五个方面。

第一，没有充分地准备与计划。有时是主试人对于评价中心的准备性工作不够注意，有时是因为有些评价中心工作没有得到上级主管的支持，有时是因为周围人对评价中心不够理解与支持，有时是因为评价中心解决不了人力资源管理中的问题而被人放弃。

第二，准备工作过于累赘。在评价中心准备阶段，必须进行工作分析、情境模拟调试与编制、主试人训练。这些工作是相当费时间的。

第三，评价中心的结果被错误使用或根本不被使用。

第四，评价结果缺乏预测效度。换句话说，评价中心的结果与后来工作的实际绩效之间缺乏一致性。这意味着评价中心的结果是错误的，或者说后来工作绩效的测评是不准确的。在这种情况下，评价中心得不到组织的支持与信任，因为有些评价中心中得分低的人实际工作相当出色，组织会因此失去许多优秀的人才。

第五，得不到高层主管的支持与帮助。任何评价中心的实施都离不开上级领导人力、财力、物力与时间上的支持与帮助。

要改进上述评价中心的种种不足，关键有两点：（1）评价中心必须加强技术上的革新；（2）评价中心的实施要与其他措施相配套，保证评价中心的完善。

本章小结

评价中心是现代人员素质测评的一种主要形式，也是人力资源开发的一种重要方式。它具有独特的形式与功用，在人员素质测评领域有比较广泛的运用并发挥着重要作用。

本章首先对评价中心这一人员素质测评方式进行了概述，对评价中心的历史进行了探讨。随着实践的发展和需要，评价中心的运用越来越广泛和频繁。评价中心是一种程序而不是一种具体的方法，可以把评价中心定义为以测评管理素质为中心的标准化的一组评价活动。

评价中心最主要的特点之一就是它的情境模拟性，除此之外它还具有综合性、动态性、标准化、整体互动性、信息量大、以预测为主要目的、形象逼真、行为性等特点。

评价中心具有许多种形式，如公文处理、无领导小组讨论、管理游戏等。为了应用好评价中心，要掌握好情境设计、操作程序和应用形式等环节。

评价中心存在的主要问题是花费大、代价高，应用范围较小，难以操作，质量难鉴定，以及存在一些不可克服的误差。改进的方法就是要采用多种方法评价，同时主试人一定要接受培训。

复习思考题

1. 评价中心的主要特点是什么？
2. 评价中心的主要形式有哪些？在运用评价中心法时如何选择这些形式？
3. 情境设计的原则有哪些？
4. 评价中心的主要问题有哪些？你觉得应该如何解决这些问题？

 案例与讨论

无领导小组讨论分析

A 公司是一家制造型企业,已有 20 多年的历史。多年来,公司通过不断调整战略结构,积极推进管理和技术理念创新,生产经营一直呈现良好的发展态势。目前已发展为集研发、制造、销售、服务为一体的现代化集团公司,在全国已有多家分公司。面对越来越激烈的市场竞争,公司一直十分注重人员配置的优化。今年 A 公司又在东北地区新成立了一家分公司,准备通过内部竞聘选拔该分公司的销售总监。在选拔过程中,除了运用笔试、结构化面试、心理测验等方法,还采用了无领导小组讨论的测评技术。以下是 A 公司的无领导小组讨论题内容的介绍。

大家好!欢迎各位来参加今天的竞聘面试评价活动。

现在大家要进行的是以测查综合能力为目的的测评活动。在这个活动中,我们要求每一小组的成员都以平等的身份参与讨论活动中来,大家一起就给定的材料及所提出的问题表达自我观点,进行团体讨论,最后提出统一的问题解决方案。我们将会根据大家在表达、讨论中的表现进行评分。

请阅读问题背景,然后按照问题情境的要求,思考答题。

背景:S 公司是一家从事数码产品开发与销售的企业,成立 30 多年来,在全体员工的不懈努力下,该公司已形成较强的市场竞争力,生产经营也呈现越来越好的态势。目前,经董事会决议,该公司计划在全国五座城市开展产品的销售业务,但因考虑到资金周转问题,决定在三年之内打开各地的营销市场。

问题:如果你是 S 公司的董事会成员之一,请参照下面对五座城市的描述信息,考虑该公司数码产品的销售在五座城市间开展的先后顺序,确定最先的切入点。

各城市的描述信息如下。

A 城市:这是一座一线城市,人口密度和流动率都较大,经济发展水平高,民众消费观念较强;目前,该城市已有十几家从事数码销售的企业,市场竞争激烈。

B 城市:这里一座中小型城市,居民生活水平较高,人口基数小且老年人口比重较大,数码产品在市场上接近饱和;当前,市政府正对城市的扩建工作进行规划。

C 城市:国家重点开发区,人口较多,但目前经济发展水平相对较低;而随着化工等大型企业的进驻,城市正处于迅速发展阶段,怀揣梦想的大批年轻人正不断涌入。

D 城市:离 S 公司数码产品原产地最近,人口密集且年龄比例均衡;经济发展良好,人均消费水平较高;从事数码产品经营的竞争企业较多。

E城市：离S公司数码产品原产地相对较为偏远，城市人口基数大且出生率高；目前为止，从事数码产品经营的厂商只有两家；居民物质生活水平较高，但数码方面的消费观念不强。

（资料来源：张永翠，王晓庄. 无领导小组讨论测评案例分析［J］. 心理技术与应用，2014（8）：26-29. 内容有部分改动。）

讨论

1. 结合此案例，你如何看待该公司的无领导小组测评方法？设计的题目是否合适？
2. 你认为无领导小组讨论的讨论题应该如何选择和设计？
3. 你觉得无领导小组讨论应该主要关注哪些方面？请对本案例无领导小组讨论的评价标准进行设计。

建议阅读文献

1. 何琪. 无领导小组讨论：现代领导人才素质测评的有效方法［J］. 行政论坛，2003（5）：55-58.
2. 孙晓敏，张厚粲. 评价中心的构成及其应用领域［J］. 中国考试，2007（12）：19-23.
3. 谷向东，徐祖亮. 评价中心技术应用于党政领导人才选拔的调研与反思［J］. 中国人力资源开发，2015（10）：46-52.
4. 陈思诗. 无领导小组面试中的"冷场"现象［J］. 管理观察，2018（2）：55-59.
5. 韦丽美. 评价中心技术在临床学科带头人选拔中的应用研究［J］. 经济师，2020（6）：253-256.

习题

一、单选题

1. 评价中心是以测评（　　）为中心的标准化的一组评价活动。
   A. 技术能力　　　B. 管理素质　　　C. 性格特点　　　D. 意志品质
2. 评价中心的测评形式是在（　　）的基础上发展起来的。
   A. 工作情境模拟　　　　　　　B. 心理测验

C. 面试　　　　　　　　　　　　D. 公文处理

3. 主试人对被测试者的测评，大多数是置于群体互动之中进行的比较性的整体测评。这体现了评价中心技术的哪个特点？（　　）

　　A. 动态性　　　B. 标准化　　　C. 整体互动性　　　D. 一致性

4. 能够体现评价中心技术的"形象逼真"这一特点的形式是（　　）。

　　A. 管理游戏　　　　　　　　　B. 无领导小组讨论
　　C. 公文处理　　　　　　　　　D. 有领导小组讨论

5. 信度和效度均比较高的形式是（　　）。

　　A. 无领导小组讨论　　　　　　B. 公文处理
　　C. 角色扮演　　　　　　　　　D. 有领导小组讨论

6. 要求被测试者以某一领导角色的身份参与公文处理活动，并尽量使自己的行为符合角色规范是属于公文处理中的哪一种模拟？（　　）

　　A. 背景模拟　　　　　　　　　B. 公文类别处理模拟
　　C. 人员模拟　　　　　　　　　D. 处理过程模拟

7. 先让被测试者看一些问题材料，然后要求其向高层领导提出一个分析报告的方式是（　　）。

　　A. 事实判断　　　　　　　　　B. 面谈模拟
　　C. 书面案例分析　　　　　　　D. 公文处理

8. 所设计的情境，在环境布置、气氛渲染与评价要求等方面都必须与实际相仿。这体现了情境设计的什么特点？（　　）

　　A. 难度适当　　　　　　　　　B. 逼真性
　　C. 挖掘深　　　　　　　　　　D. 广度大

9. 评价中心技术的操作程序可分为几个步骤，排序为（　　）。

①给每个素质测评项目评分

②公布每个主试人对每个人的评分结果

③其余主试人记录报告中的有关事实

④对所记录的行为进行归类

⑤指定观察评分人报告评定结果

⑥主试人讨论

⑦观察被测试者的行为表现

⑧要素综合评分

　　A. ⑦④①⑤③⑧②⑥　　　　　B. ⑦①④⑤③⑧⑥②

C. ⑦①④⑤③⑧②⑥　　　　　　　D. ⑦④①⑤③⑧⑥②
10. 评价中心技术的优缺点不包括（　　）。
    A. 直观生动　　　　　　　　　B. 花费小、代价低
    C. 应用范围较小　　　　　　　D. 质量很难鉴定
11. 评价中心最主要的特点是（　　）。
    A. 情境模拟性　B. 动态性　　C. 标准化　　D. 全面性
12. 评价中心用的最多的一种测评方式是（　　）。
    A. 小组讨论　　B. 角色扮演　C. 公文处理　D. 管理游戏
13. 以下哪一项是书面案例分析的优点？（　　）
    A. 操作方便　　B. 评分客观　C. 具有趣味性　D. 效度信度很高

二、多选题

1. 评价中心技术的主要特点有（　　）。
   A. 情境模拟性　B. 综合性　　C. 动态性　　D. 信息量小
2. 评价中心技术的主要形式有（　　）。
   A. 公文处理　　　　　　　　　B. 无领导小组讨论
   C. 管理游戏　　　　　　　　　D. 角色扮演
3. 公文处理按其具体内容，又可分为的形式有（　　）。
   A. 背景模拟　　　　　　　　　B. 面试模拟
   C. 公文类别处理模拟　　　　　D. 处理过程模拟
4. 管理游戏的优点有（　　）。
   A. 突破工作情境时间与空间的限制
   B. 具有趣味性
   C. 具有认知社会关系的功能
   D. 节省时间
5. 角色扮演中应注重对角色的（　　）的评价。
   A. 把握性　　　　　　　　　　B. 行为表现
   C. 衣着与仪表　　　　　　　　D. 言谈举止
6. 情境设计应注意相似性，包括（　　）。
   A. 条件相似　　B. 内容相似　C. 素质相似　D. 人员相似
7. 评价中心技术主要应用于（　　）。
   A. 素质开发　　B. 选拔预测　C. 标准研究　D. 职业规划
8. 评价中心技术的主要问题有（　　）。

A. 花费低、代价小 B. 应用范围大

C. 质量难以鉴定 D. 有不可克服的误差

9. 评价中心技术的失败原因有（   ）。

　　A. 得不到高层主管的支持与帮助

　　B. 准备工作过于累赘

　　C. 评价结果缺乏预测效度

　　D. 没有充分的准备与计划

10. 试图改进评价中心技术的不足，其关键是（   ）。

　　A. 加强技术革新

　　B. 被测试者要加强自身的素质

　　C. 使评价中心技术与其他措施相配套

　　D. 被测试者要熟悉评价中心技术的步骤

11. 评价中心测评的行为性特点与笔试中书写的行为的不同点有哪些？（   ）

　　A. 复杂性　　　B. 直观性　　　C. 机械性　　　D. 直观性

12. 以下哪些选项属于小组讨论的缺点？（   ）

　　A. 小组成员的差异可能使小组讨论不太成功或者可见的技巧太低

　　B. 缺乏代表性

　　C. 小组之间缺乏可比性

　　D. 小组讨论与日后的工作任务无多大关系时会降低效度

13. 以下选项中哪些属于评价中心测评项目评分的根据？（   ）

　　A. 素质特征　　　　　　　　B. 被测试者行为表现

　　C. 评分规定　　　　　　　　D. 被测试者与主试人关系程度

三、判断题

1. 与行为观察、面试相比，评价中心更具有非标准化的特点。　　　　　（   ）

2. 由于测评情境与实际工作情境几乎一致，公文处理这种形式的效度较高。

（   ）

3. 管理游戏中，主试人对多个被测试者的行为都可以方便轻松地观察到。（   ）

4. 情境设计应有典型性，即所模拟的情境是被测试者未来任职工作中最主要、最关键的内容，而不是那些次要的、偶然的事情。　　　　　　　　　　（   ）

5. 评价中心技术可由一般人操作，对结果没有危害。　　　　　　　　（   ）

6. 评价中心操作的难度低于面试。　　　　　　　　　　　　　　　　（   ）

第六章
其他测评方法

>> **教学目标与方法建议**

通过本章教学，应该掌握以下两点内容。

1. 推荐信、申请表、履历表和档案等基本概念及各种书面信息材料的特点。

2. 操作能力测试的基本内容，工作样本测试和工作模拟测试等相关概念及在实际生活中的操作方法。

心理测验、面试和评价中心是最常用的几种人员测评方法，其设计和运用有一定的难度，需要专业人员仔细研究和反复试验才能发挥最大的效用。但是，在人员测评的实践操作中还有一些其他测评方法，这些测评方法有的用于初步筛选，简化测评程序，如书面信息的分析；有的则弥补了前述三种方法的不足，如操作能力测试等。这些测评方法也是不容忽视的。

教学方法建议：鉴于本章学习的内容多为一些具有情境性和可操作性的测评方法，读者在学习时应该在掌握理论知识的基础上，多在实际工作中进行运用和检验。

第一节　书面信息的分析

被测评者提供的一些书面信息是人力资源部门首先接触到的材料，也可以作为测评的基础。通过分析推荐信、申请表、履历表和档案，可以对被测评者的个人素质做出一个总体评价。

一、推荐信

推荐信是由既熟识被测评者又与测评者（雇主）有密切关系的第三者以书信形式向测评者介绍被测评者的文字材料。一般而言，大多数推荐信都过于肯定被测评者，所以推荐信被认为与求职者工作表现的关联性不强。但这并不意味着所有的推荐信都对被测评者的未来表现没有任何说明效果，一封简单的推荐信可能有很大的预测性，这是不容忽视的。

关注推荐信的具体内容而非推荐者对被测评者的肯定程度，可以提高推荐信作为一种测评工具的效度。根据推荐者对被测评者个性特征的描述有时就可以作出录用判断了。例如，两名被测评者均出示了给予积极评价的推荐信，但第一名被测评者的推荐信说被测评者是一个细致的人，第二名被测评者的推荐信描述被测评者是一个友好并乐于助人的人，根据应聘职位的需要就可以决定录用取舍。如果客户关系部门需要热情友好的雇员，那么他们就会录用后者；而如果招聘的是一个秘书职位，显然被评价为细致的被测评者将被录用。

总体来说，人力资源经理并不认为推荐信十分有用。在一项调查中，12%的回答者认为推荐信"很有价值"，43%认为"有些价值"，30%认为"只有很小的价值"，6%认为"无价值"。当问及是偏好书面推荐还是电话推荐时，72%的经理人员选择电话推荐，因为电话推荐允许更坦率的评价和面对面的交流。事实上，人力资源经理将推荐信排在选拔工具中的最低一等。一般从最高一等到最低一等的排列次序是：面谈、申请表、成绩记录、口头推荐、能力倾向和成就测试、心理测验，最后才是推荐信。[1]

二、申请表

申请表要求申请人如实填写，然后分析申请表内的各项内容所提供的信息，并在此基础上作出决定，这是人员测评中最常用的方法之一。尽管它总是与其他测评方法搭配使用，但却总是位于整个程序的第一步。

事实表明，分析申请表内的各项内容，不但可以搜集到许多素质测评的信息，而且可以为下一步的测评安排提供线索与依据。例如，在下一步的面试中，申请表内已清楚的问题就不一定要详问了。

---

[1] 加里·德斯勒.人力资源管理［M］.刘昕，等，译.北京：中国人民大学出版社，1999：175.

申请表能否在素质测评中发挥重要作用，关键在其形式与项目的设计上。申请表的项目，不同单位的设计不尽相同。就我国目前的申请表项目来看，一般包括姓名、性别、地址、婚姻状况、文化程度、工作经历、特长、直系亲属、社会关系、工资等级、是否犯过错误、业余爱好等。

申请表的设计，关键在于保证每个项目均与胜任某项工作有一定的关系，而且比较客观，其他人容易理解与检核。

例如，某公司研究发现，称职经理的背景大部分是一些大学期间品学兼优的学生干部；经济状况、婚姻状况与工作情绪、工作责任心、能否安心工作等有密切关系；业余爱好可以反映一个人的领导才能与性格等。

申请表内的项目与素质和拟聘工作职位的关系并非一成不变，它会随着地区、时间、社会以及个人情况的变化而变化。因此应定期对申请表的每一个项目进行研究，检查其中的项目对素质是否继续有测评价值。特别当工作程序、社会生活或劳动力市场发生较大变化时，更需要这样做。

申请表的优点是不显示评价倾向，只说明事实、反映信息，因此被测评者或申请人不会有所警惕，加上许多情况可以通过调查与查阅档案证实，故申请人一般也不会作假。但是其缺点是不便对申请人作出比较与选择，可能会因为项目多、差异不一，尽管可以翻来覆去地逐张比较，最后还是难以取舍。

科研项目申请表中有一种能以代码填写内容的表格。这种表格事先把每张表项目填写时可能出现的内容分类约定，用一定的数字符号代替（简称代码），填写时不写具体内容，只要求填写相应的代码。这样既减轻申请人的填写负担，又便于计算机识别处理。如果将这种代码方法移植到求职申请表中来，不但能提高申请表在素质测评中的利用价值，而且还可以改进它的不足。

例如，传统的申请表，测评者只能对它进行定性分析，而代码形式的申请表可以进行定量分析与计算机化自动处理。

在传统的申请表中，每个项目对申请人素质的权衡或工作适合性的评价是等量齐观的，即使有所侧重，侧重的程度往往也会把握不一、忽高忽低，这实际上是不合理的，会给素质测评与人员录用带来不良影响。

研究表明，某公司80%的已婚员工被他们的上级给予工作出色的等级评定，而未婚员工只占60%。那么在评定时，已婚的被测评者权重分数明显高于未婚被测评者的权重分数。在一个大城市中，有住房的被测评者申请工作往往比无住房的被测评者更容易被录用。这些现象表明：申请表内不同的项目、不同的内容对被测评者素质测评或录用的影响是不尽相同的，测评者应该对此加以研究，具体确定不同项目、不同内容的测评权重系数。表 6-1 即是一个申请表项目加权赋分的实例。

表 6-1　　　　　　　　　　申请表项目加权赋分示例

项目		工作出色人数比例（%）	加权赋分	项目		工作出色人数比例（%）	加权赋分
婚姻状况	未婚	60	6	工作经验	无	22	2
	已婚	80	8		生产	43	3
	离婚	10	1		文书	42	4
	分居	29	3		推销	81	8
	寡居	43	4		管理	77	8
文化程度	小学	52	5		专业	55	6
	中学肄业	45	5		其他	33	3
	中学毕业	45	5	服役与否	已服	53	5
	大学肄业	47	5		未服	46	5
	大学毕业	61	6				
	研究生	64	6				

通过以上加权赋分，不但能够把传统的申请表的定性信息转化为定量信息，而且能使分析更趋科学、统一、客观，提高申请表的测评效果。

然而值得指出的是，申请表内各项目的加权赋分应建立在调查研究与事实分析的基础上，不能凭空想象任意加权赋分。此外，加权赋分也并非一成不变，应根据时间、对象、职位、组织的具体情况变化而加以适当调整。

三、履历表

履历表实际上是一种有关被测评者背景情况描述的材料，其项目内容与申请表类似，但又有所不同。从项目与内容上来说，履历表比申请表更详细更全面，从时效上来说，履历表反映的是被测评者过去的情况，而申请表反映的是当前的情况，显然两者内容会有所不同。

要提高履历表的测评作用，关键也在于履历表项目的设计。履历表项目一般包括两部分内容：一部分是测评者能够核实的项目，如家庭住址、家庭状况、工龄、学历、年龄等；另一部分则是难以具体核实的项目，如述职报告、自我工作小结等。

履历表项目选择与申请表一样，也是以职位要求或工作绩效的相关性为标准，常见的是选择那些与生产效率、人事变动率、出勤率显著相关的项目。选择方法示例如下所示。

假设某单位有 100 名职员，其中男性 40 名，女性 60 名。把 100 名职员划分为高效率与低效率两组。在高效率组中有 10 名男职员与 45 名女职员。因此男性职员的高效率比例为 10/40＝25%，女性职员的高效率比例为 45/60＝75%，两者比例相差 50%，由此表明男性职员有 100%－25%＝75% 位于低效率组，而女性职员只有 100%－75%＝25% 位于低效率组，显然在这里性别是一个具有高区分度的指标，可以把它作为一个项目列入履历表中。

如果根据高效率赋分，则履历表内每个项目根据其具体内容都可以得到一个对应的分数。上例中，男性高效率职员比例为 25%，故男性赋值 25 分，女性职员高效率比例为 75%，故赋值 75 分，所有项目得分累加得到一个总分，该总分可用作测评素质或录用的依据。

对于履历表用作素质测评与人员录用的效果，卡西奥（Cascio）曾做过专门研究。他发现，履历用于预测人事变动率的效率系数为 0.77~0.79，其他有关研究也得到了同样的结果。与此同时，卡西奥也发现把履历分析作为素质测评的一种工具存在三个问题。首先是履历填写的真实性问题。有的研究表明履历中填写的内容与已证实的情况一致性为 0.90，但有的研究得出了相反的结果。解决这个问题的可行办法应该是在履历表中设置一些真实性检测项目，或者尽量减少主观性项目，增加客观性项目。其次是效率系数的稳定性问题。有的研究表明最初效率系数为 0.74，两年后降为 0.61，三年后只有 0.38。解决的方法是再评价与再检查。最后是项目设计的合理性问题。履历表中每个项目的选择除实证性的统计数字外，还缺乏符合逻辑的理论解释。由米契尔（Mitchell）研究表明，通过统计检验的履历项目要比按照原理设计的项目（在直觉判断基础上通过因素分析处理）要好，但勒日（Neiner）的研究结果却相反。解决这一问题的可能方法是实证与理论分析多方面结合。

为了改进履历表（包括表格在内）的形式，提高其客观性，出现了一种传记式项目检核记录表。其形式见表 6-2。

表 6-2　　　　　　　　　传记式项目检核记录表示例

目前婚姻状况如何？
1. 未婚
2. 结婚、无子女
3. 结婚、有子女
4. 寡居
5. 分居或离婚

嗜好及态度
你常说笑话吗？

续表

    1. 极常

    2. 常常

    3. 偶尔

    4. 很少

    5. 根本不说

健康情况

    你曾患过什么病吗？

    1. 强烈过敏

    2. 哮喘

    3. 高血压

    4. 胃病

    5. 头痛

    6. 以上疾病皆未患过

人际关系

    你对你的邻居感觉是：

    1. 不感兴趣

    2. 很喜欢他们，但不常见

    3. 常互相访问

    4. 很多时间一同相处

    ……

  传记式项目检核记录表一般包括婚姻状况、嗜好、健康、人际关系、态度、兴趣、价值观、自我观等项目。其设计的依据是，目前的素质和工作绩效与过去各种环境中的行为是相联系的，同时也与态度、嗜好、价值观相关联。但是要具体列出问题与选项，则必须进行大量的实证研究与理论分析，从中找出关键性的因素。例如，一家制药公司发现，富有创造性的科学家除其他一些品质外，还具有以下特点：有主见、埋头工作、希望担任有挑战性的工作、父母亲比较宽容。虽然这些素质特征可以通过面试与心理测验来完成，但用传记式项目检核记录表既省钱、省事又更有效。

四、档案

  在素质测评与人员录用中，档案分析也是一种应用较为广泛的方法。我国组织人力资源部门每当提拔与录用某个人时，总是要先看看其档案材料。

  档案分析之所以能够作为一种人员测评方法，一方面，因为档案中记录着一个人从上学到目前为止的所有经历、学习情况与工作绩效、家庭情况、社会关系、组织与群众的评价意见等,所有这些材料都可以成为素质测评与录用决策的重要依据;另一方面,资历在素质测评与选拔录用中起着重要作用。表 6-3 是在某工厂厂长选拔中的权重分配表。

表 6-3　　某工厂厂长选拔中的权重分配表

资历	未担任过领导工作	担任过小组长工作	担任过副科长工作	担任过车间主任工作	担任过副总工程师工作	担任过副厂长工作	担任过厂长工作	在职厂长任期5年到7年	在职厂长任期7年到10年	在职厂长任期10年到15年	在职厂长任期15年以上
权重	0	0.2	0.4	0.6	0.7	0.9	1	0.8	0.5	0.3	0

可见档案中对资历的考查最为翔实。

但有人认为档案分析法并不一定可靠,因为档案材料中本人填写部分并不一定真实,可能有隐瞒之处;组织鉴定也不一定客观,可能因好面子而给好评,因打击报复或有意"整人"而给差评,或不负责任而含糊其词。有调查发现,以前领导和朋友提供的材料最为可靠,以前人力资源部门提供的材料预测效率为零,亲属提供的材料预测效度为负数。因此档案分析应该与实际核实调查相结合。

第二节　操作能力测试

操作能力测试主要包括工作样本测试和工作模拟测试,这些测试主要测评被测评者在实际或相近的工作环境中的操作能力表现,这种测评方式在实践中也有着广泛的应用。

一、工作样本测试

工作样本测试是测量被测评者在一个可控的环境中实际执行某些工作任务的表现。它是基于这样的理论基础之上的,即被测评者在执行应聘工作的样本任务时的工作表现是其未来工作的有效预测因子。工作样本测试的事例如对计算机编程人员的编程测试,对升降机驾驶员的标准驾驶测试。交响乐团以雇佣为目的的试听测试是,当交响乐团招聘新的演奏人员时,甄选小组会让被测评者都站在幕后,听他们用相同的乐器演奏同一只曲目等。

工作样本测试的方法比较简单,让被测评者直接执行任务,但在测试的设计上有较高的专业化要求，需要有十分熟悉工作的专家对工作进行分解与评价，才能保证被测评者工作样本测试得分与实际工作绩效间的相关性。工作样本测试技术的基本程序主要包括：（1）请专家进行工作分析，列出应聘职位的所有工作任务；（2）从中选择一个关键任务，并将其细化分解为不同的小任务；（3）设计每个小任务的可能执行方法清单，并给这些方法分配权重、打分；（4）提供一个与未来工作相似的工作场景，要求被测评者用工作中的真实工具依次执行这些小任务。由一位测评者对被测评者的表现进行检测，并在清单上记录下被测评者执行任务的好坏。

例如，在制定机修工的工作样本测试时，专家首先列出机修工所要执行的所有可能任务（如安装滑轮和皮带、安装和调试马达）。对于每项任务，专家列出其执行频率，说明其对整个机修工作的相对重要性。因此，四项关键任务是安装滑轮和皮带、拆卸和安装齿轮箱、安装和调试马达、将套管压入链轮。接着，专家将这四项任务分解成完成任务的具体步骤。当然，每一步骤的执行方法可以稍微不同。一些方法比另一些方法好，因此，专家会对不同方法给予不同的权重。

表6-4列出了安装滑轮和皮带的步骤之一：在安装前核对螺栓。清单中列出了不同的核对方法：（1）根据轴核对；（2）根据滑轮核对；（3）两者都不用。每一种方法后面的权重反映了其价值。

表6-4　　　　　　　　工作样本测试问题实例：安装滑轮和皮带的任务之一

安装前核对螺栓：	
——轴	3分
——滑轮	3分
——两者都不用	1分

每位被测评者都要执行这四项任务，被测评者执行每一步骤的情况由测评者监督。后者对被测评者进行观察并在表6-4那样的清单中记下被测评者选择的方法。因此，假定被测评者在安装前根据滑轮检查螺栓，于是测评者在"滑轮"上做标记，显示被测评者在执行安装滑轮和皮带任务中选择的一个特定步骤。[①]

工作样本测试被认为是所有测试中具有最高效度和信度的测试，因为它们系统地测量了与工作直接相关的行为，被测评者很难提供假答案。被测评者的背景信息是很难搜集到或者很难进行解释的，而通过工作标本测试可以直接获得关于工作能力的信息。

但是，工作样本测试还有两个缺点。第一，工作样本测试是专门针对特定工作而设计的，因而它的普遍适用性很低；第二，由于对每一种工作都必须设计新的测试，

[①] 加里·德斯勒. 人力资源管理 [M]. 刘昕，等，译. 北京：中国人民大学出版社，1999：171.

加上这种测试的非标准化模式,工作样本测试的开发成本相对较高。与为每一种工作开发一种工作样本测试工具相比,直接购买适用于组织内各种不同类型工作的测评量表,在成本与有效性方面反倒可能会更好。①

二、工作模拟测试

工作模拟测试是一种非纸笔测试,用来测评被测评者与工作表现相关的能力。例如,假设工作分析表明某一特定职位要求员工应该具有很高的机械能力,许多模拟都能够测评出这一能力。工作模拟并不是该工作的实际操作,而是通过模拟更接近实际工作。在飞行员的驾驶学习中,都要求在模拟飞行器上模拟飞行特定的时间。虽然模拟器模拟飞行与高空实际驾驶飞机还有一定的差别,但比阅读书本知识和观察他人驾驶更接近于实际飞行。

工作模拟测试有很多种,下面列出常见的三种。

(一)明尼苏达纸制模板测试

这是一个空间想象能力的模拟测试,被用于各种工作。图 6-1 是一道测试题,作

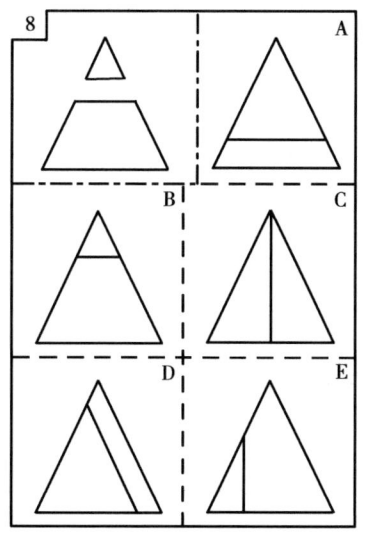

图 6-1 明尼苏达纸制模板测试题

---

① 雷蒙德·A. 诺伊,约翰·霍伦拜克,拜雷·格哈特,等. 人力资源管理:赢得竞争优势 [M]. 7 版. 刘昕,译. 北京:中国人民大学出版社,2001:247.

为一个图纸设计人员,需要具有从物体的角度去想象空间位置的能力,被测评者必须从 A 到 E 这五个选项中选出一项最能表现左上角图案样子的选项。

(二)神经运动能力模拟测试

许多测试都是测评如选择反应能力、肢体移动速度和手指灵活性等神经运动能力,如奥康纳手指和镊子灵活性测试(O'Conner Finger and Tweezer Dexterity Test,见图 6-2)。被测评者用镊子将别针取出,然后把它们一行一行地放入模板的洞中,或只用手将别针放入洞中。这些测试用于需要较高手工能力的职位,如手表或电视机零件生产流水线上的岗位。

图 6-2　奥康纳手指和镊子灵活性测试

(三)文书能力测试

表 6-5 是明尼苏达文书测试的第一页。它是一个典型的文书能力测试。这一模拟测试要求被测评者核对数字和名字,这是文书任务中常常用到的技术。

表 6-5　　　　　　　　　　明尼苏达文书测试(首页)

姓名_____　　　姓名_____
　　测试 1——数字比较　　　　　　　　　测试 2——姓名比较
正确数_____　　　正确数_____
错误数_____　　　错误数_____
分数=正确数-错误数_____　　　分数=正确数-错误数_____
百分率_____　　　百分率_____
使用标准_____　　　使用标准_____
说明:
　　在内部页面有两个测试。一个测试由多对名字组成,另一个测试由多对数字组成。如果每对名字或数字的两边是一模一样的,请在它们中间的横线打(√)。如果两边不同,请不要在横线上做标记。当测评者宣布"停",请在你看完的最后一对下画上横线

数字对正确做的例子
79 542 ____ 79 524
1234567 √ 1234567
名字对正确做的例子
John C. Linder ____ John C. lender
Investors Syndicate √ Investors Syndicate

这是一个考察速度和准确性的测试。请在不做错的前提下尽可能快地做完。在未宣布开始前请不要翻开这页

· 196

本章小结

求职者提供的一些书面信息是人力资源部门首先接触的材料。这些书面信息包括推荐信、申请表、履历表和档案，通过对其进行分析，可以对求职者的个人素质做出一个总体评价。

操作能力测评主要包括工作样本测试和工作模拟测试，主要测试被测评者在实际或接近的工作环境中的操作能力表现。工作样本测试的测试方法比较简单，可以让被测评者直接执行某些样本任务，但对测试的设计有较高的专业化要求。它需要有对工作十分熟悉的专家对工作进行分解与评价，才能保证被测评者工作样本测试得分与实际工作绩效间的相关性。工作模拟是一种非纸笔测试，用来测评申请人与工作表现相关的能力。它并不是该工作的实际操作，而是通过模拟情境进行测评。

 复习思考题

1. 怎样设计一份具有良好测评功能的申请表？
2. 工作样本测试和工作模拟测试有什么异同？
3. 工作样本测试的具体设计步骤是怎样的？如果由你负责招募几名空调维修工，你将如何设计工作样本？

 案例与讨论

心理健康的特别测评

此前震惊全国的"×××跳楼事件"牵动了亿万中国人民的心，给很多企业敲了警钟，越来越多的人意识到心理健康测评和评价的重要性。在人才测评技术不断发展的今天，人才测评在中国逐步受到重视，众多的政府机构和企事业单位纷纷开始采用人才测评服务。

某大型航空公司新开辟北非航线需选聘一名机长进行首飞，且此次首飞将选用新机型，该机型未在其他航线上使用过。

航空公司从拥有1 000小时以上安全飞行时间的飞行梯队中选拔了10名男女候选

人。其间经过理论考核、体质测评、操作考试、突发事件应对等层层筛选，最后选出3位男性候选人作为首飞机长候选人，但是谁是最合适的首次飞行人选呢？负责本次项目选拔的人才测评专家提出一个建议：以"童年"为关键词，让3位候选人回忆一件与自己有关的事情。有两位候选人回忆的是小时候家里面艰苦的生活条件，父母如何将其兄弟姐妹拉扯成人，另一位候选人想到的是小时候和玩伴一起去荒郊野外探险的事情。

考虑到新航线、新机型第一次执行任务，在陌生、孤独、缺少援助的环境下，如果不能保持乐观的心态，可能会在遇到意外事件的时候忙中出错，因此回忆起积极事件的这位候选人就成了首飞人选。

事后证明，在首次飞行中，出现了升空过程发生机体共振，着陆过程中发生设备划伤等意外，但是该候选人成功应对重重危机，顺利完成了首次飞行任务，受到了上级单位的好评。人才测评不仅仅限制于知识水平、技巧能力，更侧重于心理素质、人格素质、性格特点等，人才测评使航空公司找到了最适合完成飞行任务的人才。

（资料来源：本案例来自朗识测评网，内容有所改动。http://www.lstest.com/job-tips/tests-346.htm.）

讨论

1. 该案例中的测评方法体现的作用与价值是什么？
2. 该测评方法的优点和缺点分别是什么？
3. 为了提高其测评效果，在使用中应注意哪些问题？

建议阅读文献

1. 萧鸣政，张正武，王保亮.工作取样法［J］.中国人才，2001（9）：41-42.

2. 翟福贞.鉴别、整理干部人事档案应注意的问题［J］.兰台世界，2013（8）：115.

3. 郭嘉林，杨小芝，孙树芳.高职院校医学毕业生就业诚信问题研究［J］.卫生职业教育，2015（6）：97-99.

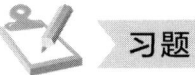习题

一、单选题

1. 对于一封推荐信最应该关注的内容是（　　）。
   A. 推荐者对被测评者的肯定程度
   B. 推荐者与被测评者的亲密程度
   C. 推荐信关于被测评者个性特征的具体描述
   D. 推荐者与被测评者的亲密程度

2. 对于已转化为代码形式的申请表格，测评者可以对其进行（　　）分析。
   A. 定性　　　　B. 定量　　　　C. 综合　　　　D. 非数量

3. 履历表的项目内容与（　　）相似。
   A. 档案　　　　B. 推荐信　　　C. 申请表　　　D. 评价中心

4. 传记式项目检核记录表是（　　）的一种形式。
   A. 档案　　　　B. 推荐信　　　C. 履历表　　　D. 申请表

5. 用档案分析法对被测评者进行分析时，（　　）提供的材料最为可靠。
   A. 以前的领导　　　　　　　B. 以前的人力资源部门
   C. 直系亲属　　　　　　　　D. 远房亲戚

6. （　　）被认为是操作能力测试中具有最高效度和信度的测试。
   A. 工作模拟测试　　　　　　B. 工作情境测试
   C. 工作素质测试　　　　　　D. 工作样本测试

7. 神经运动能力模拟测试一般用于测试（　　）的工作。
   A. 与客户接触较多的　　　　B. 较为细致琐碎的
   C. 需要较高手工能力的　　　D. 需要空间想象能力的

8. 提高履历表的测评作用，关键在于（　　）。
   A. 履历表项目的数量　　　　B. 履历表项目的设计
   C. 履历表项目的深度　　　　D. 履历表的精简程度

9. 测量被测评者在一个可控的环境中实际执行某些工作任务的表现是指哪一种测试？（　　）
   A. 明尼苏达纸制模板测试　　B. 文书能力测试
   C. 工作样本测试　　　　　　D. 神经运动能力模拟测试

二、多选题

1. 运用申请表对被测评者进行素质测评的优点是（　　）。

A. 不显示评价倾向

B. 使得被测评者放松警惕

C. 容易对被测评者作出比较和选择

D. 被测评者一般不会作假

2. 履历表的项目选择应该与（　　）等项目相关。

　　A. 生产效率　　　B. 人事变动率　　　C. 出勤率　　　D. 兴趣爱好

3. 操作能力测试主要包括的内容有（　　）。

　　A. 工作环境测试　　　　　　　B. 工作样本测试

　　C. 工作模拟测试　　　　　　　D. 工作绩效测试

4. 工作样本测试的缺点有（　　）。

　　A. 普遍适用性很低　　　　　　B. 开发成本较高

　　C. 被测评者容易作假　　　　　D. 没有测量与工作直接相关的行为

5. 下列属于工作样本测试的是（　　）。

　　A. 飞行员在模拟飞行器上模拟飞行

　　B. 文书能力测试

　　C. 对计算机编程人员的编程测试

　　D. 对升降机驾驶员的标准驾驶测试

6. 属于工作模拟测试的内容有（　　）。

　　A. 明尼苏达纸质模板测试　　　B. 视觉似动现象测试

　　C. 神经运动能力模拟测试　　　D. 文书能力测试

7. 申请表的设计要做到以下哪些要求？（　　）

　　A. 每个项目均与胜任某项工作有一定的关系

　　B. 比较客观

　　C. 其他人容易理解和检核

　　D. 基本不要有变化

8. 卡西奥发现把履历表作为素质测评的一种工具存在的问题有哪些？（　　）

　　A. 履历表填写的真实性　　　　B. 履历表项目的数量

　　C. 效率系数的稳定性问题　　　D. 项目设计的合理性问题

三、判断题

1. 一般而言，推荐信被认为与求职者工作表现的关联性很强。　　　　　　（　　）

2. 从时效上来说，履历表反映的是被测评者当前的情况，而申请表反映的是过去的情况。　　　　　　　　　　　　　　　　　　　　　　　　　　　　　（　　）

3. 对于非生产性工作，评价应该以工作数量的优劣来衡量。 （　　）
4. 工作模拟是该工作的实际操作。 （　　）
5. 档案分析法中以前人力资源部门提供的材料预测效率和亲属提供的材料预测效度都为零。 （　　）

第七章
人员测评的组织与实施

>> **教学目标与方法建议**

通过本章教学，应该掌握以下六点内容。

1. 正确理解人员测评组织与实施中的基本概念。
2. 重点掌握测评的流程与步骤。
3. 测评实施的基本原则。
4. 测评方案的可行性设计与分析。
5. 测评方法选择应注意的问题。
6. 测评中的心理干扰及其对策。

教学方法建议：人员测评的组织与实施在当前社会有非常大的实际利用价值，且运用广泛。因此在阅读本章内容的过程中，可以结合一些人员测评的具体案例，在具体案例操作中把握人员测评的过程，以便更直观地理解人员测评的组织与实施，更全面地掌握各个知识点。

第一节 测评主体与客体

什么是素质测评的主体？什么是人员素质测评的客体？它们之间的关系如何？具备什么条件才能算是一个真正的测评主体？他们各自的责任是什么？测评时他们各自

的心理状态如何？类似的问题就是我们这一节所要探讨的问题。

一、测评主体与测评客体关系分析

测评主体，是指主持整个测评工作的个人或集团，包括测评方案的编制者、测评活动的组织者与领导者、测评的指导者与操作方案的评估者以及测评结果的处理与解释者。测评主体中不同的工作身份可能兼并包容在同一个人或组织团体身上，也可能分散于不同的集团与个人承担。例如，领导干部素质的测评，其测评目标方案可能由专家或上级部门提出制定，而实施测评和解释测评结果的人却往往是人力资源部门。

测评客体，指的是测评实施的承受者，它与测评的对象有所不同。测评对象是测评的直接指向者，它与测评标准体系中规定的内容是一致的。测评的客体可以与测评对象相同，也可以不相同。就以思想品德测评来说，思想品德是测评的对象，它是一种非具体的东西，而具备该思想品德的人则是测评的客体，它是具体存在的实体，测评对象被包含在测评客体中。可以说，人员素质测评的客体是测评实施的直接对象（但它却是所要测评的间接对象），而测评的对象却是测评实施的间接对象（但它却是所测评的直接对象）。测评的客体与对象在不相同的情况下还可能是融于一体或相互分离的。例如，人的思想品德与个体就是融为一体的。

测评的主体、客体及对象三者的关系如图 7-1 所示。

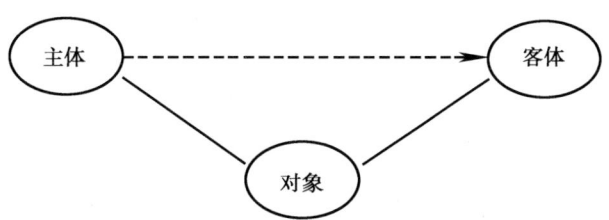

图 7-1　测评的主体、客体及对象三者的关系图

测评主体的具体形象是测评工作者，其中起主要作用的是测评者。测评者的最小单位规定为测评员。测评员可以是专家、领导、主管、人力资源管理部工作人员或其他具有测评能力的个人，甚至还可以是被测评者自己。

测评主体的构成与测评的类型是相联系的。根据测评主体与测评对象的关系来分，有自我测评（此时主客体同一）和他人测评。自我测评，即由测评客体接受主体要求，对包含于本身之中的测评对象进行的自觉性测评；他人测评，即由测评客体以外的测评者对测评对象所进行的外加性测评。例如，测评员工的职业适应性，员工可以自己使用量表对自己进行打分，这就是自我测评；也可以在统一指导下进行闭卷测验，或者让其通过面试、360度评估进行测评，这就是他人测评。

测评的主客体是可以相互变化的，也就是说随着测评对象的转移，测评的主客体位置也会随之变化，有时还具有双重身份。例如，当测评对象是人力资源开发者的开发工作及其效果时，被开发者既是测评的客体又是测评的主体，其客体性是相对于其他测评者来说的，其主体性是相对于开发者工作效果的体验者及观察者来说的。开发者也既是测评的客体又是测评的主体，其客体性是相对于其他测评者来说的，其主体性是相对于他是开发工作的设计者、实施者及其体验者来说的。开发者是进行开发工作的直接责任者，整个开发工作的构思乃至每个活动的安排只有他本人最清楚。他对开发工作的特殊感受与体验也是其他测评者所代替不了的。开发者通过自我分析与反省，能够注意到许多仅从外部观察的测评者所不了解的东西。从这个意义上来说，对于测评对象的测评，只有让测评客体自身积极参与，成为测评主体，进行自我测评，测评的结果才会比较准确、全面和切合实际，也才能为测评客体所接受。测评中的这种主客体关系是由人员素质测评是人对人的测评这一特殊性而决定的。

二、测评员的条件与职责

作为实施人员素质测评的直接主体，测评员是否称职是人员素质测评有效性的决定因素之一。对各种各样的测评，测评员都需要满足一些基本条件。

我们不妨以改善教育培训效果的测评为例，讨论测评员的条件与职责。

一般来说，不同的测评员是用不同的方式对测评对象进行测评的。同一个测评员往往能够并且归根结底是从完全不同或者对立的观点来测评被测评者的不同行为表现。测评观点的绝对多样性以及测评结果对于选择相应观点的相对依赖性，使测评的结果往往带有主观色彩。因此，测评员必须具备的第一个条件是开放而有纪律，能够自觉而坚定地按照统一的测评标准与规定的测评方法进行测评，勇于及时放弃自己原先一些既有的与测评要求相抵触的观点。

第二个条件是，测评员必须与测评对象或被测评者无直接的利害关系。因为观点的差别是受测评员的需要以及对这些需要的感觉所制约的。与测评员越有利害关系的东西，测评员就越难以作出客观公正的测评。

第三个条件是，测评员必须具有较强的信息搜集能力、信息处理能力以及对事物价值的判断能力。马克思曾经说过："忧心忡忡的穷人甚至对最美丽的景色都没有什么感觉；贩卖矿物的商人只看到矿物的商业价值而看不到矿物的美和特性。"[①] 在这里，

---

① 马克思，恩格斯. 马克思恩格斯全集（第42卷）[M]. 中共中央马恩列斯著作编译局，译. 北京：人民出版社，1960：126.

马克思指出了审美能力的现实制约性及缺乏审美评价能力所产生的后果。同样,在缺乏测评能力的人那里,测评对象中所客观存在的人力资源价值就无法被观察到。

第四个条件是,测评员最好还应该由那些能够为达到改善教育培训及其效果的目的而采取相应措施的人来担任,因为人员素质测评的一个重要目的是人员素质的开发与提高。尤其在以教育培训为目的的测评工作中,为提高培训的效率与效果,选择合乎这种条件的人比起其他的人来说能使测评更有效果。

第二节 测评的流程与步骤

人员素质测评大致分成以下几个步骤:准备阶段、实施阶段、分析和决策阶段、检验反馈阶段。

一、准备阶段

俗语说"万事开头难",实施人员素质测评是一个极其复杂的过程,因此要在开始阶段就做好充分的准备工作,从而为后续的阶段打好基础,以确保测评达到良好的效果。

(一)明确测评目的和测评对象

明确测评目的就是明确我们为什么要进行测评,测评的结果有什么用途。明确测评目的是最为重要的事情,因为整个测评都是为了实现测评目的而进行的。只有目的明确,之后一系列的具体测评操作过程才会有章可循,且不会偏离方向。人员素质测评本身是整个人力资源管理体系的一部分,是为人力资源管理工作服务的。为了做好人员素质测评工作,首先应该从整体的人力资源管理角度出发思考测评工作应达到的目标。只有建立在服务人力资源工作基础上的目标,才能使测评工作有的放矢,测评的结果才能更加有效地运用在人力资源管理工作中。否则,测评工作目标不明确或者目标定位错误,会导致测评工作劳而无功、针对性不强,甚至会产生负面效果。[①]

关于测评对象的选择,一是要确定测评的是哪一类人员,二是要确定各类对象分布的范围。这与前面讨论的测评类型的分类是观点一致的。例如,当我们的测评是为了人员的招聘、甄选,那么选择能够带来今后工作高绩效的素质作为测评对象是正确

---

① 赵深徽. 员工素质测评[M]. 深圳:海天出版社,2003:245,258.

的。又如，当测评是以开发人员素质为目的时，就不能将目光着重于评价人员现有的素质水平，而是应该针对人员是否具有潜在的素质进行开发性测评。

（二）选择合理的测评方法和测评工具

测评方法和测评工具要依据测评对象与测评目标来确定。根据测评的目标选择需要测评的要素，通过详细分析测评要素的内容，选择具体的测评工具和方法。除了考虑测评目的和测评对象外，在选择测评方法时还应该考虑到测评客体的具体情况，包括岗位职责和组织的特点。关于测评方法的选择问题在本章第五节有详细讨论。

不恰当的测评形式与工具将会导致虚假信息的收集，并会导致素质测评结果的不完整和不真实。例如，当要测评管理者素质时，应选择评价中心的形式和方法。而在这种情况下，单纯的纸笔测试或者心理测试就有些"力不从心"了。测评形式和工具的选择可以从以下两个方面来考虑。

1. 分析测评对象的素质特点

测评方法和测评工具要依据测评对象来确定，通过详细分析测评要素的内容，就可以选择具体的测评工具和方法。每一种测评工具都会对个人的某项素质有针对性的测评功能，表 7-1 是常用的人员素质测评工具的汇总表。

表 7-1　　　　　　　　人员素质测评工具汇总表

测验类别		主要测评工具	适合的测评对象
基本测验	个人品质测验	卡特尔 16 种人性因素问卷	乐群性，聪慧性，稳定性，恃强性，兴奋性，有恒性，敢为性，敏感性，怀疑性，幻想性，世故性，忧虑性，实验性，激进性，自律性，紧张性，外向性 Q1，焦虑性 Q2，镇定性 Q3，独立性 Q4
		DISC（Dominance, Influence, Steadiness, Compliance）个性测验	支配性，影响性，稳定性，服从性
		管理人员个性测验	正性情绪倾向，负性情绪倾向，乐群性，责任心，广纳性，内控性，外控性，自信心，A 型性格，成就动机，权力动机，面子倾向

续表

测验类别		主要测评工具	适合的测评对象
基本测验	职业适应性测验	生活特征问卷	风险动机，权力动机，亲和动机，成就动机
		需求测试	生理需要，安全需要，归属和爱的需要，自尊需要，自我实现需要
		职业兴趣测验	经营取向，社交取向，艺术取向，研究取向，技能取向，事务取向
	能力测验	多项能力、职业意向测验	语言能力，概念类比，数学能力，抽象推理，空间推理，机械推理
		数量分析能力	数量及数量关系的识别和分析能力
		逻辑推理能力	思维能力测验，评估思维的逻辑性、灵活性和发散性
		敏感性与沟通能力测验	一般人员的人际敏感性，营销意识，沟通行为倾向，营销常识
基本调查	个体行为	工作感觉评定	工作满意度
		价值取向评估	理论取向，经济、政治取向，唯美取向，社交取向
	领导行为评估	沟通方式评估	测查正确的上下级沟通知识和技能掌握情况
		冲突应付方式评定	非抗争型，退避与顺应型，解决问题型，统和与妥协型，抗争型，竞争型
		工作习惯评定	测查科层意识
		变革意识评估	测查对事物的灵活性和创新意识
	团体行为	团体健康度评定	共同领导，团队工作技能，团队氛围，团队凝聚力，成员贡献水平
		团队绩效评定	评估团队绩效
基于情境的测验		公文筐测验	工作条理性，计划能力，预测能力，决定能力，沟通能力
		无领导小组讨论	组织行为，洞察力，倾听，说服力，感染力，团队意识，成熟度
		结构化面试	综合分析能力，仪表风度，情绪控制能力，应变能力和动机匹配性等
面向高绩效的管理人事测验		人际敏感性测验	对人际事务的敏感力
		管理变革测验	变革意识，创新意识
		团队指导技能测验	沟通技巧
		自我实现测验	寻求自我发展、发挥的动机
		人际关系管理测验	应付人际关系
		沟通技能测验	沟通技巧
		管理方式测验	基本管理理念
		基本管理风格测验	管理风格
		管理情境技巧测验	在各种情境中的行为模式
		组织绩效测验	绩效意识与可能的潜力
		管理者自我开发测验	客观性，专业知识，敏感力，分析判断力，社交技巧，情绪灵活性，主动进取，创造性，心智灵活性，学习技巧，自我意识

2. 比较测评方法的效度和信度

比较各种测评方法在测评各种素质时的效度和信度，选择与实际测评对象相关性最大的形式和工具。

美国有两位工业心理学家对当前使用的 11 种测评方法作过比较评定，比较程度和结果见表 7-2 和表 7-3。①

表 7-2　　　　　　　　各类测评方法在四项指标上的评价

方法	效度	公平程度	可用性	成本
智力测验	中	中	高	低
性向和能力测定	中	高	中	低
个性与兴趣测验	中	高	低	中
面谈	低	中	高	中
工作模拟	高	高	低	高
情境练习	中	未知	低	中
个人资料	高	中	高	低
同行评定	高	中	低	低
自我介绍	低	高	中	低
推荐信	低	—	高	低
评价中心	高	高	低	高

表 7-3　　　　　　　　各类测评方法预测效度的比较结果

测评方法	预测效度
评价中心	0.43
同行评定	0.49
智力测验	0.49
工作样本	0.54
个人资料	0.30
学业成绩	0.14
身体能力	0.30

---

① 赵琛徽. 员工素质测评 [M]. 深圳：海天出版社，2003：259.

续表

测评方法	预测效度
特殊能力测验	0.27
面谈	0.09
自我介绍	0.15
推荐信	0.23
专家评定	—

（三）选择测评员

测评员的选择很关键。测评员是整个测评活动的实施者，是测评工作具体的负责人。测评活动的结果虽然与测评工具选择、测评标准、测评方法、外部条件有很大的关联，但是很大程度上还取决于测评员的工作效果。不同测评单位、部门可以根据自己的具体情况来确定测评员的质量和数量。选择测评员通常可以考虑以下几个条件[①]：坚持原则，公正不偏；了解被测评者情况；有一定的实际工作经验，尤其是在测评方面的工作经验；有一定的专业知识；做事认真仔细、一丝不苟。确定测评员数量。从统计学原理来说，测评员越多，人为的主观误差就越少，测评效果就越好，但还是应根据测评的性质、方法和条件等具体情况具体分析。

（四）测评员的培训

当我们自行实施测评活动时，应该对测评员进行专业培训。测评员是具体实施测评的人员，对他们的培训十分重要。当前许多测评工作往往忽视了这一点，甚至略过这一环节。作为具体实施者，测评员必须很熟悉测评的过程、注意事项、操作细节、测试中易发生的突发事件及应付办法等，所以应该事先由测评方面的专家对测评员进行培训。培训的内容因测评的方法、工具而异，一般应该包括测评的方法、具体的过程、具体的操作方法和操作步骤，突发事件的应付方法等。同时在时间和条件允许的情况下，可以让测评员事先做一做实际的演练。当然，如果是请专门的测评机构、公司来实施测评，就可以跳过这一环节。

二、实施阶段

测评的实施阶段是对测评对象进行测评、收集测评数据的过程，是整个素质测评

---

① 赵深徽. 员工素质测评［M］. 深圳：海天出版社，2003：257.

的核心，具有举足轻重的地位。

（一）测评前的组织动员

测评前组织动员的目的是鼓动参加测评人员的积极性，促使大家以主动的态度参与测评工作，以极大的热情投入测评活动中，以保证测评工作的顺利开展。

（二）测评时间和环境的选择

测评工作的开展不是在真空中进行的，因此测评的时间和环境的选择也会对测评工作产生一定的影响。

1. 测评时间

不同类别的测评工具和方法所花费的测评时间也不相同。例如，一套心理测验试卷可能花费的时间也就是 1~2 小时，而适用选拔管理者的评价中心方法，由于包含的测评内容和测评方法多，可能需要连续 3 天甚至 1 周的时间才能保证测评的效果。

具体的测评时间应该挑选能够完全发挥被测评者智慧和能力的时间段，例如，中午人容易犯困，身心会比较疲劳，就不适宜安排测试。另外，在测评工作实施前，要合理地安排测评的先后次序以及两项测评的时间间隔。总之，原则是选择被测评者最合适的测试时间。

2. 测评环境

测评中应该提供较好的环境，能使测评人员注意力集中，不受影响，思维敏捷，以提高测评的准确性和有效性。因此建议选择宽敞、光线充足、无噪声的测评环境，同时也应该保证测评中的气氛良好。

（三）测评操作程序

测评操作过程包括宣传并训练被测评者、指导测评方法的操作、控制协调测评活动、搜集并记录测评信息四个步骤。

1. 宣传并训练被测评者

测评活动是一种互动的过程，在开展活动之前，实施测评的人员应向被测评者宣传测评的目的，赢得他们的共鸣与支持，使他们更好地参与到测评活动中来。在实施测评工作的开始阶段，可以准备一段测评指导语，它的作用是在实施测评前将测评做一个整体的说明，内容应包括本次测评的目的和测评的大致流程，以及需要被测评者配合和注意的地方等。指导语可以选择由测评主持人宣读，或做成书面的形式分发给被测评者阅览。总之，指导语说明的时间应该控制在 5 分钟之内，做到言简意赅。

2. 指导测评方法的操作

除开始的指导语对被测评者进行简单的训练外，在实施测评过程中，如果被测评者产生疑难问题，测评人员都应该随时协助他们解决问题，纠正他们的错误。

3. 控制协调测评活动

测评活动可能会受到当时很多因素的影响，不可能总是一帆风顺，这就需要测评人员能够随时协调与控制各方面的影响，以保证测评活动的顺利进行。搜集并记录测评信息以实施测评是为了获得有关待测素质的足够信息，在实施测评的过程中要随时随地地收集测评信息。按照统计学的原理，搜集的信息越多，则测评的效果就越好，测评结果也就越精确。搜集信息时，要遵循务实的原则，保证信息搜集的真实性、代表性、准确性与及时性。记录的方式可以采取定性或定量形式的词语，必要的时候还可以采用录音机、摄像机等现代技术记录下来。

三、分析和决策阶段

这一阶段工作的成果是测评结果报告，它是最后测评数据的分析输出阶段。前阶段大量的工作就是为最后的决策提供素材，实施测评的目的也是为测评决策服务的，在搜集到充分的测评数据后进行整理分析，并作出评定，或选拔出理想的员工或得出员工潜在素质的结论。

四、检验反馈阶段

人员素质测评的检验反馈是指依据不同的测评目的，对测评结果进行跟踪调查。例如，对选拔性的素质测评，就可以根据聘用结果以及员工后来的工作绩效对测评工作进行检验。检验反馈的作用是为已经完成的测评工作积累经验性资料，反思以前工作中的优点和不足，以进一步完善优化以后的测评工作。通常可以通过分析测评结果分数和后来工作绩效的相关系数来判断本次测评的效度，同时可以对测评工具进行修改完善。至此，才算是一个完整的测评工作循环。

若把上述内容概括一下，我们可以得到下面的测评过程流程图（见图 7-2）。

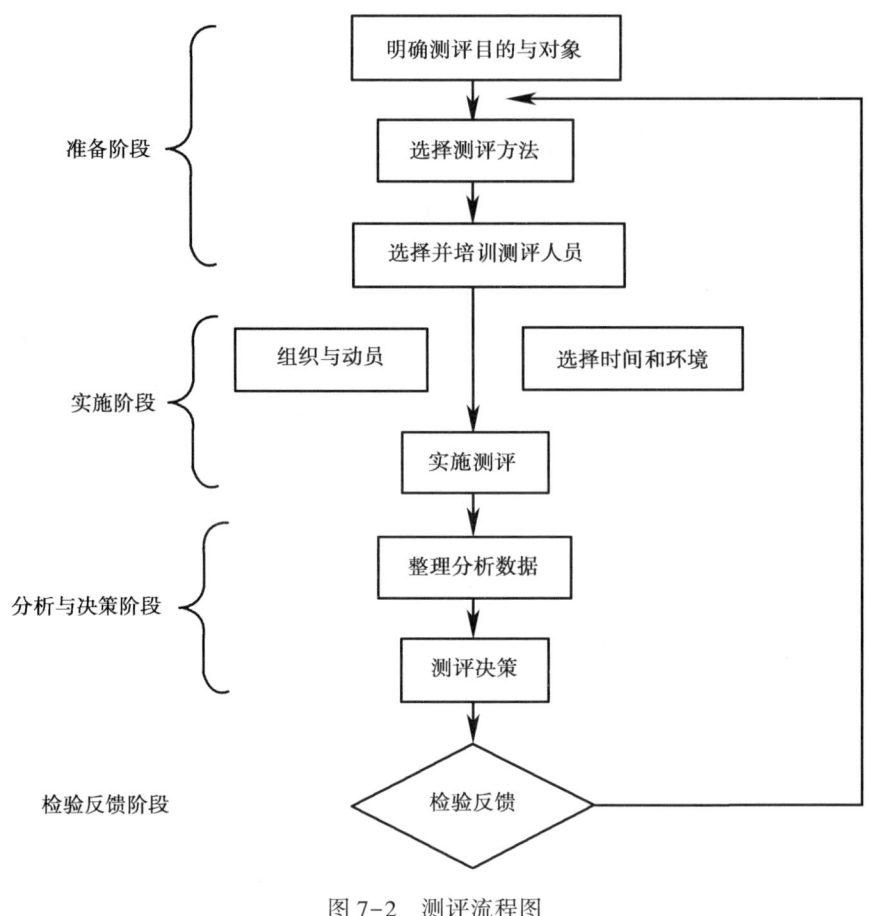

图 7-2　测评流程图

第三节　测评实施的基本原则

本章第二节介绍了测评工作的流程与步骤。整个测评过程，从理论到实践，从设计到实施及报告阶段，其实都必须遵循以下一些基本原则。这些原则是多次测评实践工作的科学总结，掌握了这些原则，不管今后开展什么样的测评工作都能如虎添翼。

一、客观性原则

客观性原则是指实事求是地实施测评，保证测评过程和结果真正反映测评对象的真实素质状况，排除个人的主观臆断。客观性原则的贯彻，首先要求测评指标体系本身的制定具有科学性，要求测评指标体系能够很好地反映测评对象和测评内容本身的特点。

其次，要求测评方法、测评工具的选择科学合理，应与测评的客观需求相适应。不恰当的测评方法和测评工具不仅不能获得有效的测评结果，而且会导致测评偏离原定的方向，甚至造成测评信息虚假和测评结果错误。

最后，要求制定科学严密的测评程序并按照其实施。实施测评时，应注意控制无关因素及主观因素的影响，特别是实施测评的主体（包括测评机构和人员）。在进行人员测评时要严格按照测评标准实施测评，坚持测评标准面前人人平等。

二、方向性原则

方向性原则是指要把握测评的目的，注意利用测评目标的导向性作用，使测评工作与测评目标保持一致。方向性应起到提纲挈领的作用，方向性原则应体现在测评工作的整个过程中。例如，测评内容的选择、标准的确定、指标体系的设计、权重的分配和结果的解释等环节中，测评指标体系的内容设计与权重分配是关键。

三、可行性原则

可行性原则，又称经济合理原则，是指测评要简单、方便，能满足测评工作的实践要求，易于开展工作。

可行性原则首先要求测评活动从工作实际情况出发，测评的结果相互具有可比性。其次，制定的测评目标一定要适宜可测。指标过于烦琐会使得测评工作十分麻烦，造成不必要的浪费，但指标过于简单，又不能反映测评对象的真实状况，造成测评结果片面，有失偏颇。最后，整个测评过程应做到简易可行、经济合理，不可繁杂浪费。人员的素质一般不能直接测评，需要通过一定的工具、设计一定的程序步骤进行间接测评。通常情况下，测评过程和程序越复杂，花费的成本就越高，所以在测评的实施中，应在保证测评效果有效性和可靠性的前提下，按照测评目的，合理经济地安排测评程序和环节，以最低的成本实现测评目标。

四、综合性原则

综合性原则是指对人员素质测评的效果与过程要用全面的和联系的观点去看待，因为人员素质测评的效果与过程是具有多方面性与多层次性的，不能孤立地测评每个因素，或者根据几个因素测评的结果就过早地下定论。

把握这一原则，首先是必须建立一套能全面系统地反映测评对象素质的目标体系。其次，要采用不同的方法和渠道来获取各种信息。每个人的素质都是一个复杂的综合体，既有层次性又有可分解性，把握素质的特性，就为我们实施测评、掌握个人素质特点提供了方法和渠道。想通过单一种类的或单独的一两次的测试而全面地把握所有的素质是十分困难的，甚至是不可能的，但我们可以先从素质的表现媒介中逐一去认识单个素质，然后再去把握整体的素质。例如，面试、谈话可以用来考察个人外在的身体素质、表象素质；通过笔试测验如心理测验的形式可以了解个人深层次的性格特性、道德情感和思想意识等；用评价中心的方法能够预测个人在将来相似环境下的工作能力。最后，通过上述几个方面的测评结果，综合得出测评的结论。

当然，对测评结果的综合并不是对各个因素方面测评结果的简单加总，每个因素单方面的测评结果只是对整体素质的部分反映，既是多方面的反映又是相互联系的，不能单纯地依靠这些因素叠加形成的素质评价结果，而应该全面综合地分析，在测评的动态发展和横向比较中得出最后的评价结果。

五、行为性原则

行为性原则是指素质测评要以被测评者行为为依据，统一考察测评实体行为的效果与动机。素质测评的测评对象是被测评者的行为，以一个个的行为事实为依据，在综合大量行为事实群的基础上进行整体测评。离开了测评行为，测评就只能是一种主观的臆断，就会失去它的客观性。因此，行为性原则也可以看作客观性原则的一个分化性原则。

这一原则要求我们一方面要观察，既要注意被测评者的全部行为，又要抓住那些最能体现素质水平的关键性行为。

另一方面要使用科学有效的手段和方法来观察和收集被测评者的行为。例如，可以借助测评量表、现场记录及录音录像等现代化技术，保证观察的客观性与准确性。

六、动态性原则

动态性原则是指测评的目标体系要具有一定的变化性，这也符合工作和外部环境变化的特点。这一原则的实施首先要求测评者要不断地检查目标体系与测评工作，及时地根据测评目标的变化对测评工作作出相应的修改或调整。其次，由于空间因素的变化，如工作环境、工作条件的变化，应该对测评目标的内容及权重予以相应的调整和变化。最后，测评工作也不是一劳永逸的，公司、企业的发展会对工作岗位人员的素质提出不同的或者更高的要求，并且测评工作也带有一定的预测性，不能是静态测评，应该是贯穿被测评者的过去、现在和将来的发展全过程，既看到原有基础，也要看到进步与发展趋势。

七、定性与定量结合的原则

定性与定量结合的原则是指在选择测评方法和工具时,应适当选择定性和定量的测评工具并结合使用。定性和定量是科学分析的两种基本方法。定性分析(查阅定性分析的定义资料)是指依靠感觉、印象和经验对测评对象素质进行诸如"高或低""强或弱"等的价值判断;定量分析是指运用数学方法,通过对测评对象素质情况数据的收集、整理、计算和分析,从而对其素质作出的数字描述。定性和定量各自有不足,定性方法带有很大的主观性和随意性,定量方法带有较大的机械性,只有定性和定量相结合,才可相互弥补、相得益彰。我国传统的人员测评重定性、轻定量,重经验印象、轻科学鉴别,应该扭转这一工作的思维趋势。当前的测评工作应在强调定性和定量相结合的同时,着重强化定量手段,这样才能保证测评手段的科学性。

八、标准化原则

一套系统的人员素质测评方法与过程建立后,是要应用于对上百人甚至上千人的测评工作中的,是要在不同的施测环境、不同类型的人身上不断地反复测评的过程,因此保持测评的一致性是人员素质测评的重要条件和要求。标准化原则说的就是这个意思,换一种表达方式来说,标准化就是指保证测评条件的共同性,在同一条件下,能够对测评中无关因素加以控制,从而将测评误差控制并减小到最低程度。对标准化的要求包括内容统一、施测过程统一、指导语统一、测评时限统一、评分标准统一、分数解释统一等。

在素质测评的过程中,应尽量提高测评的标准化程度。例如,严格地遵守测评的过程和步骤,不能随意调换测试顺序或转换测试试题。此外,还应对座位、光线、噪声、试题的解释和施测地点保持同等条件作出规定。测评条件对被测评者在测试过程中的成绩会产生很大的影响,在安静、明亮的房子和在嘈杂、昏暗的教室中进行测试,测评结果可能会大不相同,前者的效果显然会好得多。因此,测评条件的标准化是人员素质测评的一个重要特点。

第四节 测评方案的可行性设计与分析

在本章第二节"测评的流程与步骤"里,我们提到了应该根据被测评者的素质和测评工具本身的品质谨慎选择测评方法。那么,是不是只要把一批从具有显著效度的测评方法与测评标准体系中归纳出的待测素质对号入座就可以了?事实上,测评工具的选择和组合必须遵从一定的程序才能确保达到可靠的、有效的结果,否则就会陷入混乱,被一大堆要素、概念所缠绕,无从把握。[①] 在设计测评工具的组合方案时,应该考虑到测评目的的需要、企业的规模和文化理念、被测评职位的特点以及费用预算等因素,通过明确的步骤和程序来完成。

我们参考王垒的《实用人事测量》一书,可以将测评方案可行性的设计与分析归纳为七个步骤:确定测评目的、需求分析、确定测评手段、预期结果、实施过程的设计、测评时间、费用预算或报价。

一、确定测评目的

确定测评目的是人员测评的开端。明确设定的测评目的不仅为人事测评具体方案的设计指明了方向,同时确立了后期对测评目标、效果进行评估监控的依据,这不仅仅是人事测评活动实施的目的所在,而且从思想认识上统一了组织上下对测评工作价值的认同。当人员测评被当作一种新兴技术引入企业管理中时,更需要做好确立和充分论证测评目的的工作。

测评目的的确立从大处来讲,要参考社会、市场、经济形势的发展状况,结合组织的长远发展战略、组织的文化追求。例如,日本的 TOTO 公司有追求卓越的理念,在招聘时希望自己的员工具有精益求精的品质;壳牌公司崇尚文化,在招聘时看重人际合作观念和技巧。又如,一个发展初期的企业会看重创新能力和开拓精神,而在成熟阶段的企业会更看重管理理念和文化价值。从小处来讲,测评目的的确立要结合组织的战略策划、组织策划、变革策划。具体来说,要结合具体的人事管理目的和人力资源开发需要,考虑内部的具体需求和特殊动机等多方面的信息,来确定人员素质测评的目标和方向。

二、需求分析

需求分析建立在对开展人员测评的组织有全面、深入的认识基础上。例如,要了解公司的规模、性质、管理体制、经营理念、企业文化等方面的情况。从这些方面在大体上把握符合企业形象追求的人员素质的水平。这是一个分析与归纳的过程,需要人员测评专业人士与企业双方面的广泛深入沟通来达成共识,从而甄别人员素质测评要素,建立测评标准体系。

测评指标是否全面、有效,决定了整体人员测评工作的质量和可实现的价值。所

---

① 王垒. 实用人事测量 [M]. 北京:经济科学出版社,2002:244.

以要求测评要素必须反映多方面的要求：企业文化和理念的要求、岗位工作的要求、岗位职责的要求、个人可发展性的要求、适应性要求等。这些是测评标准体系建构中首要的针对性原则的体现。

三、确定测评手段

有了详细的需求分析，接下来就要围绕测评要素来组织测评方法和具体工具。在每选择一个具体的工具时要说明这个测评工具的功能和采用的理由。

需要注意的是，对于难以控制掩饰倾向的测评要素，应选择使用多项测验工具，这样可多次考察该要素，在结果分析中可多方参照、相互印证，了解该方面的真实情况。此外，在选择测评工具时，必须考虑到企业的特色与文化。

例如，某企业在苏州建立了"未来农林大世界"项目。该企业崇尚文化，追求"美""新"，而该项目又是该企业理念的直接经典体现：创建未来农林典范，开创未来美好生活。在分析岗位任职要求时，就要考虑应聘者的价值取向、工作动机、需求模式等要素；在选择测评工具时，价值取向测验、动机测验、需求测验就会被优先考虑，而且在总评价时占有较大权重。由此可见，测评要素不仅要和岗位职责相联系，也必须和企业文化理念相联系。这样的设计不仅反映了岗位的一般性要求，也反映了企业具体特色的要求。

四、预期结果

选择完所有要求的测评工具后，应重新系统地评价这个设计方案，对可能的结果作出预期。这一预期包括以下几个方面的内容：（1）由具体的分数如何建立综合报告；（2）测评的结果将如何指导后期的工作；（3）可能在更大范围内对员工产生的影响。

因为有许多要素要考察，同一要素又可能由多种方式（工具）考察，所以会得到一大堆测评分数，它们可能出现什么情形？如何整合在一起，如何根据测评分数撰写综合报告？不同分数之间是否会出现矛盾？如何处理？这些在设计时都应有所考虑。

测评的结果会因测评目的的不同而对工作具有不同的意义。针对招聘的测评会影响人力资源的质量；针对培训的测评会影响培训决策和效益；针对晋升的测评会触及个人和企业双方的利益。此外，由于目的的不同，测评标准可能服务于择优或汰劣，在具体标准的设定上也有所不同。例如，前面提到的某企业对员工的招聘选拔，其"唯美价值取向"的标准就可能设定得比较高一些。

最后，还要考虑测评的实施在更大范围内对员工产生的影响。那么，测评方案是否对所有人都公平？是否适合各个阶层的人？人们是会接受它，还是会出现很大抵触？

实践上是否安排得开？是否会产生疲劳和厌倦？是否会影响正常工作？投入（时间、精力、资金等）一产出比如何？员工会如何反应？是否需要实现舆论和技术上的准备？所有这些问题都应当有周密的考虑，并在方案的可行性中给予说明。

五、实施过程的设计

现在要把实施所有测评的具体程序确定下来，包括说明有关时间、地点、辅助材料、现场布置要求、设备、流程等所有细节工作的安排、落实。

疲劳会使测评结果受影响，因此测评尽量不要安排在晚上，各项测评之间要有充分的休息。此外，由于一般都会有多个测评项目，不同项目的先后顺序也需要考虑妥当。一般来说，安排顺序有以下原则：（1）简便易行的测评放在前面（但有时为了充分利用上、下午的时间，也会按时间长短调整顺序）。（2）成本低的测评放在前面。这样，当采用单项淘汰策略时，前面测评不合格的人就可以不再进入下面的测评了。（3）当一个测评的内容可能影响（如暗示、帮助）其他测评时，这个测评应放在后面。（4）容易产生疲劳的测评放在后面。（5）内容比较敏感或容易造成较大压力的测评（如能力测验往往会影响人的自信心），应放在后面。

六、测评时间

测评组合设计时要考虑和说明测评项目的时间。有时，由于特殊需要，测评项目会比较多，总时间就会很长，有时甚至需要几天的时间。这时应当有成本一收益分析，在过长的测评造成的疲劳、对正常工作的影响与科学、系统的诊断之间找到一个恰好的平衡点。有时，的确需要相当多的内容的考察。例如，如果一个企业要把几十亿元的资产交给一个人去运作管理，花上几天的时间判断这个候选人是否能胜任肯定是值得的。但如果过多的内容造成疲劳、厌倦，或所增加的信息量过大，出现边际效应，则多测无益。实际上，许多组织常常是因为不能接受对系统的测评时间而放弃测评计划。因此，可行性也是需要考虑的因素。

七、费用预算或报价

一般来说，在完成一个人员测评的设计时，要给出它的预算（对组织内部而言）或报价（就组织外部而言）。

在人员测评行业，测评的费用通常按照每个人每项测评的内容来计费。另外，当需要对一个人的多项测评结果给出综合报告时，会有额外的费用。这通常会发生在针对管理人员或专业技术人员的测评费用里。

在西方，同时测评大量人员往往会比同等人数单人测评的合计费用要高。这是因为专业人员一下子要处理、分析大量测评结果会有相当大的困难，也会有疲劳，甚至影响其分析质量。因此这一行业的"批发"概念和一般产品市场的"薄利多销"概念不同。通常来说，同时测评的人越多，单人计费越高。

此外，当一个组织同时测评很多人，特别是整个组织大规模测评时，往往会需要对所有被测评者的综合结果，或是对整个组织的情况作出全面报告。这个报告总是会被额外计费，因为它要求额外的系统分析。当然，这个工作是很有价值的，它给出了组织整体人力资源的概貌。

以上七个步骤的设计与分析落实在文字上，就构成了人员测评计划书，可用于项目申请、服务中业务洽谈等，据以决定该方案可行与否。

第五节 测评方法选择应注意的问题[①]

在确定了测评指标体系之后，就要选择适当的测评方法对各项素质进行测评。各种测评方法和测验工具都各有所长，其功能、使用对象和解释范围也都不同。测评方法与工具是服务于具体岗位与组织的，而不应该让岗位与组织服务于方法与工具。用统一的方法与工具去服务所有的岗位与组织是不可取的，违背了人—事匹配的基本原则。因此，在选择测评方法时，应该从测评的管理目的、岗位职责的特点以及被测评组织的特征这些方面进行选择。

一、针对不同管理目的的方法选择

（一）用于招聘甄选的方法选择

针对招聘甄选工作的各个特点应该注意以下几个问题。

1. 区分性

被测评者往往人数众多，需要有效地将其按照不同的素质水平区分开。要区分被测评者有两种策略：汰劣和择优。不论采用哪种策略，都要求所选择的方法具有较高的区分度。

汰劣要求使用成本低、容易实施、标准明确的测评方法，如能力倾向测验、职业能力测验、知识考试等，规定适度的能力基线水平，根据测评结果对应聘者进行筛选。

[①] 本节内容主要参考王垒编著的《实用人事测量》一书。

汰劣测评往往用于一般人员的选拔或对大批被测评者的初步筛选。

择优则要求对被测评者进行全面、详细的考察，可以综合采用面试、面向高绩效的管理测验、评价中心等成本高、效度高的方法。择优测评往往用于选拔职位要求高、职责重大的人员。

2. 客观性

在招聘中，为了避免主观因素带来的偏差，要求所采用的测评方法具有较高的客观性，如标准化的测验、结构化面试和各种测评方式相互印证比较的评价中心等。

3. 灵活性

为了避免被测评者伪装和隐瞒信息，所选用的测评应该是灵活可变的，或者具有测谎机制，或者编制上采用"声东击西"的策略，或者各项分数能够相互印证比较。

4. 公平性

招聘过程需要公平、公正，因此所选测评方法也要顾及公平程度。避免统计性歧视以及具备较高的表面效度都是必要的。

（二）用于晋升选拔的方法选择

晋升是职务工作的一种转换，不是职务或岗位的调动。它是一种激励的杠杆，对保持组织自身吸引力和加强人员稳定性是有益的。在晋升决策中普遍存在以下三个问题。

（1）从基层到中高层，其管理职责差异很大、所需能力不同，在基层干得好的人在更高的职务上未必干得好。

（2）晋升的公平性问题，是应该基于能力、基于资历，还是应该基于绩效。

（3）客观性问题，即由谁来选拔的问题，这涉及从直接领导人到各级管理层的复杂关系。例如，现实中"领导评议"普遍作为决定晋升的考核手段，且决定性很大，导致的结果是人们都努力给领导和同事留下好印象，而没有把注意力集中在工作本身。

要解决这些问题，在建立合理的职位素质模型的基础上，应该采用标准化、客观化、明确、公开的测评方法，且预测效度要高，这样才能保证公平性和晋升工作的信誉。能力倾向测验、人格与个性测验、评价中心方法都是不错的选择。

（三）用于培训的方法选择

人员素质测评作为培训需求分析的必要工具和评价培训效果的重要工具，属于开发性的测评，不像选拔性测评那样注重测评结果的区分功能。它需要保证的是测评的信度、效度和可行性，讲究成本适当、操作方便、测评结果准确可信，并有完备的常模标准进行对照。结合培训针对的素质能力，可选择相应的知识考试、职业技能测验、管理人事测验和公文筐等模拟测验等。

（四）用于考核的方法选择

考核包括对工作业绩、工作能力、工作态度的测评。考核与人员素质测评是有区别的，前者是常规性的管理活动，根据事实性的工作结果和行为实现监督、指导、激励等功能；人员素质测评则往往是一种应时性的咨询诊断工作，考察的是一般的可能性行为以及行为背后的素质水平，其结果是客观的描述，不对被测评者的行为发生实质性的影响。

然而，它们之间也是有关联的。在测评技术和原理上，二者有共同之处，人员考核大量借鉴了素质测评的方法；在管理功能上，两者可以相互补充，素质测评可以弥补考核的制度性强制带来的缺陷，使对人的评价趋于客观公正。

在考核中，主要运用心理测验考察被测评者的心理需求和潜在能力。

研究表明，人的许多心理特性与其工作绩效有千丝万缕的联系，如果这种心理特性与工作任务相匹配，就会大大调动其工作热情。通过关于被测评者个性、兴趣、动机、需求的心理测评，可以了解其心理需求，为调整工作设计、提高绩效提供重要参考。

在心理测评工具中，能力测验的预测力和诊断力是最为可靠的，可以用作潜能考核的有效手段，对可塑和可发展的潜质进行鉴别，有以下方法可以运用。

1. 多向能力测验

多向能力测验适用于预测能力结构，依据优劣势分析进行合理的工作安排和团队组合。

2. 管理数量分析能力测验、管理逻辑推理能力测验

这两种测验适用于预测管理潜力和创造潜力，判断是否易于实现有效管理。

3. 公文筐测验

公文筐测验适用于高层管理者预测工商管理素质，评估综合管理技能，鉴别是否有全面系统的经验和独当一面的魄力。

4. 小组讨论

小组讨论适用于中高层管理者预测工商管理素质，评估领导意识和素质、表达能力和协调引导能力，预测管理效能和管理风格。

5. 面向高绩效的管理潜能开发测验

这种测验适用于中高层管理者，考察管理者的知识、技能水平和管理风格定位，

可强化管理者的自我概念，帮助管理者自我完善。

二、针对岗位职责的测评方法选择

岗位职责，从纵向的层级划分，可分为一般员工、中层管理人员和高层管理人员；从横向的职种划分，可分为生产岗位、营销岗位、财务岗位、人力资源管理岗位和技术岗位。

（一）用于一般员工的测评方法选择

一般员工是组织基层的生产、业务和服务的工作人员，或亲手生产产品，或直接面对客户，他们的素质水平直接关系企业的生产效率、产出数量和质量，直接对外体现了企业的面貌。一般员工从事的工作有自主性低、工作责任和工作内容单一、任务量大、简单重复性高的特点。一般来说，没有必要对其做复杂能力素质的综合考察，因为这些内容和他们的日常工作要求关系不大，而且他们绝大多数人难以在复杂的能力测评上取得好成绩，由此可能造成极大的挫折感。因此，针对一般员工的测评，一般是从工作要求出发，考察他们是否具有完成岗位任务的基本知识和技能。

除了工作任务所要求的基本技能，人员素质测评也有必要调查一般员工的心态，如工作满意度、需求和动机等。一般员工是组织内人员的主体，当企业致力于组织的发展与变革、建设企业文化时，必然要考虑员工的需求和心态，从而激励员工，以改善企业效益。

值得注意的是，对于某些专业技术人员，和一般员工类似，也应该首先考察他们与工作有关的专业技术能力，然而，这类人员往往是组织的最大财富，其重要性与普通员工不可同日而语，因此，仔细调查其价值取向、满意度和需求动机，是留住人才的基本要求。

（二）用于中层管理人员的测评方法选择

各部门的主管人员或项目负责人，构成了组织的中层管理阶层。他们为了完成自己的任务，除依靠他所支配的资源外，还要对其管辖范围内的工作再次分工，为下属确定任务，并加以激励和监督，从而完成计划、组织、领导、控制等一系列管理职能。事实上，一个企业的兴旺在很大程度上取决于其中层管理人员的质量。

中层管理人员所肩负的责任是多元化的，所需要的品质也是多种多样的，包括能力、个性与人格倾向、知识、工作经验等多个方面。在设计中层管理人员的测评方案时，就有必要采用多种多样的测评工具，以全面涵盖待测的素质。然而，过多的测评会占用时间、造成疲劳，因此，应该注意在全面的基础上，结合测评的管理目的，有重点地组合测评工具。对于关键的素质，采用高效度的小组讨论、情境模拟方法和结构化面试等；对于与测评的管理目的不那么密切的素质，可以采用心理测验量表、问卷调查等较为易行的方法。

（三）用于高层管理人员的测评方法选择

高层管理人员是企业的最高决策层，担任着经营决策、策划、指导与领导的职能。任何企业从它成立之日起就处于复杂多变的经营环境中。尤其对高层管理人员来说，要应对复杂多变的环境和有待成熟的市场经济体制下的种种难题，其关键的素质都是一些在管理界共通的能力素质。这些最根本的素质或能力一般是可以迁移的，不论高层管理者从事哪种行业，都可以凭借它们从容应对。

对于高层管理人员素质模型的研究有很多，较为公认的素质有以下几个方面：一般智力水平、工商管理能力、创造型思维能力、较高的成就动机、灵活机敏但有原则、坚韧的毅力、敏感性与沟通能力、开放和变革意识。

在选择测评方法时，因为测评者是对企业组织的发展具有决定性影响的重要人员，测评本身受到多方关注，故一定要谨慎选择，保证测评工具的信度、效度和公平性。应该采用比较权威的个性、动机测验，领导行为、管理能力系列测验，公文筐、无领导小组讨论等评价中心方法。

（四）用于不同岗位系列的测评方法选择

一般来说，无论一个企业的组织结构如何，其基本运作都包括生产、营销、财务、行政和技术等职能。这些不同岗位系列的活动性质、难度、作用、技能和价值等都存在差异，测评的对象和方法也就存在差异。在选择测评方法的时候要考虑两个方面：一是该岗位的基本素质要求侧重哪些方面（可参考管理人员、科技人员等的素质要求），从而选择相应的测评工具；二是测评方法是否适合该岗位，如对比较善于表达的营销人员可以采用更多讨论、面试和情境模拟的方法，而对财务人员主要采用问卷、测验的方法。

三、针对被测评组织特征的测评方法选择

（一）针对企业行业特征的测评方法选择

各个行业都有自己的特征和规范，对从业人员的能力、个性特征、动机需求等方

面有特别的要求。在测验的设计上应该反映出行业的特点，特别是对那些具有突出行业特征的企业，如餐饮业，其所有从业人员，从前厅经理、客房服务员到清洁工人都可能与客人打交道，都必须具有良好的服务意识和心态，只有这样才能提供高品质的服务，使客人满意；在性格上都应该耐心、责任心强、热情随和、克己自律；在兴趣取向上倾向于社会性、公益性以及人际间的活动，有较高的亲和动机。而一家高科技研发企业就要求其员工具有聪明的头脑、创新精神、团队精神和专业基础，需要较高的成就动机。

此外，不同行业的发展水平不同、管理规范不同，也可能影响对从业人员的水平要求。这些行业背景因素都应在测验设计中予以考虑，以选择有针对性的难度适宜的测验，或针对性地设定适宜的考察选拔标准。

表7-4列出了对一些具有突出行业特征的人员的特殊性需求分析，并列出了可以实现考察目的的测评工具类型，供参考。

表7-4　　　　　　　　不同行业特殊性需求及相应测评工具

行业	需求分析	测评工具类型
生产制造产业	全面严格的质量控制力、创新开发能力	个性测验
服务行业	适于服务取向的个性、兴趣、人际技能	个性测验、人际技能测验
文化产业	创造型思维、高超的组织策划能力、综合能力	思维测验、管理能力测验、案例分析
高新技术产业	独创性 学习能力 科技敏感力 高新技术造诣 敏锐把握和驾驭信息的能力	思维测验 情境模拟测验、案例分析

资料来源：王垒. 实用人事测量[M]. 北京：经济科学出版社，2002：284.

（二）针对企业文化特征的测评方法选择

企业文化是企业中长期形成的为所有成员共同接受的共同思想、作风、价值观念和行为标准，是一种具有企业个性的信念和行为风格。它有助于将企业目标与个人需要统一起来，提高员工的归属感和责任感。

不同企业在企业文化上的重视、培育力度不同，其企业文化影响程度就不同，并不是所有的企业都有自己的企业文化。有的企业在大多数员工间具有某种风气，但和企业的经营目标并无关系；有的企业领导倡导某些理念、口号，但并没有被员工真心接受。这些都不能算真正的企业文化，只能称为企业的个性、追求。但是，在选择测评方法的时候讨论的企业文化是广义的概念，这些企业的个性、追求也应该被考虑到。

在对企业进行测验设计时，有必要了解其理念和文化追求，了解企业文化的建设状况，据此有针对性地使用不同内容的测验，使测评的结果更有实用性和应用价值。

例如，某家生物科技制药企业以"团结、奋进、奉献、创新"为追求，它强调员工之间相互尊重和关心，希望营造一个和睦、充满亲情的家庭式企业，这是关系取向管理风格的体现。而另一家企业追求"高技术开发、高质量产品、高效率管理、高素质人才"，它强调严格的质量管理，强调员工的技术开发能力和经营能力，使用规范的效率管理模式，这是工作取向管理风格的体现。对前者的测验设计重在考察员工的团体健康度、团队合作绩效，以及员工的成就动机、亲和动机的强度；这些方面的数据有助于企业对员工进行合理的教育安置和团队组合。对后者的测验设计重在考察员工的个人技术水平和开发创造力，同时评估员工的科层意识，中等以上的科层意识适于严格规范化的管理模式。

第六节　测评中的心理干扰及对策

即使是精心编制的测评试题，有精心安排的测评步骤和程序，还是会出现测评结果不准确的现象，一个重要原因是主观上的心理干扰问题。人员素质测评中的最后综合评定，往往是一种人对人的测评，因此测评者与被测评者的心理因素会对测评过程产生影响和干扰。认识与正确调控有关的心理影响，在对测评人员的培训和训练中提醒注意这些心理干扰，对于提高职业技能测评效果、发挥被测评者本人的积极性具有重要意义。

一、测评前的心态及其调控

测评前的心态，主要表现在选择测评者、测评委员会或测评机构的建立，测评者与被测评者之间的信息沟通，关系处理与意见冲突等方面的心理现象或行为习惯。例如，测评者选择中的熟悉、避嫌等心态，测评者与被测评者之间关系处理中的凌驾、将就、和稀泥、协作与对抗等心态，意见冲突处理中的迷信权威、盲从领导、逆反等心态，被测评者准备接受测评中的紧张、疑虑、应付、无所谓等心态，都是未正式测评前可能出现的心态。这些心态也可以从测评的主客体角度概括为协作与不协作两种心态。

当测评的主客体双方处于协作状态时，被测评者所表现的协作心态是，把测评视为有益的事，愿意接受测评并积极配合。其行为一般表现为自觉地参与测评、接受测评、关心测评的有关情况，按要求积极做好一切，准备接受测评。测评者的协作心态是，把测评作为一项责任重大的工作，谨慎、认真、负责，其行为一般表现为积极主动地与被测评者进行沟通，避免产生对立情绪，帮助被测评者理解测评的目的与意义，掌握被测评者及其他人对测评的意见与反应，在不违背测评原则与不损害测评效果的前提下，尽量满足被测评者的要求。

当测评主客体双方处于对抗状态时，测评者所表现的对抗心态是，把测评作为整治被测评者的一种手段，认为测评是一种权力的象征，用它可以使被测评者服从自己；而有些人则把测评作为一种要挟上司的手段，让上司难堪、调离、免职等。这种心态的行为表现，一般是测评者处处刁难被测评者，找缺点、揪"辫子"，在无关紧要的缺点或错误上大做文章，拒绝为被测评者提供任何帮助，测评前不做任何准备与指导，仅把测评作为处罚的依据。被测评者的对抗心态则表现为敌视测评，认为测评是束缚他们工作自由度的绳索，是主管领导他们或下属控制他们的手段，是一种沉重的负担。因此所表现出的行为，一般是自我防卫与对抗，如抵制、攻击、回避、转移、漠视、逆反、紧张与不安等。

上述种种对抗心态，都将影响整个测评的效果，丧失测评的功能。因此，测评前应对参加测评的主客体双方及有关人员进行人员测评的思想教育，解除顾虑，防止对抗心态出现，尽可能把对抗心态转化为协作心态，使测评双方彼此相互信任，处于一种和谐、友好的合作气氛中。

此外，还要加强检查、及时发现问题、加强事前训练、预备相应处理措施等。

二、测评中的心态及其调控

测评中的心态主要是指发生在测评者对被测评者主观评定中的有关心理效应与现象，测评者方面多于被测评者。例如，首因效应、近因效应、新奇效应、光环效应、定势效应、期望效应、顺序位置效应、疲劳效应、时尚效应、角色态度、遵从心态、同行宽容或冤家心态、亲疏心态、掩饰心态、回避心态、老好人心态、捷径取巧心态、急躁畏难心态、逆反心态以及大功告成心态、草率收兵心态等。现列举几种予以说明。

（一）首因效应误差及其控制策略

首因效应误差是指受测评者观察形成的第一印象影响而产生的测评误差。测评者对被测评者观察形成的第一印象，往往烙印深刻、形象鲜明，使测评者对后继行为的观察受到影响。因此，测评时无形之中倾向于以先前的观察结果为测评依据而忽视了后面的观察情况，这样开始印象好的便容易得到优秀的分数，而开始印象不好的无论后来情况如何变化也很难得到优秀的分数。因此，控制首因效应误差的策略是要求测评者学会全面、客观与动态地进行考评。

（二）近因效应误差及其控制

近因效应误差是指因新近观察的结果影响强烈而产生的测评误差。新近的观察印象往往记忆犹新、历历在目，会在一定程度上抑制先前观察印象的作用。因此测评者往往因对先前观察了解情况的忘记或忽视而以新近观察印象作出测评。控制近因效应误差的策略是，测评者应随时记录观察的结果，测评时翻阅与分析以前记录的情况再作等次的决定。

（三）新奇效应误差及其控制

新奇效应误差是指因某种突发性的、与以往或一般情况形成鲜明对比的观察印象而产生的测评误差。例如，突然发现被测评者在某种技能上有某种出乎意料的失手行为，就把问题看得过重，夸大错误的性质和危害性，作出过低的测评，或者看到被测评者（意外地）表现某种技巧性行为，因此给他过高的等次。控制这种误差的办法是，测评者要善于进行系统分析，要分析"突然行为"的背景与原因，区分本质与非本质、偶然与必然的现象。

（四）光环效应误差及其控制

光环效应误差是指测评者因对某种特点或某方面的测评结果有清晰、强烈的观察印象而冲淡了对其他方面测评结果的印象而产生的测评误差，这种效应又有两种具体形式：遮掩性与弥散性。所谓遮掩性，即"一俊遮百丑"，是指以某一方面测评的突出印象掩盖了对其他方面的全面了解，以表面的测评印象代替深入的了解和分析；所谓弥散性，是指测评的整体印象或某一突出的特点会扩散到相关与不相关的因素测评上，无端地赋以同样的印象或特点。无论是积极印象或消极印象都会发生这种效应，控制这种误差的策略是，要求测评者在测评中能一分为二、客观地观察分析和评价每名被测评者。

（五）定势效应误差及其控制

定势效应误差是指观察测评时测评者因某种主观臆断的逻辑定势而产生的测评误差。这种效应误差表现在两个方面：第一，牵制测评者的注意力和观察点，使其围绕着固有的看法去收集信息、敛聚材料、认识事物；第二，控制对所收集信息的分析、综合与解释。例如，在解释分析测评中的因果关系时，测评者或许会忽略与固有看法（印象）相悖的结果和原因，或者按自己的观点（印象）去解释因果关系，对此种心态，事先应加以控制，定势效应的积极作用在于保持测评结果的稳定性与一致性，而消极作用在于测评的惰性与呆板，不能具体情况具体分析。控制这种误差的策略是，测评者要学会用科学分析的方法代替主观经验推理，重眼前事实而不重过去经验，透过现象看到本质、实事求是。

（六）期望效应误差及其控制

期望效应误差是指测评者因为事先对被测评者期望过高或过低而产生的测评误差。当测评者事先对被测评者的期望过于理想化时，在实际测评中就会自觉或不自觉地提高测评标准，容易产生不满意的体验，优秀的测评为合格，合格的则测评为不合格；当测评者事先对被测评者过于低估时，实际测评中就会不自觉地降低标准，容易产生满意的体验，把不合格的评价为合格，合格的评价为优秀。因此，对期望效应误差控制的策略是，要求测评者明确标准、实事求是。

三、测评后的心态及其控制

测评之后，无论采取什么方式报告，被测评者与测评者双方都会存在一些复杂的心理活动。相对来说，被测评者的心理比测评者更为复杂。在消极的心态中会产生诸如敏感、掩饰、怀疑、否认等心态，这既不利于实现反馈考评结果的目的，也不利于反馈过程的进行，对管理与指导极为不利。因此必须重视测评后的心理调控。

（一）敏感心态

关心测评结果是一种普遍而又正常的心理状态，但是有些人会因此影响正常的工作，过分看重、看"死"测评结果，缺乏正确的评价观。一般来说，被测评者敏感的焦点常常集中在等级、利害、公正等问题上。测评后，被测评者首先想知道的是自己的测评结果是什么；其次是关心被测评的等级结果将会给自己带来什么样的利益或损害；再次是关心自己被测评的等级是否公正合理。只有当他确认自己的等级公平合理后，才会由此产生出一种满意感、认同感，或激发出某种热情与自我改进的力量。

（二）掩饰心态

掩饰心态在这里又称理由化适应，即当自己没有达到个人追求的目标结果时，往往会在自己身上或周围环境中找一些理由来为自己辩护。掩饰的形式有多种：一是投射,即以他人的类似行为来开脱自己;二是怨天尤人,即把问题的原因归咎于客观;三是自我解嘲,即甜柠檬机制(没有达到预定等级,便苟且现状,抬高现状或等级的价值,认为柠檬也很甜)和酸葡萄机制(当希望达到某种等级而实际没有达到时,便否认这种等级的价值和意义,吃不着葡萄说葡萄酸)。

(三)怀疑否认心态

当被测评者对所测评的结果不满意时,就容易产生怀疑与否认的心态,具体的表现有以下六种方式。

其一,以自我测评结果或自我感觉来否定他人的测评结果。其二,挑剔测评过程的缺点、问题与失误,以否定现有的测评结果。其三,以非正式的测评否定正式的测评(如舆论反应、偶尔赞扬、应酬性赞扬)。其四,以局部测评否定全面的测评。具体形式又有两种:一是以少数人的测评结论否定群体的测评结论,二是以单项的测评结果否定综合的测评结果。其五,以自身的纵比和与他人横比的测评结果否定客观测评的结果。其六,以历史的测评结果否定现实的测评结果。

由此可见,测评之后不是万事大吉,而要做好测评后的思想教育工作,端正大家的认识,同时在效果处理上防止不良影响的发生,注意反馈方式与效果。态度上要平等相待、期之以望;工作上要启发自我客观认识,以达到自知的目的;方式上要个别书面通知,回避他人比较。针对不同对象的特点、需要和敏感问题,采取个别谈话或其他报告形式。总之,测评之后的心态调控要致力于自信心、进取心与新期望的树立上。

本章小结

在人员素质测评的组织与实施中,首先要明确测评主体与客体。测评主体是主持、编制、实施、评估、解释整个测评活动的个人或集团,测评员是测评主体的最小单位。测评客体与测评对象不同,测评对象与测评标准体系中规定的内容是一致的,而测评客体是测评实施的承受者,可能是个人、团体或组织。

人员素质测评大致分成以下几个步骤:准备阶段、实施阶段、分析与决策阶段、检验反馈阶段。在准备阶段需要明确测评的目的和对象,并根据测评客体的情况选择适当的测评工具,还有一个重要步骤是选择和培训测评人员。在实施阶段,有必要动员被测评者选择合适的测评环境,并严格按照规范的程序执行。其后的测评分析与决策阶段以及检验反馈阶段反映了测评的最终价值,需要专业人员认真完成。在整个测评过程中，需要保证测评的客观性、方向性、可行性、综合性、行为性、动态性，坚持定性与定量结合的原则、标准化的原则。

将测评的各个步骤进行计划并落实为文本，就形成一个测评方案。一个测评方案应包括确定测评目的、需求分析、确定测评手段、预期结果、实施过程的设计、测评时间、费用预算或报价。该方案的可行性也就从对这些环节的分析中决定。

选择测评方法是准备阶段的关键步骤。在选择测评方法时，应该从测评的管理目的、岗位职责的特点，以及被测评组织的特征（包括行业、规模、企业文化等）这些方面考虑。测评的目的是什么，它服务于甄选、晋升、培训、考核，还是激励？测评的客体是基层员工，还是中高层管理人员？实施测评的组织属于什么行业，规模如何，具有怎样的企业文化？这些问题都需要明确，并在测评方案中得到反映。

最后，在测评实施的前期、中途及结束以后，无论测评者或被测评者都存在一些心理干扰的问题。双方是对抗还是协作？测评者在测评中如何调控首因效应、近因效应、光环效应、新奇效应、定势效应、期望效应等现象？还要认识到事后被测评者可能出现的敏感、掩饰、怀疑、否认等心态。

复习思考题

1. 测评客体与测评对象有什么区别？
2. 在人员素质测评的各个步骤，分别要重点注意体现哪些原则？
3. 选择素质测评方法应注意哪些问题？
4. 如何进行测评方案可行性的设计与分析？
5. 应该采取哪些具体措施来调控测评的心理干扰？

案例与讨论

A集团销售总监招聘过程分析

A集团人力资源总监王先生最近压力非常大，因为公司内部出了大问题。前段时间集团的销售总监突然辞职并带走了大量高端客户。投奔竞争对手的这名销售总监是王先生参与招聘进来的，刚刚上任不到一年，个人能力很强，到任后很好地带领销售团队为公司的快速发展做出了很大贡献。正在管理层庆幸遇到一个好帮手的时候，毫无预警地出现了上述事情。集团领导非常重视这件事，责令人力资源部对招聘和人才培养工作作出检讨。

王先生几天来一直在思索，自己制定的招聘流程到底哪里出了问题呢？一般来说，集团的中高层管理人员招聘会经历以下几个阶段：联系猎头公司，提出职位要求；随后根据猎头公司提供的简历，对应聘者进行初步筛选；通过初筛的应聘者会接受首轮素质测试，测试的内容包括相关专业知识、对工作相关信息的掌握更新情况等；随后，集团会对所有应聘者进行评价中心测评，对人员素质进行全面评价；第三轮的面试则主要了解应聘者的先前工作经历，以及一般人际沟通等情况。对该销售总监的招聘过程也正是如此，应该说整个招聘考虑得非常周全，对应聘者的素质进行了较好的了解，招聘的准确性较高。因此王先生百思不得其解。

（资料来源：本案例来自浙江自考网，内容有所修改。http://www.580kao.com/zt-gll/397.html.）

讨论

1. 结合该案例，你认为该集团管理人员素质招聘过程中可能存在什么问题？为什么？
2. 你认为该集团在人员测评中自己所选择的测评工具是否合适？应该如何改进？
3. 本案例中测评的主体和客体分别是什么？

建议阅读文献

1. 肖鸣政，任燕. 人才招聘中的误差源及其控制策略 [J]. 中国人才，2007（6）：49-51.

2. 余丹，吴小云. 人才招聘中的人与组织匹配研究 [J]. 中共桂林市委党校学报，2006（2）：35-38.

3. 萧鸣政，唐秀锋. 中国人才评价应用大数据的现状与建议 [J]. 中国行政管理，2017（11）：6-11.

4. 陈霞，于海英. 中小企业员工招聘问题与对策初探 [J]. 统计与管理，2020（11）：72-76.

习题

一、单选题

1. 测评客体是指（　　）。
   A. 测评的实施者　　　　　　　　B. 测评的直接指向者
   C. 测评实施的承受者　　　　　　D. 测评的受益者
2. 人员测评实施的标准化原则是指（　　）。
   A. 保证测评思路的一致性　　　　B. 保证测评条件的共同性
   C. 保证测评方法的连贯性　　　　D. 保证测评次序的连续性
3. 公文筐测验适用于（　　）管理者。
   A. 中层　　　　B. 高层　　　　C. 普通　　　　D. 中高层
4. 测评形式和工具的选择需要（　　）以及比较各种测评方法的效度和信度。
   A. 分析测评对象的素质特点　　　B. 分析测评环境
   C. 明确测评目的　　　　　　　　D. 了解测评方法
5. 定性分析是指依靠（　　）对测评对象素质进行诸如"高或低""强或弱"等的价值判断。
   A. 模型构建　　　　　　　　　　B. 感觉、印象、经验等
   C. 数理分析　　　　　　　　　　D. 实验
6. 测评对象的选择是指确定测评的人员类别以及确定各类对象的（　　）。
   A. 特点　　　　B. 行为　　　　C. 性质　　　　D. 分布范围
7. 指导语说明的时间应该控制在（　　）分钟之内。
   A. 10　　　　　B. 5　　　　　　C. 1　　　　　　D. 30
8. 考核包括对工作业绩、工作能力、（　　）的测评。
   A. 工作效率　　B. 工作时间　　C. 工作经验　　D. 工作态度
9. 在考核中，主要运用心理测验考察人员的心理需求和（　　）。
   A. 工作满意度　B. 工作压力　　C. 潜在能力　　D. 工作能力
10. 客观性原则的贯彻，首先要求测评指标体系本身的制定具有（　　）。
    A. 独立性　　　B. 真理性　　　C. 科学性　　　D. 全面性
11. 素质测评的核心阶段是（　　）。
    A. 准备阶段　　　　　　　　　　B. 实施阶段
    C. 分析与决策阶段　　　　　　　D. 检验反馈阶段
12. 要把握测评的目的，注意利用测评目标的导向性作用，是指测评实施的哪一基

本原则？（ ）

    A. 客观性原则   B. 综合性原则

    C. 行为性原则   D. 方向性原则

13. 以下哪一项不适合用于晋升选拔的方法？（ ）

    A. 知识考试   B. 能力倾向测验

    C. 人格与个性测验   D. 评价中心

二、多选题

1. 人员素质测评的步骤包括（ ）。

    A. 实施阶段   B. 分析和决策阶段

    C. 总结与改进阶段   D. 准备阶段

    E. 选择测评人员

2. 人员测评实施的基本原则包括（ ）。

    A. 可行性原则   B. 动态性原则   C. 定性原则   D. 完整性原则

    E. 方向性原则   F. 标准化原则   G. 独立性原则

3. 测评方案可行性的设计与分析的步骤包括（ ）。

    A. 需求分析   B. 预期结果   C. 测评地点   D. 实施过程的设计

    E. 费用预算或报价

4. 用于考核的方法包括（ ）。

    A. 小组讨论

    B. 公文筐测验

    C. 基本能力测验

    D. 管理数量分析能力测验、管理逻辑推理能力测验

    E. 面向高绩效的管理潜能开发测验

5. 在选择招聘甄选的方法上，要注意（ ）。

    A. 灵活性   B. 独立性   C. 客观性   D. 区分性

    E. 多元性

6. 在人员素质测评的准备阶段，我们需要完成（ ）。

    A. 测评人员的培训   B. 测评时间、地点的选取

    C. 明确测评的目的和测评对象   D. 选择测评人员

    E. 选择测评工具

7. 实施过程的设计应注意哪几点事项？（ ）

    A. 重要的测评放在前面

B. 成本低的测评放在前面

C. 当一个测评的内容可能影响（如暗示、帮助）其他测评时，该测评放在后面

D. 简便易行的测评放在前面

8. 针对岗位职责的测评方法选择主要包括（　　）。

　　A. 用于中层管理人员的测评方法选择

　　B. 用于领导人员的测评方法选择

　　C. 用于一般员工的测评方法选择

　　D. 用于不同岗位系列的测评方法选择

9. 选择测评人员通常可以考虑以下几个条件？（　　）

　　A. 坚持原则，公正不偏　　　　B. 做事认真仔细

　　C. 学历高　　　　　　　　　　D. 了解被测评者情况

　　E. 有一定的实际工作经验，尤其是在测评方面的工作经验

10. 测评中的心理效应主要有（　　）。

　　A. 定势效应　　B. 新奇效应　　C. 首因效应　　D. 时尚效应

　　E. 光环效应　　F. 疲劳效应　　G. 顺序位置效应

11. 以下哪些实施过程的项目安排顺序原则是正确的？（　　）

　　A. 简便易行的测评放在前面

　　B. 成本高的测评放在前面

　　C. 容易产生疲劳的测评放在后面

　　D. 测评内容容易造成较大压力的应该放在前面

12. 选择测评方法时，应该从哪些方面进行选择？（　　）

　　A. 测评方法的简易程度　　　　B. 测评的管理目的

　　C. 岗位职责的特点　　　　　　D. 被测评组织的特征

13. 以下选项中哪些属于掩饰心态的形式？（　　）

　　A. 投射　　　B. 怨天尤人　　C. 自我嘲解　　D. 怀疑否认

三、判断题

1. 测评的主客体是固定不变的。（　　）

2. 对标准化的要求包括内容统一、施测过程统一、指导语统一、测评时限统一、评分标准统一、分数解释统一等。（　　）

3. 小组讨论主要适用于中层管理者，以预测工商管理素质、评估领导意识和素质等。（　　）

4. 预期包括由具体的分数如何指导后期的工作。（ ）
5. 人员素质测评员应该具备的第一个条件是开放而有纪律。（ ）
6. 用于高层管理人员的测评方法可以选择用结构化面试。（ ）

第八章
测评质量检测

> **教学目标与方法建议**
>
> 通过本章教学,应该掌握以下四点内容。
> 1. 正确理解并掌握效度的概念和考评方法。
> 2. 掌握信度的概念、考评方法,熟记信度测评公式。
> 3. 了解项目分析的概念及重要性,重点掌握项目质量的四个主要考评指标。
> 4. 了解测评结果质量检测的其他指标。
>
> 人员素质测评是一项十分复杂而又关键的工作,往往是资源配置的基础、人力资源管理过程的起点。因此,应对人员测评质量进行必要检验。
>
> 测评质量的检验,内容主要包括两个方面:一是分项素质测评结果分析,二是各项素质综合结果分析。分析的指标主要有效度、信度、适合度、区分度、独立性等。
>
> 教学方法建议:鉴于本章的内容专业性、针对性较强,建议在课堂讲授过程中加强对效度、信度、项目分析等概念的讲授,并适当进行课堂练习与测验。

第一节 效 度

效度,是指测评结果对所测素质反映的真实程度。这种真实性的考评的常见方法有四种：一是从内容性质方面分析其内容效度，二是从实证方面分析其结构效度，三是从效标相关性方面分析其关联效度，四是从其项目方面分析其元素效度，即项目效度。

一、内容效度

效度是指测评结果的有效性程度。这是一个较为抽象的概念，不利于我们对测评的有效性进行分析与考评，需要对它进行操作化的定义。假如把它定义为测评结果对所测素质反映的真实程度，显然更具体了一些，但仍无法操作。一般我们是以"一致性程度"来操作"真实性程度"。因此，所谓内容效度，就是指实际测评到的内容与期望测评内容的一致性程度。实际测评到的内容与我们事先所想测评的内容越一致，说明测评结果的内容效度越高，测评结果越有效。

内容效度的分析，主要是分析被包括在测评范围之内的所有被测评行为样本（项目）是否具有代表性，代表程度如何？内容效度具体从以下两个方面测评：（1）是否包括了想测评素质中的各种成分；（2）包括在测评范围内的行为样本的比例结构是否与工作分析的结果相一致。因此，如果经过分析考查，我们能够确信，包含于素质测评范围内的行为样本没有遗漏任何重要的成分，欲测评素质中的每一种基本成分都没有被忽略或过分强调，那么测评结果在内容上与所想测评的素质是相一致的，测评结果就具有很高的内容效度。

内容效度的分析方法目前主要是定性方法：一是采取蓝图对照分析法（看实际测评的内容与蓝图的适合性）；二是采取专家比较判断法，由多位专家分析评判是否有内容效度，再按照下列公式计算：

$$C = \frac{n_e - \frac{N}{2}}{\frac{N}{2}}$$

式中　n_e——持肯定评判的人数；
　　　N——评判总人数。

二、结构效度

结构效度也称构想效度、建构效度，在素质测评中，它是我们最为关心的一种效度，这是由素质测评的间接性决定的。我们总是通过选取被测评者一些具体的行为测评来推断其实际的素质水平，因此人们（通常是雇主）要反问我们的主要问题是：你所测评的结果能否代表我所想测评的素质呢？你所观察到的行为是否表明了被测评者真实的素质水平呢?这是人们最为关心的测评结果有效性问题,也就是结构效度问题。

所谓结构效度,就是指实际测评的结果与我们所想测评素质的同构程度。它表明了在多大的程度上实际的测评结果能够被看作我们所要测评的素质结构的替代物。

结构效度的检验结果与效度检验的人对素质结构的理解有直接关系。例如,李某认为忠诚这一素质即是对本企业的忠诚,而张某认为忠诚这一素质主要表现为实事求是的态度,那么对于某人向其他企业泄露本企业产品存在的问题这一行为,李某和张某显然会将其归类到不同的素质成分中并给予不同的评价。因此,结构效度的检验分析也是一种定性的主观判断。在分析考评过程中,要采取有力措施把主观影响控制在最低点上。

结构效度的分析,一般可以按以下步骤进行。

(一)给所要测评的素质的结构模式下一个操作化的定义

在素质测评中,常常听到有人说:我们所要测评的素质是"对××的态度""有关什么的品质""有关什么的技能"。像这样一些测评素质的具体形象是什么,结构如何?人们并不清楚,它仍然是从具体行为概括抽象出的一种意识或观念,对我们的结构效度分析没有多大作用。我们必须再次把这些"态度""品质""技能"进行建构。这里的建构不是从行为到观念的建构,相反,是由观念向具体行为的建构;这种建构不是简单的还原,而是在更高水平上抓住所测评素质的本质特征,确立一个可感觉、可操作的结构模式,由这种具体的结构模式作为抽象观念建构的替代物。这种替代物的成分显然应该是我们实际能够看到、听到和感觉到的东西,如外显行为、客观性生理反应等。素质测评的目标体系实际上就是所测评素质的一个行为结构模型。这种结构模型分别由项目、指标、权重、标度等组成。这种模型的建构在很大程度上取决于我们所测评素质本身的特征及其抽象程度,像技能的模型建构就比品德的模型建构容易一些。要定义或建构一个素质的结构模型,我们可以从以下几个方面着手。

首先,采取工作分析方法,对所想测评的素质进行结构分析与行为分析,确定各种素质的结构成分及其代表行为。

其次,用图表的形式逐一列出工作分析得到的素质因素及其特征行为。除此之外,还可以通过查找历史上或现在人们对我们所想测评素质的模型的现有资料,丰富已有的分析结果。图表中要表明结构模型中的全部成分及其相互关系,还要包括具备这种模型中大部分成分或仅具备其中一点成分的人的行为描述。图表的描述既可以是图形的面积比例也可以是数字比例。

最后,还要另外准备一份与已建构的模型可能混淆但关系密切的其他模型图表。

要反问自己并向人们说明为什么所测评素质是你所定义的结构模型而不是其他别的结构模型。

（二）收集事实资料，评判结构效度

结构效度的分析一般都采用实证法，即找到足够的事实证据证明测评结果的结构模型是所测评素质结构的一个很好代表。因此事实资料的收集在结构效度的分析评估中是非常关键的。评判结构效度的常用方法有六种。

1. 排除法

如果测评结果能明确地排除它所对应素质结构模型的其他解释，那么表明所获得的测评结果具有较好的结构效度。

2. 咨询法

可以请一些有经验的专家对获得的测评结果所对应的素质结构进行判断，询问他们该测评结果实际测评的素质是什么。如果专家们的回答与所想测评的素质结构几乎一致，那么说明测评结果具有较好的结构效度。

3. 相关法

找一个具有较高结构效度的测评工具或结果，与所获得的测评结果进行相关性分析，如果相关性很高，说明测评结果同样具有较高结构效度。例如，某一个具有"自尊"性结构效度的测评量表，其测评结果就应该与自信心、社交能力及领导作用等测评量表的测评结果成正比，而与诸如内向、自卑、孤独等测评量表测评的结果成反比。

4. 逻辑分析法

当大家对所测评素质的结构模型具有比较一致的认识时，只要能断定测评内容（工具）选择正确且整个测评过程排除了一切外来干扰因素，就可以说测评结果具有较好的结构效度。例如，测评时间足以保证被测评者完成所有的工作，被测评者没有受到催促因素的影响，操作测评工具的指导要求十分明确，并操作准确。

5. 多元分析

多元分析就是采取聚类分析与主成分分析等数学手段，对测评结果进行分析。例如，所找出的主要因素与分类结果，与所想测评素质的结构是否一致？如果一致，则说明所获得的测评结果具有较好的结构效度。

三、关联效度

关联效度是指测评结果与某种标准结果的一致性程度。根据效标（效标是用来衡量测评有效性的参照标准）结果与测评结果获得的时间是否相同，可以划分为同时效

度与预测效度。当作为效标的结果与测评结果是同时获得的,这种效度称为同时效度。同时效度很高的素质测评,不但说明它的测评结果比较客观、公正,而且还启示我们可以用一个较为简单的测评代替另一个复杂的测评。例如,两个人同时采用观察评定与问卷测验测评同一个人的工作态度,两个测评的结果相关系数很高,为 0.80,那么我们以后在类似的情况下,可以用问卷测验代替费时较多的行为观察法。

当作为效标的结果是在之后的测评中获得的,那么这种关联效度就是预测效度。预测效度是现在的测评结果对未来素质发展的预测程度。例如,我们想检验一下自编品德测验的效度,决定采用效标关联中的同时效度分析方法,可让被测评者同时接受自编品德测验与卡特尔 16 种个性因素问卷测验。测评后,从所有被测评者中选取有代表性的一组样本。为方便起见,这里只随机抽取了 15 名被测评者在两个测评上的分数(见表 8-1),试分析自编品德测验的效度。可以把表中数据直接代入公式(8-1)。

$$r = \frac{N\sum xy - (\sum x)(\sum y)}{\sqrt{[N\sum x^2 - (\sum x)^2][N\sum y^2 - (\sum y)^2]}} \tag{8-1}$$

式中 N——被测评者抽样总人数;

x、y——两种测评的结果(分数)。

表 8-1　　　　　　　　　　15 名被测评者两种测评上的分数

被测	1	2	3	4	5	6	7	8	9	10	11	12	13	14	15	总计
自编品德测验	61	53	70	49	90	45	76	56	62	60	88	68	65	50	63	$\sum x = 956$
x^2	3 721	2 809	4 900	2 401	8 100	2 025										$\sum x^2 = 63\ 376$
卡特尔种介性因素问卷	52	38	89	41	85	61	70	37	76	57	85	47	61	52	60	$\sum y = 911$
y^2	2 704	1 444	7 921	1 681	7 225	3 721										$\sum y^2 = 59\ 449$
xy	3 172	2 014	6 230													$\sum xy = 60\ 365$

表 8-1 中数据代入公式(8-1)即得

$$r = \frac{15 \times 60\ 365 - 956 \times 911}{\sqrt{(15 \times 63\ 376 - 956^2) \times (15 \times 59\ 449 - 911^2)}} = 0.726$$

查相关系数检验表(这里 $df = 15 - 1 = 14$)得 $r = 0.726 > 0.622 = r_{0.01}(14)$,由此可知在 0.01 水平上显著相关,因此我们说自编品德测验具有很高的效度。

假如 y 的分数是后来的绩效评定结果,x 是录用时的素质测评分数,那么上述 $r = 0.726$ 就是素质测评的预测效度系数了。由于 $r = 0.726$ 具有显著相关意义,说明测评具有预测效度。

关联效度的分析关键在于效标的选择。效标作为衡量测评结果有效性的参照标准,应该是可以直接测评到独立于所分析的测评结果的行为结果。效标可以细分为观念效标与行为效标。管理人员选拔测评的观念效标是"优秀管理者",但什么人算是优秀管理者呢?标准可能仁者见仁、智者见智,效度也许就无法分析。我们必须以具体的行为结果把观念效标操作化与具体化。例如,用专家对管理人员评定的分数、群众的选票或产值利润指标等量化结果作为行为效标,进行效度分析。如果一个观念效标找不到合适的行为效标进行具体化与操作化,那么,这个观念效标是毫无用处的。

行为效标的选择以客观性为基准。常用的行为效标有以下六类。

一是学术成就,如产品的数量、质量、销售额、考试成绩、学历、奖励与荣誉、专家评定等。

二是特殊训练成绩,如机械倾向测验的效标可以是在公司技术培训中的考试成绩。

三是实际工作表现与成绩,如产品量、晋升速度、劳动模范表扬情况等。

四是团体特征,这是采用在效标上有明显差异特征的两个团体,用以分析测评结果效度。例如,社交素质测评结果的效度分析,就可以分别与推销员(公务员)的测评结果和工程技术人员的测评结果相比较。当差异显著时,即与推销员或公务员的测评结果呈正相关,而与工程技术人员的测评结果呈负相关或相关非常小时,则说明所分析的社交素质测评结果有效度。这是因为大家公认推销员或公务员的社交素质一般优于工程技术人员。

五是严格选择等级评定者,这要求等级评定结果必须是由权威的专家或主管人员做出的,或者是由广大群众做出的。

六是先前被证明是有效的测评结果,如用明尼苏达多项人格测验得到的结果。

四、项目分数效度

项目在这里是指测验中的试题、量表中的指标、面试中的问题或评定要素。每名被测评者在同一项目上会有一个得分。这些得分与外部的某组效标分数的相关性即为项目的效度。相关系数越高则项目效度越高。

假设心理测验中某个项目是采取二值制记分,选对即得 1 分,选错即得 0 分。接受该心理测验的被测评者同时也接受过另一种标准化心理测验,其分数分布如下所述。

选对组:

92,100,105,94,88,84,93,98,80,82,81,80,86

选错组:

93,90,94,72,82,81,79,85,78,78,87,84,93,78,74,75,84,62,69

类似这种二值记分的项目效度分析要用点二列相关公式：

$$r_{pq} = \frac{\overline{Y}_p - \overline{Y}_q}{S_y}\sqrt{pq} \tag{8-2}$$

式中　p——二分变量中一项所占的比例；

　　　q——二分变量中另一项所占的比例，$q=1-p$；

　　　$\overline{Y}_p$——与 p 部分相对应的连续变量的平均数；

　　　$\overline{Y}_q$——与 q 部分相对应的连续变量的平均数；

　　　S_y——全体连续变量的标准差。

该公式应用步骤如下所述。

首先，以二分变量为 x，分别求出二分变量各项的比例数 p 及 q：

$$p = \frac{p \text{ 部分二分变量的个数}}{\text{二分变量的总个数}}, \quad q = 1-p;$$

其次，以连续变量为 Y 变量，分别求出 $\overline{Y}_p$、$\overline{Y}_q$ 与 S_y；

最后，把上述变量代入公式（8-2）计算。

在该例中，已知通过组的人共 13 人，故

$$p = \frac{13}{32} = 0.41 \qquad q = 1-p = 0.59$$

通过组的人在标准心理测验上得分的平均数：$\overline{Y}_p = 89.5$；未通过组的人在标准心理测验上得分的平均数：$\overline{Y}_q = 80.9$，全体被测评者在标准心理测验上得分的标准差 $S_y = 9.2$。把上述数据代入公式（8-2）有

$$r_{pq} = \frac{(89.5-80.9)\sqrt{0.41 \times 0.59}}{9.2} = 0.46$$

经统计检验得知在 $\alpha = 0.01$ 水平显著相关，故该项目分数具有较高的效度。

当选择测评总分作为效标时，相关性所揭示的就不是效度了，而是项目分数与整个测评分数的一致性。

五、效度分析中的几个理论问题

（一）效度评价问题

任何一种素质测评的结果，其效度不是"全有"或"全无"，而只是程度上的差别而已，因此其效度系数一般介于 0 与 1 之间。评价时我们不能说某一素质测评的结果无效或有效，只能说"较高"或"较低"。然而高、中、低如何区分呢？专家说法不

一。有的认为效度系数 0.70 以上才能说高效度，有的认为以统计检验是否显著为标准，低于 0.30 的可能仍是中等效度的。一般来说，效度高低标准要视测评的性质和所采取的分析方法而定。例如，能力测评常采用预测效度、同时效度与内容效度分析法，而品德测评多采用结构效度，且预测与同时效度应保证在 0.30 以上。我们认为效度评价可考虑以下方案。

高：效度系数在 0.70 以上或 α=0.01 及以上；
中：效度系数在 0.30~0.70 或 α=0.01~0.10；
低：效度系数低于 0.30 或 α>0.10。

（二）效度的相对性问题

效度是针对某种特殊测评目的而言的，并不具有普遍意义。如对技能测评有效度的结果相对品德测评就不一定有效度了。

（三）效度分析的多方面性问题

本节所介绍的效度类型，实际上是效度分析的方法。效度是一个复杂的对象，采取单一的分析方法有时是不够的，需要同时分析各种类型的效度，综合起来才能把握测评结果的有效性。

（四）效度概念的特定性问题

效度这一概念一般是相对测评总分来说的。换句话说，效度分析的数据是每名被测评者的总分数，但是相对于每个素质测评的子分数与每个测评项目（试题、行为指标）来说，也同样有效度问题。当一个测验同时测评了几种素质时，针对每种素质的数个试题组合，实际上就是一个分测验，被测评者在这些分测验上的总分即为子分数。当针对一种素质测评的子分数或一个项目上的得分与某个外在参照效标分数作相关分析时，所揭示的就是子分数或项目得分的关联效度。

（五）效度的定义问题

一般认为效度是测评结果反映所测评素质的正确性或真实性的程度。实际上，素质本身是模糊不清的，测评结果究竟是否反映了素质根本无法对证。如果把效度定义为测评结果反映被测评者个体间素质差异的真实性程度，却是比较可行的，因为差异可以测评到也可以感觉到。对效度的这一定义对于区分性与选拔性的测评来说是可行的，然而对诊断性、目标管理性、总结评价性的素质测评来说，不如原先的定义好。

第二节 信 度

信度，是指测评结果反映所测评素质的准确性、可靠性和一致性。对于信度的考评，目前大致有稳定系数分析、等值系数分析、分半系数分析、内部一致性系数分析、评分一致性系数分析等不同方法。以下将重点介绍再测信度、复本信度、一致性信度、评分者信度，以及评分者信度与测评方法信度对测评结果的影响。

一、再测信度

再测信度是指测评结果以同样的测评工具、测评方式与测评对象再次获得测量结果的变异程度。

在日常生活中，你也许常常到市场上去买东西。如果你买了2.5千克瘦肉后觉得比上次少了点，没有那么重，那么你最好自己用秤再称一下，如果也是2.5千克，那么你就会觉得瘦肉确实有2.5千克。因为两次称得的结果完全一样，变异度为0。

个体的素质测评不像用秤称瘦肉那样简单，在测评过程中会涉及许多因素的影响，素质本身有时也无法精确定义，因此，难以像瘦肉重量那样用两次结果之差来揭示2.5千克瘦肉重的准确性。我们常常把对个别测评结果的准确性检验置于群体测评结果的相互关系之中，转化为两次位置关系的一致性分析。当同一对象的测评结果以同样的测评方式再次获得后，其顺序位置关系变异很小时，则说明测评结果比较准确。例如，在技能测评中，肖某的分数是88分，在全体被测评者中排第一位，这到底准不准、靠不靠得住呢？我们再重复测评一次，结果肖某的分数是95分，还是排第一名，而且其他被测评者的位置顺序变化很小，那么我们可以说，第一次的技能测评结果是很可靠的。

这种位置关系一致性的比较，显然会有许多办法，如逐对顺序比较，但是其中最为简单的一种方法是计算两次测评结果的积差相关系数。公式如下：

$$r = \frac{N\sum xy - \sum x \sum y}{\sqrt{[N\sum x^2 - (\sum x)^2][N\sum y^2 - (\sum y)^2]}} \quad (8-3)$$

式中 N——两次测评结果数据配对总数；

x——被分析的测评结果（分数）；

y——重复测评得到的测评结果（分数）。

r越接近1则说明测评结果（x）越准确可靠，否则就说明测评结果越不准确、不可信。

例如，想对某品德测评的分数的可靠性进行考评，随机抽取了10名被测评者的分数，它们分别是：

74，71，80，85，76，77，77，68，74，74

再次测评后，10名被测评者的分数分别是：

82，75，81，89，82，89，88，84，80，87

我们先要把这两组分数按照被测评者两两配对，本例中假设已配对好了，那么可以计算：

$\sum x = 756 \quad \sum y = 837$

$\sum x^2 = 57\,352 \quad \sum y^2 = 70\,245$

$\sum xy = 63\,369 \quad N = 10$

代入公式（8-3）有

$$r = \frac{10 \times 63\,369 - 756 \times 837}{\sqrt{(10 \times 57\,352 - 756^2) \times (10 \times 70\,245 - 837^2)}} = 0.48$$

经统计检验相关系数未达到显著水平，因此该次品德测评分数不太可靠。再测信度的积差相关系数分析所揭示的是测评结果前后出现的稳定性（一致性），因此我们称它为稳定系数分析法。

二、复本信度

复本信度是指测评结果相对于另一个非常相同的测评结果的变异程度。"非常相同"一般以"等值"解释。等值，是指在测评内容、效度、要求、形式上都一样，其中一个测评可以看作是另一个测评的近似的复写或重复。"变异程度"一般用它的反义词"一致性"解释。因此复本信度实际上是一种用等值系数揭示的信度，等值系数即为两组测评结果的相关系数。

例如，10名被测评者接受了一次技能水平的观察评定，名次分别是：

1，2，3，4，5，6，7，8，9，10

为了检验上述测评结果的可靠性又同时进行了另一次等值的技能观察评定，10名被测评者得到的对应名次分别是：

2，3，1，4，7，6，10，9，8，5

此时要用等级相关公式求出等值系数：

$$r = 1 - \frac{6\sum D^2}{N(N^2-1)} \tag{8-4}$$

式中　N——测评结果的总个数（被测评人数）；

D——对应同一名被测评者两次评定等级(名次)的差,一般以被检验的测评结果为被减数。

在本例中 10 名被测评者的等级差分别为:

-1, -1, 2, 0, -2, 0, -3, -1, 1, 5

代入公式(8-4)有

$$r = 1 - \frac{6 \times [(-1)^2 + (-1)^2 + \cdots + 5^2]}{10 \times (10^2 - 1)}$$

$$= 1 - \frac{6 \times 46}{10 \times 99} = 0.72$$

经统计检验(查相关系数检验表),相关系数达到显著水平,因此第一次所做的观察评定结果比较可靠。

三、一致性信度

一致性信度,是指相同素质测评项目分数间的一致性程度。如果被测评者在第一个项目上比其他人分数高,在第二个项目上又比其他人分数高,在第三个项目上还比其他人分数高……相反另一个人在第一个项目上比其他人的分数低,在第二个项目上又比其他人的分数低,在第三个项目上还比其他人的分数低……那么毫无疑问,我们会认为测评结果比较可靠。这里所展示的就是内部一致性信度的形式。

对这种信度的分析有两种常用的方法:一种是项目折半分析,另一种是 α 系数分析。所谓项目折半分析,是把测评结果分成两半,一半是偶数号项目上得分的总和,另一半是奇数号项目上得分的总和。然后计算它们之间的相关系数,再把相关系数代入公式(8-5)求出一致性系数:

$$r_t = \frac{2r}{1+r} \tag{8-5}$$

式中 r——两半项目分数相关系数。

r_t 越大,则说明测评结果越可靠。

α 系数分析,实际上是通过克朗巴哈 1951 年所提出的公式计算一致性系数。公式如下:

$$r_t = \left(\frac{n}{n-1}\right)\left(\frac{s_t^2 - \sum v_i^2}{s_t^2}\right) \tag{8-6}$$

式中 n——测评项目数;

s_t^2——测评结果的方差;

v_i^2——第 i 个项目得分的方差（方差是标准差的平方）。

例如，已知某组被测评者在评价中心测评过程中，分别接受了数种测评，统计结果见表 8-2。

表 8-2

项目 统计量	总分	心理测验 （一）	心理测验 （二）	心理测验 （三）	心理测验 （四）	面试	观察评定
平均数	91.53	13.82	11.32	23.18	10.14	20.53	12.53
方差	484	9.61	12.96	51.84	8.41	43.56	14.14

上述所有测评都是测评管理能力，共有六个项目，因此代入公式（8-6）有

$$r_t = \left(\frac{6}{5}\right) \times \left(1 - \frac{9.61 + 12.96 + \cdots + 14.14}{484}\right)$$

$$= \frac{6}{5} \times \left(1 - \frac{140.52}{484}\right) = 0.85$$

经统计检验，达到显著水平以上，因此可以说该次评价中心所获得的测评结果是较可靠的。

对于内部一致性信度分析的前提是测评内各项目必须是同质的，即都是测评同一种素质的项目。

四、评分者信度

测评结果的差异程度来自两个方面：一方面是被测评者本身，另一方面是测评者及其测评。信度的度量以后者作为依据，测评者及其测评的无关差异越小，说明测评结果就越可靠。

然而，测评者及其测评引起的差异又划分为两个方面：一种是恒定的系统误差与随机误差，另一种是测评者个体的主观误差。上述三种信度形式所揭示的主要是恒定的系统误差与随机误差，而评分者信度则主要揭示测评结果中个体的主观误差。这种信度分析主要用于通过面试与观察评定等主观性的测评方法获得的结果的可靠性分析。

评分者信度分析一般采用肯德尔和谐系数公式计算信度系数：

$$W = \left[\sum R_i^2 - \frac{(\sum R_i)^2}{m}\right] \div \frac{1}{12} n^2 (m^2 - m)$$

式中　n——测评者人数；
　　　m——测评项目个数；

R_i——第 i 个项目上所有被测评者等级之和或分数之和（这里分数只限正整数）。

W 越大说明测评结果越可靠。

例如，某位面试考官对七项素质进行测评，总共面试了八名被测评者，其评定的等级结果见表 8-3。请考评一下这位面试考官的面试结果是否可靠。

由表 8-3 可知：$\sum R_i = 26+51+41+\cdots+48 = 224$

表 8-3　　　　　　　　　　　　测评结果统计一览表

测评项目 被测评者	1	2	3	4	5	6	7
A	3	6	5	1	4	2	7
B	5	6	4	1	3	2	7
C	2	7	5	1	4	3	6
D	3	6	7	2	4	1	5
E	4	7	6	2	3	1	5
F	4	5	6	2	3	1	7
G	3	7	4	2	5	1	6
H	2	7	4	1	6	3	5
R_i	26	51	41	12	32	14	48

$$\sum R_i^2 = 26^2+51^2+41^2+\cdots+48^2 = 8\,626$$

$$W = \frac{8\,626 - \dfrac{224^2}{7}}{\dfrac{1}{12}\times 8^2 \times (7^2-7)} = 0.81$$

经统计检验，相关系数达显著水平，故测评结果可靠。但如果规定标准为 0.90，则因为 0.81<0.90，所以这个面试考官的测评结果信度不够。

五、评分者信度与测评方法信度对测评结果的影响

测评方法在这里包括测评工具、测评过程及其组织，它与评分者的评分信度共同决定着测评结果的可靠性。它们之间具有以下四种关系：

（1）高信度的评分者用高信度的测评方法获得高信度的测评结果。

（2）高信度的测评者用低信度的测评方法难以获得高信度的测评结果。

（3）低信度的测评者用高信度的测评方法难以获得高信度的测评结果。

（4）低信度的评分者用低信度的测评方法则测评结果必然不可靠。

因此要提高测评结果的可靠性，一要选择高质量的测评工具，二要控制测评过程及其组织的误差，三要训练与提高测评者的操作水平。

培训与提高测评者的测评能力，关键在于对测评标准的理解与把握，在于对测评信息的收集、分析与判断，在于对各种心理效应、趋中心理及反差效应等误差的控制技巧。

例如，斯考特公司检查发现，测评者测评结果的一致性随着经验的增长而提高（见表8-4）。

表8-4　　　　　　　　同一测评者在不同时间测评结果统计一览表

项目测评	第一个月与第二个月测评结果相关系数	第二个月与第三个月测评结果相关系数
A	0.91	0.96
B	0.88	0.92
C	0.85	0.86
D	0.84	0.92
E	0.84	0.90
F	0.82	0.90
G	0.62	0.66
H	0.60	0.82
I	0.52	0.88
平均	0.76	0.87

上述数据表明，同样的测评者用同样的测评工具测评同样的被测评者，其测评结果一致性的提高，反映了测评者经验是随着对测评工具操作的熟悉、对测评标准更充分的理解以及对测评对象更清楚的认识而提高的。

第三节　项目分析

测评结果（分数）几乎都是由各项目得分直接累加而成的，项目质量的好坏直接影响到测评结果的真实性、正确性与准确性。效度与信度的分析是直接对测评结果质量的考评，而项目分析则是间接对测评结果做微观性的解剖。项目质量好，则对应的素质测评得分就有效准确，从而整个测评结果也就准确与可靠。项目质量的考评指标主要有适合度、区分度、独立性、选择率等。

一、适合度

在教育测评与心理测量中,项目分析的指标主要是难度与区分度。这是比较合适的,因为教育测评与心理测量中的项目主要是一些试题,试题有难易之分,难度是试题的一个主要特征。然而对于人员素质测评来说,项目不仅仅是试题,更多的是一些咨询问题或观察评定点(指标),它们无难易之分,只有是否之别。因此"难度"这一名词已无法说明我们所想表达的意思,无法反映测评项目的特征。

对于测验,吉尔福德曾把难度划分为两种形式。在能力测验中他仍然采用项目难度一词,但在非能力测验中他把难度称为"通俗性"或"流行性"水平。

显然吉尔福德的解释也满足不了素质测评的特定需要。为此我们提出"适合度"一词,打算用它代替"难度"与"流行性",反映素质测评项目的特征属性。

适合度,特指被测评者行为(包括回答与实际表现)符合项目测评标准的程度。当项目为试题时,被测评者的行为是口头回答或选项回答,项目测评标准即正确答案,符合程度即难度;当项目是问卷中的问题时,被测评者的行为即选项回答,项目测评标准即答案所揭示的素质特征,符合程度即指所有选中答案被测评人数与总人数之比;当项目为观察评定量表中的指标时,被测评者的行为即为其实际表现行为,项目测评标准即量表中规定的评分标准,符合程度即指所有被测评得分平均值与指标满分值之比。

因此,适合度既包括难度,但又不同于难度。适合度的计算公式为

$$P = \frac{\bar{R}}{W}$$

式中 W——项目满分值;

$\bar{R}$——所有被测得分平均值;

P 越接近 1 说明项目越适合被测评者;P 越接近 0,说明项目越不适合被测评者。

例如,在管理素质测评中,指挥协调能力这项指标满分为 10 分,而七名被测评者在面试中的平均得分是 6 分,则该项指标的适合度为

$$P = \frac{6}{10} = 0.6$$

又如,在机械倾向测验中,某单项选择题只有 30 人做对,其余 20 人做错。那么该项目的适合度为

$$P = \frac{30}{30+20} = 0.6$$

类似这种二值记分(做对得分,做错零分)的项目,其适合度都是通过率。但是,

用 P 值表示适合度存在缺点。因为 P 值与难度量表的等距关系并非线性，不同项目的单位是不同的，它不能加起来取平均值，应把 P 转换为标准分 Z 值后才能相加取平均值。但因为 Z 值有小数与负数，因此美国教育考试服务公司建议采取下面公式作进一步转换：

$$\Delta = 13 + 14Z$$

式中　Δ——适合度值（读作德尔塔，为希腊字母）；

　　　Z——P 的对应标准分通过查正态曲线分布表得出（见电子文件附录一）。

在能力测验中，Δ 为难度值，越大表示越难。一般项目难度应控制在 5.27~28，其平均难度应在 13 左右。

在能力测验中，项目为单项选择题时，还要采取公式 $CP = \dfrac{PK-1}{K-1}$（K 为选项个数）校正难度。

二、区分度

区分度，是指项目把具有不同素质水平的被测评者适当区分开来的鉴别能力。

区分度在选拔性测评中是非常重要的。区分度高的项目往往可以很明显地把优秀人员与一般人员区别开来。

区分度的分析与适合度一样，不同性质的项目会有不同的方法。对于二值性计分的项目，可以采取点双列相关系数公式来计算。

$$D = \dfrac{\overline{X}_p - \overline{X}_q}{St}\sqrt{pq}$$

式中　p——项目通过率，$q = 1 - p$；

　　　$\overline{X}_p$——做对被测评者总分平均数；

　　　$\overline{X}_q$——未做对被测评者总分平均数；

　　　St——被测评者总分标准差。

对于非两值性评分的项目，则可以采取积差相关公式，项目得分与总分的相关系数揭示了项目区分度的大小；相关系数越大则说明项目区分度越高。

此外还有一种适合于不同性质项目区分度分析的"两端分组法"。这种方法的特点，不但在于它对各种项目区分度分析的通用性，而且在于它把项目的适合度分析与区分度分析融为一体。其操作步骤如下所述。

（1）把所有的测评结果从高分到低分顺序排列，并从最高分开始往下取足 27% 的测评结果作为高分组；从最低分开始向上取，取足 27% 的测评结果作为低分组。

(2) 分别求出高分组与低分组的适合度，设 P_H 与 P_L。

(3) 代入公式 $(P_H+P_L)\div 2$ 即得适合度 P；代入公式 P_H-P_L 即得区分度 D。

区分度与适合度有所不同。当测评是目标参照性时，我们一般不作区分度分析而只作适合度分析；当测评为常模参照性时，区分度与适合度一样，会随着被测评者的变化而变化。

人们也许会发现项目区分度的分析与项目效度的分析是相同的，都用相关系数分析法。实际上两者在内容上是不同的。

首先，区分度是与测评总分作比较，而效度是与测评结果之外的某种效标作比较。其次，有效度不一定有区分度。例如，当效标与测评结果两者都呈负偏态时，两者的相关系数可能很高，这说明测评结果效度高，但却没有区分度。最后，区分度高的项目效度也不一定高，因为区分度只反映项目对被测评者差异的敏感性。当所依据的差异不是本质上的差异时，显然区分度没有多大效度。

三、独立性

在能力测评中，我们常常需要项目之间具有一定的独立性。所谓独立性即非相关性或低相关性。例如，设想有 10 个项目的测验，每个项目都是中等难度（$p=q=0.5$），而且所有项目完全相关（$r=1$），那么在一个项目上答对的人在其他项目上也必然对，而在一个项目上答错的人则在其他项目上也必然错。这样测评结果只有两种可能，0 分或 10 分（每题 1 分）。显然这种测验无法把中间水平的人区分开来。

项目的独立性分析，一般是采取项目间分数的相关系数来揭示。当相关系数越大时，说明独立性越小。

当项目的满分值较大（10 分以上）且实际得分范围分布均匀时，可采取积差相关公式分析计算；当实际得分分布非均匀（如集中在 5 个分数点以下时），或者说项目为二值性评分时，宜采取下面两种方法分析项目的独立性。

(一) r_ϕ 系数法

为简便起见现举例说明。

设第 12 题与第 15 题同时做对的人数有 16 个，同时做错的人有 20 个，做对第 15 题而做错第 12 题的人有 25 个，做对第 12 题而做错第 15 题的人有 30 个，试分析第 12 题与第 15 题的相互独立性。

1. 列表

两道不同试题列表统计见表 8-5。

表 8-5 两道不同试题列表统计表

15题＼12题	做错	做对	总计
做错	20（a）	30（b）	（a+b）50
做对	25（c）	16（d）	（c+d）41
总计	（a+c）45	（b+d）46	（n）91

2. 计算 r_ϕ 系数

$$r_\phi = \frac{bc-ad}{\sqrt{(a+b)(c+d)(a+c)(b+d)}}$$

$$= \frac{30 \times 25 - 20 \times 16}{\sqrt{50 \times 41 \times 45 \times 46}} = \frac{430}{2\ 060} = 0.21$$

3. 进行相关性显著性检验

经统计检验，r_ϕ 为非显著性相关。因此第 12 题与第 15 题具有较好的独立性。

（二）列联表 x^2（卡方）检验法

设在测评指标 A 与测评指标 B 上得分的被测评者分布见表 8-6，试分析指标 A 与指标 B 相互间的独立性。

表 8-6 指标 A 与 B 的列表

指标B＼指标A	1分以下	2分	3分	4分以上	总计
3分	6（n_{11}）	10（n_{12}）	0（n_{13}）	2（n_{14}）	18（$n_{1.}$）
2分	26（n_{21}）	46（n_{22}）	15（n_{23}）	7（n_{24}）	94（$n_{2.}$）
1分	13（n_{31}）	17（n_{32}）	6（n_{33}）	5（n_{34}）	41（$n_{3.}$）
总计	45（$n_{.1}$）	73（$n_{.2}$）	21（$n_{.3}$）	14（$n_{.4}$）	153（$n_{..}$）

1. 假设

指标 A 与指标 B 相互独立

2. 计算理论次数 fe 值

$n_{1.}n_{.1}/n_{..} = 18×45/153 = 5.29$

$n_{2.}n_{.1}/n_{..} = 94×45/153 = 27.65$

……

$n_{3.}n_{.4}/n_{..} = 41×14/153 = 3.75$

3. 计算 x^2 值

$$x^2 = \sum\sum \frac{(n_{ij} - n_{i.}\cdot n_{.j}/n_{..})^2}{n_{i.}\cdot n_{.j}/n_{..}}$$

$$= \frac{(6-5.29)^2}{5.29} + \frac{(26-27.65)^2}{27.65} + \cdots + \frac{(5-3.75)^2}{3.75}$$

$$= 0.094 + 0.098 + \cdots + 0.417 = 4.488$$

4. 求自由度与查表

$df = (r-1)×(k-1) = (3-1)×(4-1) = 6$

选择检验水平 $\alpha=0.05$，查表（见电子文件附录二）得 $x^2_{0.05}(6) = 12.59$

5. 评估独立性

因为 $x^2 = 4.488 < x^2_{0.05}(6) = 12.59$，$P>0.05$，所以接受假设，即可以说指标 A 与指标 B 是相互独立的。

四、选择率

选择率在这里是指被测评者对非正确答案选项的选择比例。它是反映选项质量的一个指标。

能力测验中采用的大部分项目都是选择题形式，选择项中诱答或正答拟定得好坏直接决定着整个试题的质量及其分数的可信性。对于诱答或正答质量的分析有以下两种方法。

（一）诱惑力分析法

这种方法是采取表格形式，分别统计高分组与低分组（含义同区分度定义）中的被测评者对同一项目各选项的选择次数（见表8-7）。

从表8-7中比较同一选项高分组的人次与低分组的人次，当高分组的人次低于低分组的人次时，说明该诱答有较大的诱惑力。例如，第30题的C选项，高分组人次为3，而低分组人次为11，因此说C是一个有较大诱惑力的选项。

诱惑力实际还揭示了选项的区分力与试题的难度。如果某选择题中大多数选项的诱惑力都很强，那么这个题就是一个比较难的试题了。

表 8-7　　　　　　　　　　　测评选项诱惑力分析表　　　　　　　单位：人次

试题	高分组					低分组				
	选项					选项				
	A	B	C	D	E	A	B	C	D	E
1	*					*				
13	*	11	2	1	10	*	8	3	1	8
30	10	3	3	*	3	11	3	11	*	2
33	*		3	13		*		6	12	

注：*表示对应的选项为正答。

（二）"白智"试测法

这种方法是找一些对测验内容一无所知或十分陌生的人作为被测评者进行试测，通过分析这些人对每个诱答选择的人次来分析选项的质量。表 8-8 即为分析表。

由于被测评者对所测验的内容一无所知，他们对正确答案的选择方式或原因只可能是以下三种情形：

（1）正确答案是一些最为普通的常识，仅凭常识就能回答。

（2）选择项或题干本身提供了找到正答的线索。

（3）猜测的结果。

如果是猜测，那么 A、B、C、D、E 五个选项被选中的机会均等，都应该为 20%。

从表 8-8 中的数据资料可以看到，第一个试题正答是 D，21 名被测评者中有 20 个人选中了，这说明要么该题所测验的内容是一般性常识不学自会，要么是其他诱答（A、B、C、E）缺少诱惑力。

表 8-8　　　　　　　　　"白智"试测结果统计表

被测评者＼试题与正答	1	2	3	4	5	6	7	8	正确回答的试题数
	D	B	A	D	B	D	E	A	
1	D	B	A	B	B	D	E	A	7
2	D	B	A	B	B	D	E	A	7
3	D	B	A	B	B	D	E	A	7
4	D	B	A	B	B	D	E	A	6
5	D	A	A	D	B	D	E	C	6
6	D	B	A	B	B	D	E	B	6
7	D	B	A	D	C	D	B	C	5

续表

试题与正答 被测评者	1 D	2 B	3 A	4 D	5 B	6 D	7 E	8 A	正确回答的试题数
8	D	D	A	B	B	D	E	D	5
9	D	B	A	E	D	D	D	E	4
10	D	B	B	E	B	C	E	B	4
11	D	E	A	D	B	B	D	C	4
12	D	D	A	B	C	D	E	E	4
13	D	B	C	E	D	C	B		3
14	D	A	E	D	B	E	B	B	3
15	D	C	B	D	C	B	C	E	2
16	D	E	D	E	C	D	D	C	2
17	D	A	C	D	D	B	B	C	2
18	D	E	E	E	C	A	D	A	2
19	D	C	E	D	C	E	B	B	2
20	D	D	B	D	E	B	C	C	2
21	C	A	D	D	A	C	B	E	1
人次	20	9	10	9	10	12	9		

又如试题 7 的试测结果也表明该题的选项有问题。如果诱答 A 与 C 有较强的诱惑力，那么它们分别至少应该被四名被测评者选择（20%×21 人），但是 A 项一个选择者也没有，C 项只有 3 人选择。

第四节　其他指标的检测

效度、信度、适合度、区分度、独立性等，是测评结果检测中常分析的指标，除此之外，我们还应该分析测量结果的客观性、误差、整体分布、集中性、差异性等。下面重点说明一下客观性及误差。

一、客观性

测评结果的客观性由测评方法的客观性与测评者的客观性两个方面构成。测评方法的客观性是指它对测评者主观影响的控制程度，如检核表就比一般评定量表更客观一些。

客观性的分析主要通过测评方法及其实施过程的措施要求来估计。一般来说，客观的测评方法对操作者的经验没有特别的要求，操作越简单，越容易把握，测评结果就越客观。同时，测评时每次判断不过于复杂，判断的内容越单一则越准确。但是也可以通过比较不同测评者操作它测评的结果的一致性进行分析。这种一致性可以用相关系数法或 α 系数法分析。

测评者的客观性可以通过比较测评结果与其他人的测评结果来分析。既可以用该测评者与其他人的测评结果的平均数之差来揭示这种客观性，也可以用该测评者与其他人测评的平均结果之间的相关系数来揭示。

二、误差

误差是指通过对测评结果进行定性定量分析，判断测评结果是否受到心理效应的严重影响、标准误以及单个测评结果的置信区间。

（一）心理效应误差种类与分析

1. 哈罗效应误差

哈罗效应又称晕轮效应，是指测评者往往会因为对被测评者整体印象的好坏而影响对其每个素质的测评。例如，看到一个人相貌端庄、严肃，就容易产生此人责任感很强的看法，这是一种演绎影响。由哈罗效应引起的误差，称为哈罗效应误差。举例见表 8-9。

表 8-9　　　　不同测评者对不同被测评者的测评结果统计一览表　　　　单位：分

测评者与被测评者	指标	1	2	3	4	5	总分
A	被测评者 1	8	8	7	8	8	8
A	被测评者 2	3	3	3	3	3	3
B	被测评者 1	9	6	5	5	5	7
B	被测评者 2	1	4	3	2	2	2

由表 8-9 测评结果比较可知，测评者 A 的测评结果明显受到哈罗效应的影响。

哈罗效应还表现为因对某个重要因素的印象好坏而对整体评价产生影响，所谓一好百好、一丑百丑，显然这是一种泛化影响。

有学者认为如果综合评定与单个指标或两个项目的相关系数在 0.90 以上，则要分析它是否受到哈罗效应影响。

2. 趋中心理误差

趋中心理误差是指因为测评者既不愿把被测评者评得过好也不愿评得过差,从而过于集中在中间分数段产生的误差。这种误差使有差异的被测评者得到同样或相近的分数,缺乏区分性。可以通过测评结果的分布及差异量分析来揭示这种误差的情况。

3. 宽大心理误差

宽大心理误差是指因测评者不坚持测评的标准要求,就高不就低地测评而产生的误差。这种误差表现为皆大欢喜、高分低能。

另一种负向宽大心理误差,则是过于严格,以一些脱离实际的高标准去测评人的素质,测评结果普遍较低。

4. 逻辑误差

逻辑误差是指测评者不是实事求是地对每个素质独立进行测评,而是依据其是否具有相关性特点而进行逻辑上的推断。它与哈罗效应的区别在于后者以印象为依据,而前者以逻辑关系为依据。控制这种误差的方法是以客观事实为依据,不将特征上存在逻辑关系的指标放在一起。

5. 对比效应误差

对比效应误差是指测评者在测评过程中因被测评者与标准之间存在某种明显的反差而产生的误差。这种误差又称托衬效应误差。例如,当出现"鹤立鸡群""绿叶丛中一点红"的现象时,我们会给"鹤"与"红"过高的评价而给"鸡"与"绿"过低的评价。

6. 接近效应误差

接近效应误差是指测评者往往会对在时间、内容、形状特征等方面相似或相近的两名被测评者给予同样的评价,而不论他们实际上是否有差别。例如,某个素质低的人夹杂在两个素质高的人之间,其测评分数容易偏高;反之,一个素质高的人如果夹在两个素质低的人之间,那么其测评分数可能偏低。

(二)标准误与置信区间

标准误是指样本的变化性,是某种统计量在抽样分布中的标准差,是对测评结果误差的数值描述,它是揭示实得分数在真分数附近变异的一个指标。

真分数即反映被测评者真实水平的那个分数。由于测评误差存在的客观性,我们无法求得真分数,能做到的就是用实得分数去推测真分数。

推测的方法是在所给定的可靠度要求下分析真分数与实得分数的差异范围。如果选择 $\alpha=0.05$ 或者说95%的可靠性水平要求,那真分数与实得分数差异的范围在上下

1.96 个标准误之间,这个区间我们把它称为实得分数的置信区间,因为它表明实得分数的可信度水平及范围。由此看来,关键问题在于计算标准误。

标准误的计算有两种方法。一种是通过信度系数间接计算,其公式如下:

$$S_e = S_t \sqrt{1-r_t}$$

式中　S_t——标准差;

　　　r_t——信度系数。

另一种方法是直接计算法,公式如下:

$$S_e = \sqrt{\frac{\sum (x-\bar{x})^2}{N(N-1)}}$$

式中　x——测评结果;

　　　$\bar{x}$——全体测评结果平均数;

　　　N——测评结果总个数。

例如,采用观察评定法测评 10 名被测评者,其分数为:98,71,94,67,94,84,92,96,45,66。试问在 99% 的置信水平上认为 71 分反映对应被测评者真实水平的可信区间有多大?

1. 求出平均分数

$$\bar{x} = \frac{\sum x}{N} = (98+71+\cdots+61)/10 = 80.7$$

2. 求出标准误

$$S_e = \sqrt{\frac{\sum (x-\bar{x})^2}{N(N-1)}} = \sqrt{\frac{(98-80.7)^2+\cdots+(66-80.7)^2}{10\times(10-1)}}$$

$$= 5.43$$

3. 求出对应置信(系数)水平(99%)的 t 值

因为 $df=9$,$\alpha=1-99\%=0.01$,查 t 分布表(见电子文件附录三)得

$$t_{0.01}(9) = 3.25$$

4. 求出置信区间

$\bar{x} \pm t_{0.01} S_e = 71 \pm 3.25 \times 5.43 = 71 \pm 17.64$

这就是说,得 71 分的被测评者,其真实水平大约是 52.36 与 88.64 分中的某一个分数。

本章小结

本章主要介绍了人员素质测评质量检测的目的、内容和指标。人员素质测评质量检测的目的是保证人员素质测评结果的质量。质量检测的内容包括真实性、准确性、适合性、区分性和独立性等方面，质量检测的指标主要包括效度、信度、适合度、区分度、独立性等。

首先，效度是指人员素质测评结果对所测评素质反映的真实程度。效度是对真实性的分析，包括内容效度、结构效度、关联效度和项目分数效度。内容效度是指实际测评到的内容与期望测评内容的一致性程度，主要通过蓝图对照分析法、专家比较判断法等定性方法检测；结构效度是指实际测评的结果与我们所想测评素质的同构程度，主要运用排除法、咨询法、相关法等一些实证方法检测；关联效度是指测评结果与某种标准结果的一致性程度，一般采用定量方法检测；项目分数效度是指各项目得分与外部某组效标分数之间的相关性。

其次，信度是指人员素质测评结果对所测评素质反映的准确程度。信度是对准确性的分析，包括再测信度、复本信度、一致性信度和评分者信度。再测信度是指测评结果以同样的测评工具、测评方式与测评对象再次获得测评结果的变异程度；复本信度是指测评结果相对另一个相同的测评结果的变异程度；一致性信度是指相同素质测评中项目分数间的一致性程度；评分者信度是指测评者个体差异带来的主观误差，主要用于面试和观察评定等主观性的测评方法获得的结果的可靠性分析。

再次，测评结果几乎都是各项目得分累加的结果，因此还要对人员素质测评的各个项目进行项目分析，项目分析的指标主要有适合度、区分度、独立性和选择率等。适合度衡量被测评者行为符合项目测评标准的程度；区分度衡量把具有不同素质水平的被测评者区别开来的程度；独立性衡量项目具有的非相关性或低相关性；选择率衡量选项当中诱答和正答选项质量的好坏。

最后，除上面提到的主要指标之外，客观性、误差等都是我们常常需要分析的指标。这些主要是通过对测评方法和测评者可能对测评结果质量产生影响的方面进行综合分析，需要一定的统计方法来验证和说明。

复习思考题

1. 人员素质测评结果的效度和信度哪一种更重要？请举例说明。

2. 人员素质测评结果的效度如何检验？各种检验方法的依据是什么？
3. 可以通过哪些方法来检验人员测评结果的信度？请简要概括。
4. 为什么要检验各分项目的测评质量？检验的方法和指标有哪些？
5. 哪些因素可能会对人员素质测评的质量造成影响？应该如何避免？
6. 举例说明何为"对比效应误差"。

案例与讨论

如何检验测评的质量？

创建于2010年的美岛服装有限公司（以下简称美易公司），是一家中日合资企业。公司地处湖北省东部的黄石市，现有员工3 000多人，总资产达1.2亿元。严谨的管理、精良的产品质量、一流的商业信誉使美岛公司经营业绩不断上升，并被日本《纤研新闻》称为"女装王国的万能工厂"。2011年2月9日，美尔雅临时股东大会通过关于出让美岛公司股权的议案，这次股权变动对于美岛公司来说，是机遇与挑战并存。面对激烈的市场竞争，美岛公司加快了向经营型企业转变的步伐并制定了稳住日本市场、大力拓展国内市场和欧美市场的企业发展战略。公司管理层从企业发展战略出发，敏锐地认识到要实现这一目标，人才是关键。为了发现人才、用好人才并为人才的成长创造良好的环境，美岛公司决定建立一套规范合理的绩效考核体系，并对公司所有非计件员工进行一次测评，以综合考察公司现有的人力资源状况。

美岛公司以生产高档女装为主，其业务长期以来集中在对日贸易方面，对内贸易、欧美贸易近年来也有所发展。与这种业务性质相适应，美岛公司的组织结构由人力资源部、财务部、公关部、生产技术部、外经贸部、信息部、内贸部、设备部和生产厂组成。美岛公司的非计件员工有80多人，主要分布在辅助生产部门以及生产部门的管理岗位。与生产一线的计件工不同，这些员工学历相对较高，岗位绩效无法定量，能力表现也多样化，是公司人力资源开发的重点。美岛公司管理层希望通过本次测评达到以下几个目的：（1）希望通过科学的人员测评，对每个人的能力进行一次全面公正的评价以便在实践中更好的配置人力资源。（2）希望能够发现一些具有发展潜力的人才以便公司重点培养和加以重用。（3）希望员工通过测评能够更好地认识自己，以便在以后的工作中改进工作绩效。该公司选择人员素质测评工具对员工的知识、技能和其他方面进行了测评，其中很大一部分是主观题，由人力资源部的相关人员进行分项打分，最后加总平均各项的分数，从而得到每个员工的得分。整个过程结束以后，员工都感到所测内容与自己的工作相关性不大，有些员工由于心理紧张没能够正常发挥，还有几个员工因为与领导关系不太融洽，担心会因此影响这次测评的结果等。该公司人力资源部经理根据员工实际反映的情况，咨询了人员素质测评专家。专家指出，人员素质测评必须重视对测评结果质量的检验，这样才能保证对人的知识、技能、能力、个性进行测量的效度，并应根据工作岗位的不同要求及企业组织特性对人员素质进行评价，实现对其真实准确地了解，将最合适的人放在最合适的岗位上。

（资料来源：本案例来自中大网校，内容有所修改。http：//www.wangxiao.cn/hr/5337910370.html.）

讨论

1. 为什么该公司推行的人员素质测评没有得到员工的认可？
2. 以美岛公司为例，解释对人员素质测评结果检验的必要性，并说明需要从哪些方面对人员素质测评结果质量进行检验？
3. 如果你来解决该案例中问题，你认为应该采取哪些方面的补救措施？

建议阅读文献

1. 安哲锋，骆方，张厚粲.多元概化理论在评定量表编制中的作用[J].心理科学，2008（5）：1192-1194.
2. 徐辉，高拴平.企业人才测评与选拔的质量研究：信度与效度分析[J].内蒙古农业大学学报（社会科学版），2007（5）：124-125，135.
3. 吴承祯，何丽华，林立群，等.试卷质量分析方法及其应用[J].中国林业教育，2008（3）：26-30.
4. 姚若松，梁乐瑶，苗群鹰.评价中心无领导小组讨论测评效度的实证研究[J].领导科学，2011（10）：39-41.
5. 姚若松，赵葆楠，刘泽，等.无领导小组讨论的多侧面Rasch模型应用[J].心理学报，2013（9）：1039-1049.

习题

一、单选题

1. 效度是指测评结果对所测评素质反映的真实程度。实际所测评的结果与我们所想测评素质的同构程度，反映的是（　　）。

A. 内容效度　　B. 结构效度　　C. 关联效度　　D. 项目分数效度

2. （　　）作为衡量测评结果有效性的参照标准，应该是可以直接测评到且独立于所分析的测评结果的行为结果。

A. 效度　　B. 信度　　C. 效标　　D. 项目分析

3. 评分者信度解释了测评结果中测评主体的主观误差，通常用于面试等主观测评方法获得结果的可靠性分析。评分者信度分析通常采用（　　）计算信度系数。

A. 肯德尔和谐系数公式　　B. Tau-y 系数

C. 等级相关公式　　D. 积差相关系数

4. （　　）是指被测评者行为（包括回答与实际表现）符合项目测评标准的程度。

A. 区分度　　B. 独立性　　C. 选择率　　D. 适合度

5. 运用一致性信度系数分析测评结果的信度时，要求测评同一个素质所得的分数之间的关系是（　　）。

A. 正相关　　B. 负相关　　C. 成比例　　D. 无明显相关关系

6. 哈罗效应又称为（　　），是指测评者往往会因为对被测评者整体印象的好坏而影响对其每个素质的测评。

A. 马太效应　　B. 晕轮效应　　C. 刻板效应　　D. 首因效应

7. （　　）是指样本的变化性，是某种统计量在抽样分布中的标准差，是对测评结果误差的数值描述，揭示实得分数在真分数附近变异的一个指标。

A. 置信区间　　B. 对比效应误差

C. 标准差　　D. 标准误

8. （　　）是指测评结果相对另一个完全等值的测评结果的变异程度和相关系数。

A. 再测信度　　B. 复本信度　　C. 一致性信度　　D. 评分者信度

9. （　　）是指测评者既不愿把被测评者评得过好也不愿评得过差，从而过于集中在中间分数段产生的误差。

A. 宽大心理误差　　B. 逻辑误差

C. 对比效应误差　　D. 趋中心理误差

10. 间接对测评结果质量做微观形解剖的测量标准是（　　）。

A. 信度　　B. 效度　　C. 项目分析　　D. 标准误

11. 关联消毒是指测评结果与某种标准结果的（　　）程度。

A. 机关性　　B. 独立性　　C. 可靠性　　D. 一致性

12. 项目的独立性分析，一般采取项目间分数的相关系数来揭示，当相关系数

（　　）时，说明独立性（　　）。

  A. 越大　越大   B. 越小　越小

  C. 越大　越小   D. 越小　越大

13. 测评者在测评过程中因与被测评者和标准之间存在某种明显的反差而产生的误差为（　　）。

  A. 对比效应误差   B. 接近效应误差

  C. 晕轮效应   D. 逻辑误差

二、多选题

1. 目前，内容效度常用的分析方法包括（　　）。

  A. 蓝图对照分析法   B. 指标分析方法

  C. 专家比较判断法   D. 工作分析法

2. 信度是指测评结果反映所测素质的准确性、可靠性和一致性。以下哪些选项可以作为评价测量信度的标准？（　　）

  A. 再测信度   B. 复本信度

  C. 一致性信度   D. 评分者信度

3. 选择率在测评中是指被测评者对非正确答案选项的选择比例，反映了选项的质量。通常，评价测评选项选择率的方法包括（　　）。

  A. 项目分析法   B. 诱惑力分析法

  C. "白智"试测法   D. 误差分析法

4. 低信度的评分者用低信度的测评方法测得结果必然不可靠，因此要提高测评结果的可靠性必须（　　）。

  A. 选择高质量的测评工具

  B. 控制测评过程及其组织的误差

  C. 训练与提高测评者的操作水平

  D. 端正测评者的态度

5. 在能力测评中，我们通常使用（　　）测量项目之间的独立性和非相关性。

  A. r_ϕ 系数法   B. 指标分析方法

  C. 多元分析法   D. 列联表 x_2（卡方）检验法

6. 一致性信度，是指相同素质测评项目分数间的一致性程度，通常采用（　　）分析素质测评项目分数间的一致性程度。

  A. 误差分析法   B. 折半分析法

  C. 逻辑分析法   D. 系数分析

7. 结构效度的分析一般都是实证法,一般而言,结构效度的分析评估方法包括( )。

    A. 排除法   B. 咨询法   C. 相关法   D. 逻辑分析法

    E. 多元分析法

8. 以下哪些选项可以作为客观性的行为校标?( )

    A. 获得成就,如产品的数量、质量、销售额、考试成绩、学历、奖励与荣誉等

    B. 特殊训练成绩,如机械倾向测验的效标可以是在公司技术培训中的考试成绩

    C. 个人陈述,如一年一度的工作岗位年终总结

    D. 先前被证明是有效的测评结果,如用明尼苏达机械倾向测验得到的结果

9. 以下说法正确的是( )。

    A. 高信度的评分者用高信度的测评方法获得高信度的测评结果

    B. 高信度的测评者用低信度的测评方法可以获得高信度的测评结果

    C. 低信度的测评者用高信度的测评方法可以获得高信度的测评结果

    D. 低信度的评分者用低信度的测评方法则测评结果必然不可靠

10. 项目质量的考评指标主要有( )。

    A. 适合度   B. 区分度   C. 独立性   D. 选择率

11. 以下选项中哪些属于素质综合结果的分析指标?( )

    A. 效度   B. 信度   C. 独立性   D. 适合度

12. 以下哪些属于信度的分析方法?( )

    A. 多元分析   B. 稳定系数分析

    C. 分半系数分析   D. 评分一致性系数分析

三、判断题

1. 关联效度是指测评结果与某种标准结果的一致性程度,一般采用定量方法检测。( )

2. 评分者信度主要揭示了测评结果中测评主体的主观误差。( )

3. 同一套测评项目间相关系数越大,独立性越大。( )

4. 测评结果几乎都是各项目得分的累加结果,因此还要对人员素质测评的各个项目进行项目分析。( )

5. 适合度是指项目把具有不同素质水平的被测评者适当区分开来的鉴别能力。( )

6. 如果某选择题中的大多数选项诱惑力都很强,那么这个题就是比较简单的。( )

第九章
测评结果的分析与报告

>> **教学目标与方法建议**

通过本章教学,应该掌握以下四点内容。

1. 测评结果数据综合的方法及其步骤。
2. 测评结果总体分析的内容、方法及其步骤。
3. 测评结果报告的方式及分数报告的相关指标。
4. 通过案例的应用了解测评结果分析及报告的基本方法。

测评结果的分析及其报告方法,是人力资源管理中呈现结果的重要一步,也是具有技巧性和方法性的一步。测评结果质量检测之后,当误差在我们所允许的范围内时,我们就要进行测评结果的分析与报告,因此在本章中,我们将介绍数据综合、内容分析及结果报告三个方面的具体用途和方法。

教学方法建议:鉴于本章的内容涉及的公式和统计方法相对较多,建议在教学中注意使用具体案例分析教学的方法,提高学生对分析方法的使用熟练程度。

第一节 数据综合

数据综合是指如何把零散的项目(指标)分数综合为一个总分数的方法。常见的方法可以分为以下几种。

一、累加法

累加法即把各指标（项目）上的得分直接相加。其计算公式为

$$S = \sum_{i=1}^{n} x_i = x_1 + x_2 + \cdots + x_n$$

式中　x_i——第 i 个指标（项目）得分。

例如，某人的品德素质得分为 25，智能素质得分为 40，体质得分为 15，则采取累加法得其总分是 80。

累加法要求各指标同质并单位大致相近，否则要考虑采取加权综合法。

二、平均综合法

平均综合法即把各项指标得分作算术平均数运算求出一个总分。其计算公式为

$$S = \frac{1}{n} \sum_{i=1}^{n} x_i$$

式中　n——测评指标总数；

　　　x_i——指标 i 上的得分。

三、加权综合法

加权综合法即根据各个指标（项目）间的差异，对每个指标得分适当扩大或缩小若干倍后再累加的一种方法。其计算公式为

$$S = \sum_{i=1}^{n} \omega_i x_i$$
$$= \omega_1 x_1 + \omega_2 x_2 + \cdots + \omega_n x_n$$

式中　w_i——第 i 个指标的权数；

　　　x_i——第 i 个指标的得分。

加权综合法是对累加法的一种改进，它不仅综合了被测评者在各项指标上的得分，而且体现了各个指标在整体中的重要程度，因而显得更加合理。但是也有缺点与不足，有"削峰填谷"之弊，不便于拉开档次。

比较复杂的素质测评中权重还可以随着不同被测评者得分的情况变化，即权重 w 不是常数而是 x_i 的函数，$w_i = f(x_i)$。

$$S = \sum_{i=1}^{n} f_i(x_i) \cdot x_i$$

例如，当我们要求综合时素质 A 的分数重要性应该是素质 B 的 2 倍，那么按照这

个原则来确定具体的权重系数，这里 w_A 与 w_B 对应两个素质 A 与 B 的权重，$w_A+w_B=1$，S_A 与 S_B 分别为被测评者在素质 A 与 B 上的得分标准差，因为 $k=2$，假设 $S_A=0.55$，$S_B=11$，则有

$$2=\frac{\omega_A \times 0.55}{\omega_B \times 11}$$

显然这里的 w_A 与 w_B 会随着被测评者得分的变化而变化。

四、连乘综合法

连乘综合法即把各指标上的得分直接相乘得到一个总分。其计算公式为

$$S = \sum_{i=1}^{n} x_i = x_1 \cdot x_2 \cdot x_3 \cdots x_n$$

式中　x_i——第 i 个指标得分。

这种综合方法的优点是便于拉开档次，"灵敏"度高，但容易产生晕轮效应。当一个指标上得分很小或为零时，整个测评的总分因此也会非常小或为零。

五、指数连乘法

指数连乘法不但考虑了各指标上的得分，还考虑了指标的相对重要性。其计算公式为

$$S = \sum_{i=1}^{n} (x_i)^{\omega_i} = (x_1)^{\omega_1} \cdot (x_2)^{\omega_2} \cdots (x_n)^{\omega_n}$$

若两边取对数则有

$$S' = \sum_{i=1}^{n} \omega_i x_i'$$

式中　S'——$\ln S$；

　　　x_i'——$\ln x_i$。

显然指数连乘法转化为加权综合法了，但指数连乘法有利于拉开距离，区分被测评者的档次。

第二节　内容分析

测评后，我们所获得的结果仅仅是个体性的，其意义常常不很清楚。例如，某次素质测评中某人得了 80 分，看这个 80 分也许你会说这个人不错，但在公司中他究竟算优秀员工还是中等员工呢？我们并不明白。因此，获得个体测评结果后还应从整体上分析。只有从总体中、从个体与个体的相互关系中，我们才能真正把握与认识单个员

工的素质水平。

素质测评结果的总体分析,主要包括整体分布分析、总体水平分析、差异情况分析等内容。

一、整体分布分析

整体分布分析是通过图表的形式来分析素质测评结果的一种方法。

(一)频数分布表分析

频数分布表也称次数分布表。常见的有简单频数分布表、累积频数分布表和累积百分比分布表等不同形式。频数分布表分析,即是以频数分布表形式来分析素质测评结果的整体分布情况。编制简单频数分布表的步骤如下所述。

1. 求全距。$R=A-B$,A、B 分别为测评分数中的最大值、最小值。

2. 决定组数与组距。组数一般以 10~15 个为宜。组数确定后,则组距可以利用公式 $i=\dfrac{全距}{组数}$ 来求。组距一般以 3、5、7 等奇数个单位为好。但有时也可以先定组距 i 再求组数。

3. 决定组限。组限就是每组的起止范围。每组的最低值为下限,最高值为上限。组中值为上下限的平均值,即组中值 $=\dfrac{上限+下限}{2}$。

4. 登记频数。分好组后,就可将每个数据归入相应的组内,并以符号"丨""‖""‖""‖""卌"或"正"字逐个登记,然后求出每组内的总数 f。这个总数 f 就称为频数或次数(见表 9-1)。

表 9-1　　　　　　　　　　简单频数表　　　　　　　　　(满分:150 分)

素质测评得分(1)	登记(2)	频数(3)
115~117	丨	1
118~120	‖	3
121~123	卌 ‖	8
124~126	卌 卌	10
127~129	卌 卌 卌 卌	20
130~132	卌 卌 卌 卌	19
133~135	卌 卌 ‖	12
136~138	‖	4
139~141	‖	2

续表

素质测评得分（1）	登记（2）	频数（3）
142 及以上	l	1
总和		80

累积频数分布表的制作可以在简单频数表的基础上进行。一般把简单频数表制好后，只要再加上第五步：把表中的频数 f 按由上向下或由下向上的次序逐格累加，并把所得结果填写在右边的（4）列中，显然（4）列中填写的第一个数值与其左边（3）列中第一个数值相同。而（4）列中最后填写的一个数字即为（3）列中所有的累加总和（见表 9-2）。

表 9-2　　　　　　　累积频数分布表与累积百分比分布表

素质测评得分（1）	组中值（2）	频数（3）	累积频数（4）	累积百分比（5）
115～117	116.5	1	1	1.25%
118～120	119.5	3	4	5.00%
121～123	122.5	8	12	15.00%
124～126	125.5	10	22	27.50%
127～129	128.5	20	42	52.50%
130～132	131.5	19	61	76.25%
133～135	134.5	12	73	91.25%
136～138	137.5	4	77	96.25%
139～141	140.5	2	79	98.75%
142 及以上	143.5	1	80	100.00%
总和		80		

累积百分比分布表的编制是在累积频数分布表的基础上进行的。一般在累积频数表完成后，将（4）列中各个数值除以总频数，再乘以 100，并把相应的结果填入右边的第（5）列中，就得到了累积百分比表（见表 9-2）。

（二）频数分布图分析

图形化的频数分布表即为频数分布图。频数分布图也称次数分布图，是以曲线或折线来表示相应的频数分布表的一种形式。常见的有直方图与多边图两种。直方图是以面积来表示频数的分布，用位于横轴上各组上下限之间的矩形面积表示各组频数分布的情形，其操作步骤如下所述。

(1) 作横轴。把各组的上下限或组中值分别标于横轴上，但要在横轴的两端至少各空一个组距的位置。

(2) 作纵轴。在纵轴上标明尺度及单位，以指示频数。

(3) 按各组的频数定出在纵轴上的高度并作出与横轴平行的直线，这一直线便与相应的上下限延长线交成一个直立矩形。由于横轴上各组距之间是连续的，所有的矩形组成一个并立的直方图。多边图是以相应纵轴上的高度点来表示频数的分布情况的图形，它的制作可以在直方图的基础上进行，所不同的是，它以各组的组中值点为横坐标，以各组的频数为纵坐标，描出相应的代表点来，然后用直线段把相邻的两点连接起来，最后形成一根起止于横轴的折线（见图9-1）。

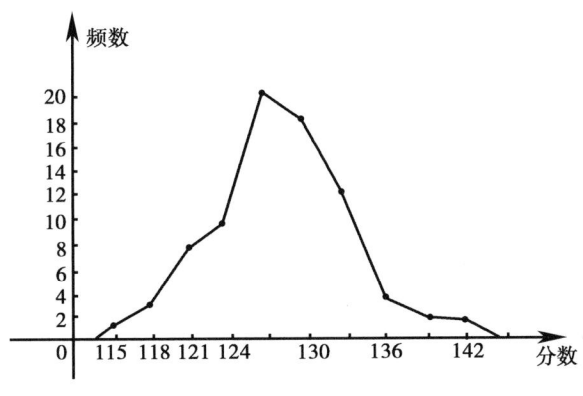

图9-1 次数分布多边图

二、总体水平分析

上述整体分布分析的目的在于通过频数分布表或分布图了解在各分数段上的人数分布、最高分与最低分及其差距、偏态与峰态等情况，让人们能够从直观上迅速地把握总体情况。总体水平分析则是通过众数或平均数分析，把握全部被测评者的一般水平。

众数即相同人数最多的那个素质特征、分数或等级，它代表整体水平结构自然群中最大的典型群水平。当我们剔除第一个众数典型群后，类似又可以在总体中找到第二个众数，对应这个众数，我们可以找到第二个自然典型群。由此下去，我们就可以找出所有整体中的水平结构自然群，所有这些自然群就组成了整体的主要结构。

平均数即所有测评结果在理论上的代表值。在众多的素质测评分数中，相互间可能各不相同。我们从所有单个测评分数中很难找到一个真实的分数来代表总体水平，众数也仅仅具有局部代表性。我们必须设法找一个比较理想的分数来代表整个总体的一般成绩或情况，这时就需要进行平均数的计算了。平均数中有调和平均数、几何平均数与算术平均数等形式，其中最常用的是算术平均数。

三、差异情况分析

差异情况分析包括整体差异分析与个体差异分析。整体差异分析有两极差、平均差、方差、标准差与差异系数等不同形式。

（一）两极差

两极差的计算最为简单，即用测评结果中最大的分数减去最小的分数。它反映全部测评结果分布的范围。

（二）平均差

平均差的计算步骤如下所述。
（1）求出所有被测评者得分的平均数，设为 $\bar{x}$。
（2）求出每名被测评者得分与平均数 $\bar{x}$ 的离差，取其绝对值，设为 $D_i = |x_i - \bar{x}|$。
（3）对所有的 D_i 求算术平均数，设为 $\bar{D}$，则 $\bar{D} = \dfrac{\sum D_i}{N}$（$N$ 为所有被测评者的个数）。

平均差反映了所有被测评者得分与平均数差异的一般情况。

（三）方差

方差即每名被测评者得分与其算术平均数差的平方和与总个数之商，以符号表示，即

$$\sigma_x^2 = \frac{\sum (x - \bar{x})^2}{N}$$

（四）标准差

方差的算术平方根就是标准差。

$$\sigma_x = \sqrt{\frac{\sum (x - \bar{x})^2}{N}}$$

（五）差异系数

差异系数又称变异系数或变差系数，是标准差与平均数的比率，即

$$C_v = \frac{\sigma_x}{\bar{X}}$$

标准差、方差、平均差与差异系数都表示了总体的平均差异情况。差异量越大，说明总体内个体之间的素质水平差异越大。但是总体差异量的分析并不能具体地揭示某几个个体或群体之间的差异程度，为此我们在进行差异分析时还有必要作进一步的差异程度检验。具体方法有 U 检验、t 检验、x^2 检验、F 检验、秩和检验等。当测评结果的分布不很清楚时，一般应采取秩和检验、符号检验、合成秩次检验等其他非参数检验形式。

下面我们结合实例介绍一下威尔卡克逊检验法。

销售部有 30 名员工，要求就 20 条测评指标中的 12 条主要指标对每个人予以评定。现要求我们分析某一个员工的评定，看他与其他员工的评定有否明显差异。

第一，把 30 个员工的评定结果按 12 条主要指标两两比较，逐条排队，最好的记为 1，最差的记为 30，一共 12 个序列。同一员工在 12 条主要测评指标上被排列的等级显然是不尽相同的。

第二，求出全体（30 名）员工在 12 条主要测评指标上的平均等级数或中位等级数，具体结果见表 9-3。

第三，求差数 d。一般用员工被排的等级减去与其对应的平均等级数或中位等级数。

表 9-3　　　　　　　　　　　测评结果一览表

(1)	主要测评指标编号	1	2	3	4	5	6	7	8	9	10	11	12
(2)	平均（中位）等级数	5	3	11	4	9	4	5	6	8	12	9	2
(3)	某员工等级数	8	12	9	6	7	10	5	8	3	15	20	5
(4)	差数 d	3	9	-2	-2	-2	6	0	2	-5	3	11	3
(5)	秩次	6	10	-2.5	2.5	-2.5	9	0	2.5	-8	6	11	6

得到表 9-3 中第（4）行的数值。

第四，按差数 d 的绝对值排顺序，求出秩次并加上原差数的符号即得到表 9-3 第（5）行的数值。

注意：其中的 2.5 是这样计算的，由于第（4）行差数 d 的绝对值从小到大的位置排列为：2，2，2，2，3，3，3，5，6，9，11，第七对数因为相等，差数为 0 而取消，不参加排列。这样一共是 11 个数,分别占据着 11 个位置。中间 3 个 3,分别占据第 5、第 6、第 7 三个位置,每个数取其所占等级的平均数为 $\frac{5+6+7}{3}=6$,而前面 4 个 2 分别占据第 1、第 2、第 3、第 4 位置,每个 2 取其所占位置的平均数为:$\frac{1+2+3+4}{4}=2.5$,其中的正负号是根据 d 的符号而取的。

第五,分别把正秩次与负秩次各自加总,得 $T_+ = 6+10+2.5+9+2.5+6+11+6 = 53$;$T_- = (-2.5)+(-2.5)+(-8) = -13$。

第六,因为负秩次和小于正秩次和,得 $T = \min(|T_{+1}|, |T_{-1}|) = 13$。

因为实际数对只有 11,故 $N=11$,查秩和检验表或 T 分布表得 $T_{0.05}=11$。

第七,比较分析。因为 $T=13>11=T_{0.05}$,所以 $P<0.05$。

第八,判断。假设该员工的评定在 12 个主要指标上与其他员工(一般水平)无明显差异,那么,有什么差异也必然是由随机误差造成的。在这些差异中一半应该带正号,一半带负号,而且在绝对值上两半秩和相等。即或 $T_+ = -T_-$。虽然已知本例 $T_+ \neq -T_-$,但我们按照"假定该员工与其他员工无明显差异"推导出 $P<0.05$,也就是说,如果假定有错误其可能性小于 0.05,这是一个小概率事件。因此可以肯定原假设成立,即该员工确实与其他人无明显差异。

第三节 结果报告

当我们对素质测评结果做了系统分析之后,最后剩下的工作即为报告测评结果了。

素质测评实际上是一个收集信息、处理信息、输出信息或反馈信息的过程。因此,素质测评结果的报告作为素质测评信息的输出或反馈,同样是素质测评过程中的一个重要环节。

一、报告方式

素质测评结果报告的方式,按内容分,有分项报告与综合报告;按形式分,常见的有口头报告、分数报告、等级报告、评语报告等。

分项报告,即按主要测评指标逐项测评并直接报告,不再作进一步的综合。其优点是全面详细,缺点是缺乏总体可比性,只能作出单项比较。

综合报告,即先分项测评,最后根据各测评指标的具体测评结果报告一个总分数、总等级或总评价。其优点是总体上具有可比性,但有"削峰填谷"之弊,看不出具体优缺点。

下面重点介绍分数报告。

二、分数报告

分数报告，即以分数的形式反馈测评结果。

分数的形式有多种，依其性质有四种基本形式，即目标参照性分数、常模参照性分数、原始分数与导出分数。目标参照性分数是依据测评指标本身要求而给出的分数；常模参照性分数是根据被测评者总体的一般水平而给出的相对分数；原始分数是在测评活动中直接得到的分数；导出分数是通过一定转换形式后得到的分数。上述分数形式之间存在交叉关系。

下面介绍几种导出分数。

（一）名次

名次是一种原始分数的转换形式，是根据被测评者得分的多少顺序排位的一种自然分数形式。其优点是简单直观，缺点是相邻名次间差距不一、悬殊较大。例如，第一名与第二名可能相差1分，而第二名与第三名却相差10分。

（二）百分位数

百分位数是一种标准分数，当两个被测评团体总体水平结构相当但个体总数不等时，其个体的百分位可以相互比较，而名次数却做不到这一点。例如，公司中一个部门25人，另一个部门20人，两个部门中排名第10位的人的水平是否一样呢？显然不一样。差距有多大，仅从名次本身是无法知道的。

但如果通过下列公式转化为百分位数后，就可以知道其具体差异了。

$$P_R = 100 - \frac{100R - 50}{N}$$

式中　N——被测团体中个体的总数；

　　　R——名次数。

第一个部门中排名为10的人的百分位是

$$P_{10} = 100 - \frac{100 \times 10 - 50}{25} = 62$$

第二个部门中排名为10的人的百分位是

$$P_{10} = 100 - \frac{100 \times 10 - 50}{20} = 52.5$$

两个百分位数表明，第一个部门排名为 10 的人位于该部门 62% 的员工之上，而第二个部门排名为 10 的人位于该部门 52.5% 的员工之上。由此看来，虽然两个人在各自的部门排名相同，但水平却存在差异，其中第一个部门中排名为 10 的那个人优于第二个部门排名为 10 的人。

（三）Z 分数

Z 分数是一种标准分数，是百分制分数的一种转换分数，其转换公式为

$$Z=\frac{x-\bar{x}}{S}$$

式中　x——原始分数；

　　　$\bar{x}$——所有原始分数的算术平均数；

　　　S——所有的原始分数的标准差。

这种分数的优点是意义明了。当 Z 分数在 0 左右时，即为中等水平；Z 分数在 2.5 以上时，即为优秀水平；Z 分数在 -2.5 以下时，即为十分差的水平。但是，这种分数带有负号与小数，使用不便，因此常把它进一步转换为下面的 T 分数。

（四）T 分数

T 分数也是一种标准分数，它是通过公式 $T=10Z+50$ 进行转换而得到的一种分数。经过转换得到的 T 分数，消除了原来 Z 分数的负号。若进行四舍五入（T 分数进行这种数学处理对于原测评结果影响不大，而在 Z 分数中则影响很大），则 T 分数还可以消去原 Z 分数的小数点。T 分数与 Z 分数、百分位数一样，意义明确，可比性强。T 分数（包括 Z 分数）能够进行加减乘除、开方乘方等数学运算，而百分位数不能。

（五）其他标准分数

1. 标准九分

把整个素质测评的原始分数顺序排列划分九段，从最高分数开始逐个往下划段，取开头的 4%（显然是最高分数段）分段为 9 分，其次的 7% 分段为 8 分，再其次的 12% 分段为 7 分，接着的 17% 分段为 6 分，中间的 20% 分段为 5 分，之后 17% 分段为 4 分，再之后 12% 分段为 3 分，接下去 7% 分段为 2 分，最后最低 4% 分段为 1 分（见表 9-4）。

表 9-4　　　　　　　　　　　标准九分分布表

分数	1	2	3	4	5	6	7	8	9
分布比率（%）	4（最低）	7	12	17	20（中间）	17	12	7	4（最高）

2. C 量表分数

C 量表分数是一种类似于标准九分的分数，也是从高分到低分排列，按原始分的分布比率来划分，但分段不同（见表 9-5）。

表 9-5　　　　　　　　　　　C 量表分数分布表

分数	0	1	2	3	4	5	6	7	8	9	10
分布比率（%）	1	3	7	12	17	20	17	12	7	3	1

3. 斯坦分数

斯坦分数首先把所有的原始测评分分成两半，与上述两种分数相比它没有最中间的分数，但按分布比率划段定分的做法与前面相同（见表 9-6）。

表 9-6　　　　　　　　　　　斯坦分数分布表

分数	1	2	3	4	5	6	7	8	9	10
分布比率（%）	2	5	9	15	19	19	15	9	5	2

分数报告的优点是简洁、可加性和可比性强，但缺点是所反馈的信息缺乏准确性。

评语报告，即以书面语言的形式反映测评的结果，这是一种最原始也是最常用的测评报告形式。它的优点是信息详细准确，缺点是可比性差。

本章小结

质量分析后，当误差在所允许的范围内时，就要进行测评结果的分析与报告，主要工作包括数据综合、内容分析与结果报告几个方面。

数据综合是指将零散的项目（指标）分数综合为一个总分数。经常使用的方法有累加法、平均综合法、加权综合法、连乘综合法和指数连乘法五种。

内容分析是整体分析，主要包括整体分布分析、总体水平分析、差异情况分析三种类型。其中整体分布分析是通过图表的形式来分析素质测评结果的一种分析方法，有频数分布表和频数分布图两种分析方法。总体水平分析是通过众数或平均数分析把握全部被测评者的一般水平的一种分析方法。差异情况分析包括整体差异情况分析与个体差异情况分析，主要有两极差、平均差、方差、标准差与差异系数等不同形式。

如果说素质测评是一个收集信息、处理信息、输出信息或反馈信息的过程，则测评结果报告就处在最后一个环节——测评信息的输出或反馈环节，是素质测评必不可少的重要环节。结果报告按内容划分有分项报告和综合报告；按形式划分为口头报告、分数报告、等级报告和评语报告。其中分数报告就是以分数的形式反馈测评结果，常用的分数有目标参照性分数、常模参照性分数、原始分数与导出分数。分数报告的优点是简洁、可加性和可比性强，缺点是所反馈的信息缺乏准确性。评语报告即以书面语言的形式反映测评结果的报告形式，这是最原始也是最常用的测评报告形式。它的优点是信息详细准确，缺点是可比性差。

复习思考题

1. 结合实际情况总结编写素质测评报告的思路。
2. 试分析并比较数据综合的五种方法。
3. 试述频数分布表和频数分布图的绘制步骤。
4. 试述众数、平均数、两极差、平均差、标准差、方差与差异系数的计算方法。
5. 试述名次、百分位数、Z分数、T分数、标准九分、C量表分数和斯坦分数的计算方法。
6. 讨论分析实际测评中的各种报告形式，并对它们作一个比较总结。

如何进行测评结果的报告？

小李，工商管理学院大三学生，为了了解自己所具备的基本潜能、过人之处，了解自己所属的基本气质类型，了解自己的智力水平，并想据此来选择将来较为适合自己的工作。同时，如果自己将来在选择从事人力资源管理相关工作时，有了这方面的经验也能够更好地根据实际需要组织测评、选择和设计测验项目，并对测评结果进行正确的总结和适当的管理，以辅佐组织的人力资源管理决策。故他向学校申请做测评实验,并将实验结果进行总结和汇报。

(一) 实验过程

1. 主要仪器设备及耗材

计算机、人才测评教学系统软件(由工商管理学院老师提供)。

2. 实验安排

以测验为基本形式,占用两课时,采取单人方式进行测试。

3. 实验步骤

(1) 运行计算机后,判断所用计算机是否能连续正常工作。

(2) 在服务器上运行测评服务器程序,依据提示输入相应的学号、姓名等内容。

(3) 进入测试试卷,了解各测评量表的内容、项目分组、项目数、表现形式并完成自我测试,完成后退出测试客户端程序。

(4) 运行档案管理程序,查看测评结果,并对测试结果进行 PDF 文件转码。

(5) 在服务器计算机上退出测评服务器程序。

(二) 实验结果

1. 所用时间

气质测试:7 分 37 秒;知觉速度测试:5 分钟;智力测试:8 分 45 秒。

2. 各项结果

基本潜能测试:能对事物细微特征及事物外在特征之间的差异进行敏锐的感知判断;气质类型测试:多血质;智力测试:智力水平良好,比较善于发现事物之间隐藏的关系及事物变化的规律,但对特别复杂、不明显的规律则较难发现。

(三) 实验结果分析

该同学的测评结果显示,他更明显地体现为多血质的气质类型,该类型的人活泼、热情好动、敏感、反应迅速,喜欢与人交往,注意力容易转移,兴趣和情绪容易变换,具有外倾性的特点。然而小李的有些特点符合多血质的气质类型,有些却不太符合。

大多数人做题之前如果没有看过简介,会自然而然地进入"应然"状态,而"应然"状态和人的真实状态往往是相反的,正因为做题时认识到了问题,所以才会选择和你正好相反的。有的人的选择一半应然一半实然,所以也不容易看出正好相反的趋势。

他自己认为应该是这种原因造成了测试结果出现了差异。他认为自己是一个不太善于交往的人,在陌生人面前或公共场合中,他很拘谨而且很不爱说话;在熟悉的人面前却很开朗,很活泼。但在大多数人眼中,小李是一个内向的人。

(资料来源:本案例来自百度文库,内容有所修改。https://wenku.baidu.com/view/

e776d994a7c30c22590102020740be1e650eccae.html.)

讨论

1. 测评结果报告通常有哪些方式？该案例中，小李采用的是哪一种方式？这里所做的报告有什么特点？

2. 人员素质测评可用于多种用途，针对不同用途，试说明测评结果报告应分别采用何种方式？

建议阅读文献

1. 刘琳. 人才素质测评报告的撰写与结果反馈 [J]. 成都行政学院学报，2011 (4)：83-84.

2. 彭移风. 人员测评的分析与反馈 [J]. 企业管理，2006 (12)：88-90.

3. 陈建宝，赵东云. 大学生综合测评成绩的统计分析 [J]. 云南大学学报（自然科学版），1996 (4)：363-366.

习题

一、单选题

1. 当数据综合的各指标不同质且单位需要统一的时候，考虑采用何种数据综合方法？（　　）

  A. 累加法　　　B. 加权综合法　　C. 连乘综合法　　D. 指数连乘法

2. 测评信息的输出或反馈环节为（　　）。

  A. 数据输入　　B. 内容分析　　　C. 结果报告　　　D. 统计分析

3. 以下哪一项不属于频数分布表分析的步骤？（　　）

  A. 求全距　　　　　　　　　　　B. 决定组数与组距

  C. 决定组限　　　　　　　　　　D. 决定组别分类

4. 能够反映全部测评结果分布范围的指标是（　　）。

  A. 两极差　　　B. 标准差　　　　C. 平均差　　　　D. 差异系数

5. 哪一种报告方式有"削峰填谷"的缺点？（　　）

  A. 分数报告　　B. 分项报告　　　C. 综合报告　　　D. 等级报告

6. 以下哪项不属于标准分数？（　　）

A. 百分位数　　B. 名次　　C. T 分数　　D. Z 分数

7. Z 分数相比于百分位数有何种优点？（　　）

　　A. 可比性强　　　　　　　　B. 意义明确

　　C. 能够进行数学运算　　　　D. 能够反映目标在整体中的水平

8. 标准九分、C 量表分数和斯坦分数的共同点在于（　　）。

　　A. 按分段比率划段定分　　　B. 平均分段

　　C. 整体共分为十个分数段　　D. 分数段以中间分数段为轴相对称

9. 首先要将原始测评分数分做两部分的标准分数形式为（　　）。

　　A. 标准九分　　B. T 分数　　C. C 量表分数　　D. 斯坦分数

10. 评语报告的主要缺点在于（　　）。

　　A. 信息不够全面　　　　　　B. 可比性差

　　C. 准确度低　　　　　　　　D. 报告不够明晰

11. 当各指标同质且单位大致相近，要考虑哪一种综合法？（　　）

　　A. 累加法　　B. 加权综合法　　C. 平均综合法　　D. 指数连乘法

12. 既考虑各指标上的得分，又考虑了指标的相对重要性的综合法为（　　）。

　　A. 连乘综合法　　B. 加权综合法　　C. 指数连乘法　　D. 累加法

13. 以下差异分数中哪一个可比性不太强，悬殊较大？（　　）

　　A. 名次　　B. 百分位数　　C. T 分数　　D. Z 分数

二、多选题

1. 测评结果的报告与分析包括哪几部分的内容？（　　）

　　A. 数据综合　　B. 内容分析　　C. 结果报告　　D. 数据统计

2. 整体分布分析的主要分析方法是（　　）。

　　A. 频数分布表分析　　　　　B. 平均数分析

　　C. 频数分布图分析　　　　　D. 众数分析

3. 连乘综合法的优点包括哪几项？（　　）

　　A. "灵敏度"高　　　　　　　B. 不容易产生晕轮效应

　　C. 便于拉开档次　　　　　　D. 可以体现各指标的重要程度

4. 以下哪些方法考虑了指标的相对重要程度？（　　）

　　A. 连乘综合法　　　　　　　B. 指数连乘法

　　C. 加权综合法　　　　　　　D. 平均综合法

5. 总体水平分析最重要的指标有（　　）。

　　A. 平均数　　B. 加权平均数　　C. 中位数　　D. 众数

6. 分数报告的基本形式包括（　　）。
   A. 目标参照性分数　　　　　　　　B. 统计分数
   C. 原始分数　　　　　　　　　　　D. 常模参照性分数

7. 以下哪两项分数之间存在转换关系？（　　）
   A. T 分数　　B. Z 分数　　C. 标准九分　　D. 斯坦分数

8. T 分数相比于 Z 分数有哪些优点？（　　）
   A. 消除了分数中的负号　　　　　　B. 去除了分数中的小数点
   C. 可比性强　　　　　　　　　　　D. 四舍五入对结果影响很大

9. 分数报告有哪些优点？（　　）
   A. 可加性强　　B. 可比性强　　C. 准确度高　　D. 简洁明确

10. 结果报告按形式可划分为哪些类型？（　　）
    A. 分项报告　　B. 口头报告　　C. 分数报告　　D. 评语报告

11. 以下哪些属于常见的综合法？（　　）
    A. 累加法　　B. 平均综合法　　C. 指数连乘法　　D. 连乘综合法

12. 以下哪些属于整体差异分析？（　　）
    A. 两极差　　B. 平均差　　C. 方差　　D. 标准差

13. 素质测评结果的总体分析主要包括哪些内容？（　　）
    A. 整体分布分析　B. 差异情况分析　C. 个别差异分析　D. 总体水平分析

三、判断题

1. 指数连乘法可以向加权综合法转换。（　　）

2. 频数分布图最常见的形式有直方图和条形图两种。（　　）

3. 目标参照性分数是指根据被测评者总体的一般水平而给出的相对分数。（　　）

4. 标准九分的中间分段占总体的20%。（　　）

5. 标准九分、C 量表分数和斯坦分数的主要区别就在于分段的方式不同。（　　）

6. T 分数、Z 分数、百分位数能够进行加减乘除、开方乘方等数学运算。（　　）

习题参考答案

【第一章】

一、单选题

1~5　C B C D B

6~10　A C B D A

11~13　C C B

二、多选题

1. A、B、C

2. A、D

3. A、B、C、D

4. B、C、D

5. A、B、D、E、F

6. A、C、D

7. A、B、C、D、E、F、G、H

8. A、B、D

9. B、C

10. A、C

11. A、B、D

12. A、C、D

13. A、B、D

三、判断题

1. ×　2. √　3. √　4. ×　5. √　6. ×

【第二章】

一、单选题

1~5　D C B D B

6~10　B D D A B

11~13　C D B

二、多选题

1. A、B、C

2. A、B、C、D、E、F

3. A、B、E、F

4. A、B、C、E、F

5. A、B、C、D、E、F

6. A、B、C、D、E、F

7. A、B、C、D

8. A、B、C、D

9. A、B、D

10. A、B、C、F

11. A、C、D

12. A、B、C、D

13. A、B、C

三、判断题

1. √　2. ×　3. √　4. ×　5. ×　6. ×

【第三章】

一、单选题

1~5　D B A C C

6~10　C B A D B

11~13　D D C

二、多选题

1. B、D

2. A、C、D

3. A、C、E

4. A、B

5. B、C

6. B、D、E

7. C、D

8. A、E

9. A、C、D

10. A、B、D

11. A、B、D

12. A、B、C、D

13. A、C、D

三、判断题

1. × 2. × 3. √ 4. √ 5. × 6. ×

【第四章】

一、单选题

1~5 B C A C D

6~10 D C B C B

11~13 C A B

二、多选题

1. A、B、C、D、E

2. A、B、C、D、E

3. A、C

4. A、B、D、E

5. A、B、C、D

6. B、C、D

7. A、B、C、D

8. A、B、C

9. A、C、E

10. C、D

11. A、B、D

12. A、B、C、D

13. A、B、C

三、判断题

1. √ 2. × 3. √ 4. × 5. × 6. ×

【第五章】

一、单选题

1~5　B A C A B

6~10　D C B A B

11~13　A C A

二、多选题

1. A、B、C

2. A、B、C、D

3. A、C、D

4. A、B、C

5. A、B、C、D

6. A、B、C

7. A、B、C、D

8. C、D

9. A、B、C、D

10. A、C

11. A、B、D

12. A、B、C、D

13. A、B、C

三、判断题

1. ×　2. √　3. ×　4. √　5. ×　6. ×

【第六章】

一、单选题

1~5　C B C C A

6~9　D C B C

二、多选题

1. A、B、D

2. A、B、C

3. B、C

4. A、B

5. B、D

6. A、C、D

7. A、B、C

8. A、C、D

三、判断题

1. ×　2. ×　3. ×　4. ×　5. ×

【第七章】

一、单选题

1~5　C B B A B

6~10　D B D C C

11~13　B D A

二、多选题

1. A、B、D

2. A、E、B、F

3. A、B、D、E

4. A、B、D、E

5. A、C、D

6. A、C、D、E

7. B、C、D

8. A、C、D

9. A、B、D、E

10. A、B、C、D、E、F、G

11. A、C

12. B、C、D

13. A、B、C

三、判断题

1. ×　2. √　3. ×　4. ×　5. √　6. ×

【第八章】

一、单选题

1~5　B C A D A

6~10　B D B D C

11~13　D C A

二、多选题

1. A、C

2. A、B、C、D

3. B、C

4. A、B、C

5. A、D

6. B、D

7. A、B、C、D、E

8. A、C、D

9. A、D

10. A、B、C、D

11. A、B、C、D

12. B、C、D

三、判断题

1. √　2. √　3. ×　4. √　5. ×　6. ×

【第九章】

一、单选题

1~5　B C D A C

6~10　B C A D B

11~13　A C A

二、多选题

1. A、B、C

2. A、C

3. A、C

4. B、C

5. A、D

6. A、C、D

7. A、B

8. A、B

9. A、B、D

10. B、C、D

11. A、B、C、D

12. A、B、C、D

13. A、B、D

三、判断题

1. √　2. ×　3. ×　4. √　5. √　6. ×

主要参考文献

[1] Diane. The employee recruitment an D. retention handbook. New York：AMACOM，2001.

[2] 彭凯平. 心理测量——原理与实践［M］. 北京：华夏出版社，1989.

[3] 萧鸣政. 人员测评理论与方法［M］. 北京：中国劳动出版社，1997.

[4] 萧鸣政. 工作分析的方法与技术［M］. 5 版. 北京：中国人民大学出版社，2018.

[5] 唐宁玉. 人事测评理论与方法［M］. 大连：东北财经大学出版社，2002.

[6] 威廉·P. 安东尼，等. 人力资源管理战略方法［M］. 赵玮，徐建军，译. 北京：中信出版社，2004.

[7] 况志华，张洪卫. 人员素质测评［M］. 上海：上海交通大学出版社，2005.

[8] 罗伯特·卡普兰. 心理测验原理、应用和问题［M］. 郑日昌，译. 北京：机械工业出版社，2007.

[9] 宋荣，谷向东，宇长春. 人才测评技术［M］. 北京：中国发展出版社，2008.

[10] 刘易斯·艾肯. 心理测量与评估［M］. 张厚粲，等，译. 北京：中国人民大学出版社，2011.

[11] 王淑红. 人员素质测评［M］. 北京：北京大学出版社，2012.

[12] 罗伯特·J. 格雷戈里. 心理测量：历史、原理及应用［M］. 施俊琦，等，译. 北京：机械工业出版社，2013.

[13] 萧鸣政. 人员素质测评［M］. 4 版. 北京：高等教育出版社，2020.